1945 FRAUENLEBEN

KRIEGSENDE IN WIEN

Zur Erinnerung an den 20.9.95

Einer "Frau der ersten Stunde" mit Dankbarkeit
Ursula Pasterk

Mit besten Wünschen
Peter Eppel

Frauenleben 1945 – Kriegsende in Wien
205. Sonderausstellung des Historischen Museums der Stadt Wien
21. September – 19. November 1995

Ausstellungskonzept
Univ.-Doz. Dr. Erika Thurner
Dr. Peter Eppel

Katalogredaktion
Dr. Peter Eppel

Redaktionelle Beratung
Univ.-Doz. Dr. Erika Thurner

MitarbeiterInnen an Ausstellung und Katalog
Mag. Walter Öhlinger
Mag. Walter Baumgartner
Dr. Regina Karner
Mag. Susanne Winkler
Dr. Wilhelm Deutschmann

Ausstellungsgestaltung
Mag. Christoph Elmecker
Mag. Markus Reuter
Mitarbeiter im Atelier:
Mag. Petra Bacher
Christoph Kober
Bernhard Neuwirth

Kataloggestaltung, Plakat und Folder
Elmecker & Reuter

RestauratorInnen
Mag. Elisabeth Graff
Andrea Hanzal
Marguerite Ifsits
Mag. Christine Maringer
Viktoria Wagesreiter
Georg Weiß
Mag. Gertrud Wieser

Werkstätten
Georg Weiß
Erich Fahringer
Andreas Faigel
Robert Filip
Günter Fröhlich
Matthias Hallas
Herbert Hawel
Christian Hobek
Gerhard Schmolka

Kanzlei
Monika Sostek
Regina Janek
Alexander Pazdernik
Brigitte Kühr
Renate Simanek
Alexandra Riedl
Ulrike Reisinger

Verwaltung
AR Franz Novak
OAR Paul Strobl
Claudia Oesterreicher
Ferdinand Fellinger
Helmut Selzer
Franz Sogeder

Am Aufbau beteiligte Firmen
Tischlerarbeiten: Fa. Höbinger & Co., 1230 Wien
Malerarbeiten: Fa. Lintner, 1020 Wien;
Fa. Remes, 1150 Wien
Tapeziererarbeiten: Fa. Lazelberger GmbH, 1020 Wien
Kunstspenglerarbeiten: Fa. Ludwig Kyral, 1150 Wien
Glas: Fa. Stiefelmeyer, 1030 Wien
Acrylglas: Fa. Augmüller GmbH, 1120 Wien
Siebdruck: Fa. Rotter, 1050 Wien
Kaschierarbeiten: Fa. Koch, 1070 Wien
Lichttechnik: Fa. Toplak Stage Connection GmbH, 1170 Wien
Videobearbeitung: Medienwerkstatt, 1070 Wien
Tonschnitt: Tonstudio Holly, 1010 Wien
Audio und Videoequipment: Fa. Silberberger, 1170 Wien

Studiensaal
Josef Gruberbauer
Helmut Mayer
Karl Silli

Amtsgehilfen
Alexander Wohlschläger
Gerald Ziering

Fotografische Arbeiten
Fotostudio Otto
Foto Leutner

Leihgeber

Archiv der Bundespolizeidirektion Wien
Dr. Sybille Benczak
Franz Severin Berger
Bezirksmuseum Brigittenau
Bezirksmuseum Favoriten
Bezirksmuseum Hernals
Bezirksmuseum Meidling
Bezirksmuseum Neubau
Bezirksmuseum Penzing
Bezirksmuseum Währing
Erni Bieler
CARE Österreich, Verein für Entwicklungszusammenarbeit
Gunther Dörfler
Dokumentationsarchiv des österreichischen Widerstandes
Elfriede Gerstl
Elisabeth Hochleutner
Univ.-Prof. Dr. Gerhard Jagschitz
Dr. Andrea Jung
Prof. Polly Kügler-Leistner
Stefan Micka
Traudl Obendrauf
Österreichische Nationalbibliothek – Flugschriftensammlung
Österreichische Phonothek
Österreichisches Institut für Zeitgeschichte
Österreichisches Tabakmuseum
Reg.-Rat Johann Orth
Maria Pobernik
Edith Posiles
Dr. Fritz Rubin-Bittmann
Edith Schiech
Günther Schifter
Dr. Gustav Spann
STICHWORT. Archiv der Frauen- und Lesbenbewegung
Mag. Brigitte Ungar-Klein
Verein für Geschichte der Arbeiterbewegung
Wiener Stadt- und Landesarchiv

Für wertvolle Ratschläge und Hilfe ist zu danken

Dr. Gerda Barth
Dr. Sybille Benczak
Dr. Ernst Bezemek
Dr. Peter Dusek
Herbert Exenberger
Mag. Michaela Gaunerstorfer
Christiane Holler
Dr. Rainer Hubert
Univ.-Prof. Dr. Gerhard Jagschitz
Mag. Marianne Jobst
Dr. Elisabeth Klamper
Martha Kolar
Dr. Ilse Korotin
Dr. Wolfgang Kos
Dr. Helmut Kretschmer
Mag. Claudia Kuritsidis-Haider
Mag. Eleonore Lappin
Heinz Mandl
Mag. Barbara Mann
Helmut Pflügl
Lucia Schneider
Dr. Johannes Schönner
Dr. Amelie Sztatescny
Ernst Walter Ullrich
Dr. Berthold Unfried
Dr. Willi Weinert
Sabine Wimmer
Mag. Vera Wohlgemuth

Die Ausstellung „Frauenleben 1945 – Kriegsende in Wien" würdigt eine bisher wenig beachtete Tatsache: daß es nämlich mehrheitlich Frauen waren, die mitten im Chaos der unmittelbaren Nachkriegszeit den Überlebenskampf gegen Hunger, Krankheit und Kälte führten und damit wesentlich zum Wiederaufbau Wiens beitrugen.

Dabei wollen die Ausstellung und der begleitende Katalog aber auch die Heterogenität der Nachkriegs(frauen)gesellschaft aufzeigen, die sich in vielen Schattierungen der Schicksale betroffener Frauen dokumentiert. So werden die unterschiedlichen Nachkriegsängste und Probleme von Widerstandskämpferinnen, Remigrantinnen und sonstigen Verfolgten des NS-Regimes dargestellt, aber auch die Auswirkung des Endes der nationalsozialistischen Herrschaft für Funktionärinnen der NSDAP und ihrer Organisationen gezeigt. Die große Bandbreite der „Soldatenbräute"-Realitäten wird ebenso thematisiert wie die bisher tabuisierte Frage der Vergewaltigungen, denen Frauen vielfach ausgesetzt waren.

Für die meisten Nachkriegsfrauen gilt, daß sie in der Zeit, als die Männer gefallen, vermißt, in Kriegsgefangenschaft, ermordet oder physisch und psychisch geschädigt waren, Trümmer beseitigten, Schutt wegräumten, Ruinen notdürftig bewohnbar machten, stundenlang vor Geschäften Schlange standen, mühsame Hamsterfahrten, aber auch Tausch- und Schleichhandel in Kauf nahmen – und immer wieder improvisierten. Frauen erfüllten ihre „Mutterpflichten", leisteten traditionelle billige Frauenerwerbsarbeit und übernahmen zusätzlich schwere, verantwortungsvolle „Männerarbeiten". Dadurch erlebten sie einen Machtgewinn in der Familie und erfuhren einen Selbständigkeits- sowie Selbstbewußtseinszuwachs.

Dennoch ließen sie sich bei der Rückkehr der Männer und der daraus resultierenden Arbeitsplatzverknappung widerstandslos wieder in ihre traditionellen Berufe und „Räume" zurückverweisen. Erika Thurner im einleitenden Katalogbeitrag dazu: „Das Zwangsmatriarchat testete nicht einmal seine Machtposition aus." Der Einsatz und die Opfer der Frauen blieben damit zunächst ohne Folgen für die gesellschaftliche Entwicklung.

Insgesamt gibt die Ausstellung einen Eindruck davon, wie groß und wichtig der Beitrag der Frauen im Nachkriegs-Wien für den beginnenden Wiederaufbau der Stadt, für die Normalisierung des Lebens auf bescheidenstem Niveau war. Die Not des Alltags, die diese Frauen erlebten, war vielleicht nur durch die Hoffnung auf eine bessere Zukunft zu ertragen.

Ich wünsche der Ausstellung den verdienten Erfolg und begrüße die Absicht des Historischen Museums der Stadt Wien, die in Ausstellung und Katalog thematisierten Fragen in einem Symposion weiter zu vertiefen.

Dr. Ursula Pasterk
Amtsführende Stadträtin für Kultur
von Wien

Und daß mein eigenes Ich, durch nichts gehemmt,
Herüberglitt aus einem kleinen Kind ...

Hugo von Hofmannsthal, Terzinen über Vergänglichkeit

In den frühen Morgenstunden des 14. April 1945 war der Kampf um Wien entschieden, unter schweren Verlusten hatte die Rote Armee die Stadt erobert und vom Nationalsozialismus befreit. Das im März 1938 begonnene Neue, dieses noch nie zuvor dagewesene Böse, das wir, uns (leichtfertig rasch) distanzierend, unmenschlich nennen, hatte sein Ende in Ruinen und Schutt, in Krankheit, Mord und Tod, in grauenhaftem Chaos und quälender Not, in Schrecken und Angst, in Demütigung und Vergewaltigung, in „Trümmern" gefunden.

Dieses war nun die Welt, die die Männer den Frauen „(zu)gerichtet" hatten: es war Ende und Anfang, Zusammenbruch und Rückbruch, Verzweiflung und Hoffnung, Besatzung und Befreiung, vor allem aber die alles bestimmende bange Frage nach dem Leben jetzt und am folgenden Tag.

Die Ausstellung „Frauenleben 1945 – Kriegsende in Wien" zeigt die Lebensverhältnisse und Lebensbedingungen, die Erlebnisebenen und Erfahrungszusammenhänge von Frauen damals. Ferner spricht sie vom Selbstverständnis und der Selbstbestimmtheit jener Frauen und wendet sich gegen falsche Legenden und Mythen, derer die Frauen gar nie bedurft hätten, denn ihr Leben damals machte den Wiederaufbau möglich. Die Ausstellung zeigt aber auch, wie bald und wie rasch die Männer den „Rollentausch" beendeten, ihre Hierarchien wieder aufrichteten und ihre Machtstrukturen festschrieben.

Nie darf Emanzipation als Assimilation an die Männerwelt mißverstanden werden, da diese von der Ausblendung des „weiblichen Lebenszusammenhanges" lebt, ihn aber gleichzeitig voraussetzt.

Hofrat Dr. Günter Düriegl
Direktor der Museen der Stadt Wien

Auch bei dieser Ausstellung zeigt sich, daß ohne die Hilfe, die Mitarbeit und die Unterstützung vieler eine solche Arbeit nicht erbracht werden kann. Allen LeihgeberInnen und allen MitarbeiterInnen danke ich sehr herzlich, ihre Namen sind an anderer Stelle dieses Katalogs genannt. Ohne ihre Großzügigkeit und ohne ihre Leistung könnten wir die Ausstellung nicht zeigen.

Ganz besonders danke ich Frau Univ.-Doz. Dr. Erika Thurner, die für die Idee dieses Themas mit so spontaner Zusage gewonnen werden konnte, und Herrn Museumsrat Dr. Peter Eppel, der ihr zur Seite stand. Das tiefe Wissen beider bestimmt das Konzept und die Verwirklichung unserer Schau.

Mit Umsicht, Begabung und außerordentlichem Einsatz wurde die Arbeit von Herrn Mag. Walter Baumgartner, Herrn Museumsrat Mag. Walter Öhlinger, Frau Museumsrätin Dr. Regina Karner, Frau Mag. Susanne Winkler und Herrn Obermuseumsrat Dr. Wilhelm Deutschmann unterstützt; ich danke aufrichtig.

Gerne danke ich den Herren Mag. Christoph Elmecker und Mag. Markus Reuter: Überzeugend gaben sie unserer Ausstellung die schlüssige Architektur und Form, dem Katalog die rechte und somit richtige Gestalt.

Unser aller Dank gilt aber jenen Frauen, deren Leben 1945 unser Leben heute bestimmt.

Günter Düriegl

BEITRAGSTEIL

Alte Frau als Maurer
Kat. Nr. 7/3

FRAUENLEBEN 1945 …

Erika Thurner

Bilder vom Kriegsende

Ende April/Anfang Mai 1945: Städte und Stadtteile gleichen Kraterlandschaften. Vor noch teilweise glühenden und glimmenden Schutthaufen werden erste Akte des Wiederaufbaues gesetzt. Bilder von damals vermitteln den Eindruck, als hätten die Menschen an der „Heimatfront" – vorwiegend Frauen, alte Männer, Jugendliche und Kinder – nur auf diesen Zeitpunkt gewartet. Eine in Bombenkellern und Angst zusammengeschweißte Solidargesellschaft?

Die Szenarien in Wien, in anderen österreichischen oder deutschen Städten sind einander sehr ähnlich. In den ersten Tagen und Wochen zu Kriegsende wird die Öffentlichkeit – zumindest quantitativ – von Frauen dominiert: Frauen als besonders von Bombardierungen Betroffene, die provisorische Häuslichkeiten und das Überleben für ihre meist erweiterten Großfamilien schaffen, die in „Männerberufen" arbeiten und überall dort im Einsatz sind, wo Männer fehlen; Frauen als tapfere Mütter und Familienerhalterinnen; Frauen, die bis zuletzt in der Rüstungsindustrie oder in verschiedenen Kriegsdiensten arbeiten (mußten); Frauen, die sich beim Hamstern, beim Plündern und am Schwarzmarkt bewähren. Daneben: von den Befreiern/Besatzern vergewaltigte Frauen; Frauen in Beziehungen zu Besatzungssoldaten. Ausgeblendet oder unbeachtet eine andere Gruppe: (weibliche) KZ-Überlebende und HeimkehrerInnen.

Alle Bilder charakterisieren Ausnahmesituationen. Sie sind Abbild einer Zeit, die tatsächlich oder vermeintlich aus allen Fugen geraten war, in der traditionelle Hierarchisierungen, Wert- und Moralvorstellungen erschüttert oder kurzfristig außer Kraft gesetzt oder geraten waren. Sie stehen scheinbar zusammenhanglos, für sich, unverbunden mit der „übrigen Geschichte" und füllen das Vakuum bis zur „Normalisierung" der gesellschaftlichen Verhältnisse.[1]

Frauen der „Ersten Stunde": Vergessene Heroinnen?

Der Rückgriff auf Frauen und ihr Arbeitsvermögen, diese Form der gesellschaftlichen Krisenbewältigung, war allerdings nicht neu. In Notzeiten, im Krieg, im Chaos von Kriegsende und Wiederaufbau wurde selbstverständlich auf Frauen als vielseitig verwendbare Arbeitskräfte zurückgegriffen. Frauen hatten – neben unbezahlter Reproduktionsarbeit – „Männerarbeit" zu leisten, sie mußten als industrielle Reservearmee selbstverständlich Berufsarbeit und Hausarbeit verbinden. Das dominante Mutter- und Hausfrauenbild wurde durch zusätzliche Berufsattribute ergänzt und überdeckt. Sowohl im Ersten als auch im Zweiten Weltkrieg kam es zur teilweisen Aufhebung des geschlechtsspezifisch segmentierten Arbeitsmarktes. Im Nationalsozialismus war diese doppelte (mehrfache) Verfügbarkeit über Frauen, deren Arbeit und Körper, extrem ausgebeutet worden. Über die propagandistische und demagogische Verknüpfung der unterschiedlichsten Frauenleitbilder gelang es, Frauen beinahe alles abzufordern – teilweise in Freiwilligkeit, teilweise unter Zwang.[2]

Bereits während des Krieges, verstärkt jedoch zu Kriegsende, hatte die Haushalts- und Hausfrauenarbeit eine immense Ausweitung erfahren. Die Arbeit von Frauen zu Kriegsende war von grundlegender gesellschaftlicher Bedeutung. Sie war ohne Übertreibung und Heroisierung Überlebensarbeit. Von Frauen wurde ein unvorstellbares Arbeitspensum bewältigt. Arbeitslast und Arbeitsleid lasteten in hohem Ausmaß auf dem Rücken von Frauen. Mit viel Einfallsreichtum, Phantasie und geringsten Ressourcen gelang es, die ersten Nachkriegsmonate (-jahre) zu überbrücken.

Einen nachhaltigen Eindruck hat die Arbeitsleistung von Frauen schon deshalb gemacht, weil damals die Reproduktionsarbeit öffentlich und zum gesellschaftlichen Faktor wurde. Die private Haushaltsarbeit war zeitweilig nicht ohne begleitende wirtschaftspolitische Maßnahmen zu bewältigen. In historischen und gesellschaftlichen Rückblicken wurde die Bedeutung der „Frauen der Ersten Stunde" lange ignoriert. Wenn gelegentlich neben den „Männern der Ersten Stunde" – den Parteien- und Republikgrundern – auch die Frauen ins Bild rutschten, dann wurde ihr Beitrag maximal als Ausnahmeleistung gewürdigt. Durch die Einstufung als „anlagebedingte, selbstverständliche Opferhaltung" wurde die weibliche Wiederaufbauleistung schlichtweg relativiert.

Dabei hatte die von Frauen 1945 geleistete öffentliche und private Arbeit einen entscheidenden Anteil am relativ raschen wirtschaftlichen Wiederaufbau. Das innere Geheimnis des Wiederaufbaues bildete die gezielte Investitionspolitik der Marshall-Plan-Ära. Diese war nur bei gleichzeitigem Konsumverzicht der österreichischen ArbeitnehmerInnen und bei niedrigen Reallöhnen möglich. In dieses Geheimnis eingebunden waren die Gratis-Reproduktionsarbeit der Frauen, die sparsame Haushaltsführung und die billige Frauenerwerbsarbeit. Voraussetzung dazu bildete die rasche Reetablierung der traditionellen Geschlechter- und Klassenhierarchien. Das Konzept verlangte nach jener Ordnung, die die Familie als sicheren, sekundären Ort der gesellschaftlichen Reproduktion positionierte.[3]

Alltag im Frühjahr 1945

Vor dem Hintergrund von einigen hunderttausend Toten – Ermordeten, Kriegstoten –, noch nicht zurückgekehrten Soldaten und Kriegsgefangenen, Vermißten und nicht mehr zurückkehrenden, vertriebenen ÖsterreicherInnen vollzog sich die Umwälzung der Gesellschaft. Sie erfolgte von außen, durch die Alliierten. In den von den vier Besatzungsmächten vorgegebenen Strukturen arbeiteten die zugelassenen antifaschistischen Parteien ÖVP, SPÖ und KPÖ relativ friktionsfrei zusammen. Trotz oder auch wegen des Chaos und der herrschenden Not konnten sich die innenpolitischen Verhältnisse rasch stabilisieren. Die Fragen der Zeit – Überlebens-, Existenz- und „Magen"fragen – überdeckten andere Auseinandersetzungen und erhöhten zwangsläufig die Bereitschaft zur Zusammenarbeit. Die Not wurde (auch) zur Schöpferin von Gemeinsamkeit, führte zu einem vorübergehenden und vordergründigen Konsens.[4]

Schon während des Krieges, verstärkt jedoch mit Ende der Nazi-Herrschaft, begann die „Vorherrschaft" der Frauen. Die männerarme Zusammenbruchsgesellschaft hatte ein Zwangsmatriarchat entstehen lassen. Innerhalb der österreichischen Bevölkerung waren es vorwiegend Frauen, Kinder und alte Männer, die mit den Schrecknissen an der „Heimatfront",

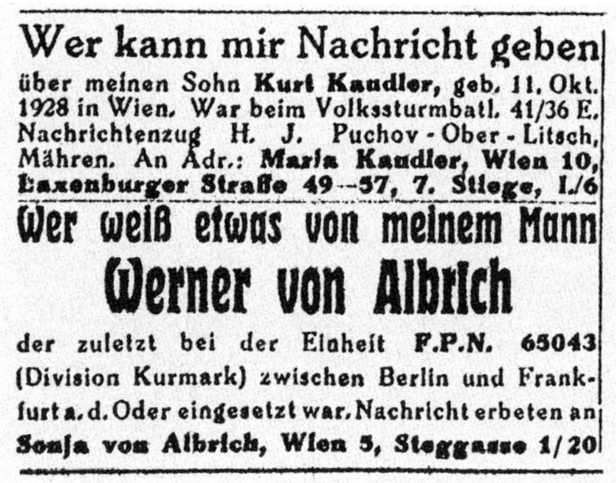

Wer kann mir Nachricht geben
über meinen Sohn **Kurt Kandler**, geb. 11. Okt. 1928 in Wien. War beim Volkssturmbatl. 41/36 E. Nachrichtenzug H. J. Puchov - Ober - Litsch, Mähren. An Adr.: **Maria Kandler, Wien 10, Laxenburger Straße 49—57, 7. Stiege, I./6**

Wer weiß etwas von meinem Mann

Werner von Albrich

der zuletzt bei der Einheit **F.P.N. 65043** (Division Kurmark) zwischen Berlin und Frankfurt a. d. Oder eingesetzt war. Nachricht erbeten an **Sonja von Albrich, Wien 5, Steggasse 1/20**

Vermißtenanzeigen in der „Arbeiter-Zeitung", 31. August 1945 Kat. Nr. 1/28

mit Bombardierungen und Zerstörungen zu Kriegsende konfrontiert wurden. Und es waren mehrheitlich Frauen, die in den Trümmern und im Chaos des Frühjahrs 1945 erste Überlebensmöglichkeiten schufen.

Kriegsbetroffenheit und Not waren regional nicht gleichmäßig verteilt. Am stärksten betroffen waren die Industrieregionen im Osten. Blicken wir in die Statistik, so weist Wien im Bereich der Gebäudeschäden einen relativ niedrigen Durchschnittswert auf. Das bedeutet nicht, daß die Bundeshauptstadt glimpflich davongekommen war; einige Viertel und Bezirke hatten enorme Schäden erlitten.

Gebäudeschäden: Zweiter Weltkrieg/Auswahl[5]

	total	schwer	leicht	gesamt	% des Gesamtbestandes
Wien	6214	12.929	27.719	46.862	28
Linz	691	2458	8935	12.084	33
Wr. Neustadt	1707	1450	620	3777	88
Innsbruck	344	1120	2369	3833	60

In Städten und Gebieten mit hohem Zerstörungsgrad war die Versorgungslage besonders problematisch. Im Laufe des Jahres 1946 nahm die Hungersnot in ganz Österreich unvorstellbare Ausmaße an. Bis zur Währungsreform im Jahre 1948 kann von ausgesprochenen Hunger- und Mangeljahren gesprochen werden. Eintausend Kalorien pro Tag und Person sollten die absolute Untergrenze bilden. Aber viele Menschen – vor allem Frauen und Kinder – mußten zeitweise mit noch weniger auskommen. Erst ab 1948 konnte die Lebensmittelbewirtschaftung nach und nach abgebaut werden. Ab 1. Juli 1953 waren alle Konsumgüter kartenfrei.[6]

In den bangen Fragen, was, wann und wieviel an Nahrungsmitteln, Brennstoffen oder Bekleidungsstücken zu bekommen war, spiegelt sich der Nachkriegsalltag der Bevölkerung. Zu den alltäglichen Belastungen gehörten das stundenlange Schlangestehen vor Geschäften, die Hamsterfahrten in die angrenzenden Landregionen ohne funktionierendes Verkehrsnetz, aber auch Tausch- und Schleichhandel – und immer wieder Improvisieren, aus nichts etwas machen.

Trümmerfrauen – Mythos oder Realität?

Frauen haben erste Trümmer- und Aufräumearbeiten geleistet. Sie haben dort, wo Männer fehlten, eigeninitiativ gehandelt und schwere körperliche Arbeit übernommen. Viele stellten mit einer Selbstverständlichkeit ihre Arbeitsleistung für den Wiederaufbau von privater Häuslichkeit und Gemeinwesen zur Verfügung. Mit minimalsten Nahrungsrationen, ohne Blick auf die Uhr, haben vor allem jene Frauen kraftvoll zugegriffen, deren Leben sich grundsätzlich über das eigene Arbeitsvermögen definiert.

Legionen von Trümmerfrauen und Steineklopferinnen – wie sie beispielsweise für Deutschland überliefert sind – hat es in Österreich allerdings nur begrenzt und kurzfristig gegeben, wie es auch eine längerfristige Beschäftigung von Frauen im Bau- und Baunebengewerbe in Österreich nicht gegeben hat.[7] Ein verstärkter Einsatz von Frauen zur Beseitigung von Bombenschutt, zum Trümmerräumen, war wesentlich auf die schwer zerstörten Gebiete Ostösterreichs beschränkt. Und auch dort repräsentierten diese Frauen nur teilweise den positiven Typus der Trümmerfrau, die, vom Faschismus befreit – freiwillig –, für den demokratischen Wiederbeginn ihre Aufbauleistung erbringt.

Karikatur aus der Zeitschrift „Frau von heute", Oktober 1947
Kat. Nr. 5/8

Denn mit dem guten Willen und der Aufbruchstimmung eines Teils der (weiblichen) Bevölkerung war den Kriegsverheerungen nicht rasch genug beizukommen. Zudem ist das Moment der Freiwilligkeit, das uns über zahlreiche Filme, Fotos und Interviewberichte vermittelt wird, genauer zu beleuchten. Schließlich lassen die verordneten Zwangsmaßnahmen einen Gegentrend erahnen. So wurde die Zuteilung von Lebensmittel- und Bekleidungsscheinen an den Nachweis von Arbeitsleistungen gekoppelt.[8] Dabei funktionierte das Kontrollsystem über die Meldepflicht und das Arbeitsbuch.

Die erste „Zwangsverpflichtung" – das Gesetz „über die Durchführung von Notstandsarbeiten im Gebiete der Stadt Wien" vom August 1945 – zielte, wie auch das für ganz Österreich erlassene Gesetz zur „Sicherstellung der für den Wiederaufbau erforderlichen Arbeitskräfte" (Arbeitspflichtgesetz) vom Februar 1946, auf die Arbeitsleistung von Männern und Frauen gleichermaßen ab. Mit diesen Gesetzen sollten jene erfaßt werden, die es bis dahin verstanden hatten, sich der Aufbauarbeit zu entziehen, sowie in verstärktem Ausmaß Nationalsozialisten – Männer und Frauen. Für sie wurden die dabei gültigen Altersbeschränkungen höher angesetzt. Zusätzlich sollte sich die Erfassung auch auf die im gemeinsamen Haushalt lebenden Familienangehörigen erstrecken, „wenn die letzteren durch ihr Verhalten offenkundig eine nationalsozialistische Gesinnung an den Tag gelegt haben".[9]

Das Wiener Gesetz sah eine Dauer von vier Wochen mit Wochenarbeitseinsätzen zwischen 16 und 60 Stunden vor, je nach anderweitigen beruflichen Verpflichtungen. Auch das Arbeitspflichtgesetz war für einen begrenzten Zeitraum gedacht. Für das Zustandekommen dieser Gesetze war der Druck der Alliierten entscheidend. Von österreichischer Seite aus bestanden (zu) große Bedenken gegen einen Arbeitszwang, selbst für belastete Nazis.[10]

So stehen neben den positiv besetzten Bildern von kraftvoll zupackenden, vom Aufbauwillen durchdrungenen Trümmerfrauen, die Negativ-Erinnerungen an „Trümmerweiber" – Nationalsozialistinnen, die zum Wegräumen des Nazi-Schutts und zur Beteiligung am Wiederaufbau gezwungen wurden/werden mußten.

Von der Arbeitspflicht zur Arbeitsplatzverknappung

Bestimmte Verordnungen der NS-Zeit wurden in die Nachkriegszeit hinein verlängert. So besaß beispielsweise die Arbeitsplatzwechselverordnung, die jeden Stellenwechsel und Arbeitsantritt an die Zustimmung des Arbeitsamtes band, weiterhin Gültigkeit.[11] Dagegen blieben Arbeitsschutzbestimmungen und -beschränkungen, die im Interesse von Kriegsproduktion und Kriegsführung 1939 weitgehend ausgesetzt worden waren, in der ersten Nachkriegszeit weiterhin außer Kraft, betrafen sie doch vorwiegend Frauen und Jugendliche.[12] Solange man Frauen (Jugendliche) noch als Ersatzarbeitskräfte benötigte, waren Fragen nach der

Frauen räumen beim Palais Palffy Schutt, 1945/46 Kat. Nr. 4/11

physischen Eignung zweitrangig. Erst mit der wieder einsetzenden Arbeitsplatzverknappung wurden auf der Basis von sozial- und arbeitsrechtlichen Schutzbestimmungen – und mit entsprechender ideologischer Untermauerung – Frauen in ihre traditionellen Berufe und „Räume" (zurück)verwiesen. Ab 1947 wurde die Verknappung von Arbeitsplätzen bereits deutlich spürbar. Nach und nach wurde den Frauen die Kündigung präsentiert; Ausnahmen bildeten nur jene Frauen, deren Männer noch in Kriegsgefangenschaft waren.

Die kriegsbedingten Verschiebungen wurden relativ rasch rückgängig gemacht. Die „Zulassung" von Frauen in bis dahin Männern vorbehaltene Arbeitsbereiche wurde nur bis zur „Normalisierung der Verhältnisse" – das bedeutete bis zum Knappwerden dieser Arbeitsplätze – akzeptiert. In der Statistik von 1951 sind beispielsweise eine Maurerin, eine Dachdeckerin, eine Schlosserin, vier weibliche Bergleute sowie 33 Maschinenarbeiterinnen in der Metallbearbeitung zu finden.[13]

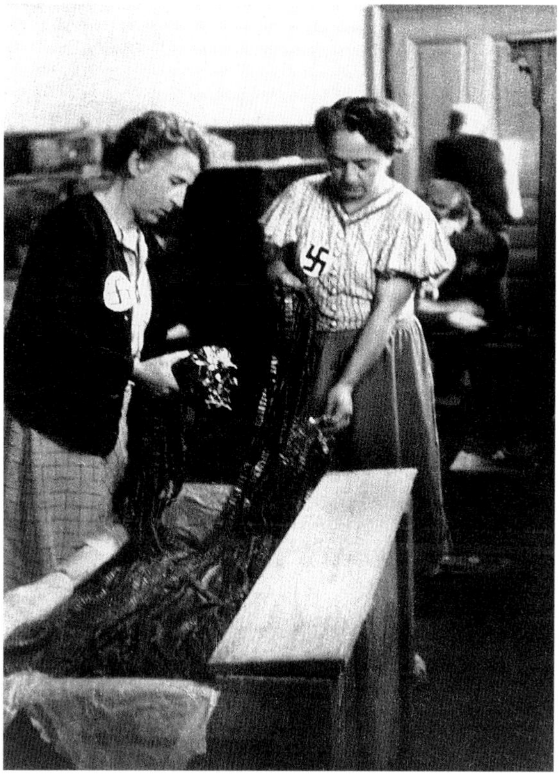

Ehemalige NS-Parteimitglieder im Strafarbeitseinsatz, 1945
Kat. Nr. 4/6

In der ersten Nachkriegszeit standen insgesamt nur wenig Industriearbeitsplätze zur Verfügung. Durch das Aus für die Rüstungsproduktion und durch die Zerstörung von Industrieanlagen, Demontagen und Beschlagnahmungen konnte 1946 eine erst 30- bis 35prozentige Ausnützung der industriellen Kapazität erreicht werden. Die Forcierung der Investitionsgüterindustrie auf Kosten der Konsumgüterindustrie bedeutete nicht nur Konsumbeschränkung, sondern ging auch auf Kosten von Frauenarbeitsplätzen.[14]

Für die Jahre 1945 bis 1947 liegen keine nach Geschlecht aufgeschlüsselten Beschäftigungszahlen vor. 1948 betrug der Anteil der Frauen an den Beschäftigten rund ein Drittel. Anfang der fünfziger Jahre stieg er gegen 40 Prozent. Die Aufgliederung nach einzelnen Wirtschaftssektoren zeigt, daß die Wiederherstellung des geschlechtssegregierten Arbeitsmarktes bereits 1948 weitgehend abgeschlossen war.[15] Die Frauenerwerbsarbeit konzentrierte sich im wesentlichen auf die „traditionellen Frauenberufe". Verschiebungen gegenüber der Vorkriegszeit ergaben sich maximal auf Grund genereller wirtschaftsstruktureller Veränderungen. Die Bekleidungs- und Textilberufe mit Niedrig- und Niedrigstlöhnen blieben fast gänzlich Frauen vorbehalten. Von den 12 Prozent der 1948 in der Industrie beschäftigten Frauen arbeiteten 80 Prozent in der Textilindustrie.[16]

Veränderungen am Arbeitsmarkt zugunsten von Frauen hat es in begrenztem Ausmaß in Büroberufen und in einigen Gewerben gegeben. Im Gewerbe waren es vorwiegend schlecht bezahlte Hilfsarbeiterposten, die Frauen zufielen. Doch auch aus Büros und Ämtern wurden Frauen – nach der Rückkehr von Männern – massenhaft entlassen. Begründungen: Die „mangelhafte" Qualifikation von Frauen bzw. die Benötigung dieser Arbeitsplätze für Kriegsinvaliden. Ein möglicher Weg zur Kündigung von Frauen führte über die Entnazifizierung. Mit belasteten Nationalsozialistinnen wurde teilweise härter verfahren als mit männlichen Nazis.[17]

Ohne Alternative: Hausarbeit und Erwerbsarbeit

Trotz der sich bereits seit 1947 abzeichnenden Arbeitsplatzverknappung und den massiven Bestrebungen, die außerhäusliche Frauenarbeit zurückzudrängen, blieb der Anteil der Frauenerwerbstätigkeit in der Nachkriegszeit mit knapp 40 Prozent konstant und reichte etwa an die Werte von Vorkriegs- und Kriegszeit heran.

Viele Frauen hatten durch neue Erfahrungen, durch die selbständige Bewältigung des Alltags während NS- und Kriegszeit – und vor allem in der schwierigen Zeit zu Kriegsende durch das Getrenntleben von Männern, durch das Tragen der Alleinverantwortung für die Kinder – einen Selbständigkeits- und Selbstbewußtseinszuwachs erfahren. Dennoch waren es damals kaum Emanzipationsbestrebungen oder gute Arbeitsplätze, die Frauen erwerbstätig werden und weiterhin berufstätig bleiben ließen. Tatsächlich konnten nur wenige zwischen Beruf oder Haushalt wählen. Das Los hieß Beruf und Haushalt. Frauenerwerbsarbeit ist nicht zu trennen von der anderen Seite der Lohnarbeit: von der Hausarbeit, der gesellschaftlich notwendigen, aber in privaten Haushalten organisierten Reproduktionsarbeit.[18]

Neben alleinstehenden Frauen, Witwen und noch jungen Frauen, die für Kinder, alte Eltern oder Verwandte und für erweiterte Großfamilien den Lebensunterhalt (mit-)verdienten, stieg in der Nachkriegszeit auch der Anteil von verheirateten, erwerbstätigen Frauen weiter an. Anfang der fünfziger Jahre waren beispielsweise zwei Drittel der verheirateten Wienerinnen erwerbstätig. Von den 1951 berufstätigen österreichischen Frauen waren 39 Prozent verheiratet.[19] Ein Großteil der Familien – vor allem Arbeiterhaushalte – konnte ohne den Zuverdienst der Ehefrauen nicht durchkommen. In den offiziellen Zahlen sind die vielen informellen Arbeitsverhältnisse von Frauen – Putzen, Waschen, Bügeln und Kochen für Fremde oder Verwandte – gar nicht enthalten.

In vielen Fällen bleiben Frauen auch nach Rückkehr der Männer aus Krieg und Gefangenschaft die Alleinerhalterinnen von Familien. Doch auch als Familienerhalterinnen wurden sie am Arbeitsmarkt benachteiligt. Sie mußten sich mit schlechten Arbeitsplätzen, schlechten Arbeitsbedingungen und mit geringeren Löhnen zufriedengeben. So lag 1948 der durchschnittliche Bruttoverdienst von Arbeiterinnen bei 66 Prozent der durchschnittlichen Männerlöhne.[20]

Auf Erwerbsarbeit angewiesen waren auch größere Gruppen von Flüchtlingsfrauen sowie Frauen von Nationalsozialisten. Bei Frauen von ehemaligen NS-Parteigenossen handelte es sich oft nur um eine Übergangsphase, um die durch Berufsverbote des Mannes entstandene soziale oder materielle Deklassierung abzufangen.

Ehe und Familie bildeten nur für einen kleineren Teil von Frauen einen Schutzraum vor doppelter Ausbeutung. Wurde in den damaligen Literatur- und Presseerzeugnissen den Frauen diese als einzig mögliche, anzustrebende Rolle als „Gattin, Mutter und Hausfrau“ auch besonders warm empfohlen, so sah für viele verheiratete Frauen die Realität anders aus.

Sie mußten diese glorifizierte Frauenrolle mit harter Berufstätigkeit verbinden. Das bedeutete neben den Benachteiligungen am Arbeitsmarkt die Vernachlässigung von Kindern, die ständige Angst vor (neuen) Schwangerschaften und Abtreibungen, einschließlich der Gefahr strafrechtlicher Verfolgung, mitunter auch Kindesweglegung und Tötung.

Die gesellschaftliche Kritik und Empörung blieb nicht aus. Berufstätige Frauen wurden als „entmenschte Mütter", als „Rabenmütter", als „soziale Fehlentwicklungen" gebrandmarkt. Dagegen standen „gesellschaftliche Fehlentwicklungen" kaum zur Diskussion.[21] Die von den meisten Frauen auch in „normalen" Zeiten stillschweigend ertragene (und als „normal" empfundene) Doppelbelastung durch Reproduktionsarbeit und Erwerbsarbeit führte Frauen unter den erschwerten Bedingungen der Nachkriegszeit an die Grenzen des physischen Zusammenbruchs. Für einen größeren Teil der Bevölkerung dauerte die entbehrungsreiche Zeit bis weit in die fünfziger Jahre hinein. Vor allem alleinstehende Frauen und Frauenhaushalte blieben von einer Teilhabe an dem in den fünfziger Jahren beginnenden Wirtschaftswunder ausgeschlossen.

Restauration der Familienideologie

Die durch Nationalsozialismus und Krieg bedingten Verschiebungen und Lockerungen der Familienformen – dazu zählten: der durch das NS-System zwangsläufig bedingte Einstellungswandel gegenüber ledigen Müttern, Frauenhaushalten und Mütterfamilien – erfuhren in der Nachkriegszeit eine rasche Korrektur. Es wurden jene Denk- und Politikformen (wieder)belebt, die die traditionelle Familie mit ihren Rollenklischees zur natürlichen Sozialform hypostasierten. Massiv setzte die ideologische Untermauerung der als typisch weiblich bzw. als typisch männlich definierten Geschlechtscharaktere und der ihnen zugeschriebenen Gesellschaftsräume und Aufgaben ein.

Dabei wurden die tatsächlichen Gesellschaftsverhältnisse einfach ignoriert. Der hohe Frauenüberschuß – allein in Wien lebten 1947 250.000 Frauen mehr als Männer – machte Österreich neben Deutschland zum mitteleuropäischen Land mit den geringsten Heiratschancen. Ledige, alleinstehende Frauen und Witwen wurden entweder belächelt, als „Kriegsopfer" bedauert oder es wurde ihnen ein „Sozialprogramm" verordnet. Sie sollten Berufe wählen, die ein „ganzes Frauenleben ausfüllen".[22]

Problematisch gestalteten sich die Lebensverhältnisse nicht nur für „zu kurz gekommene Frauen". Generell herrschte in Ehen, Familien, Beziehungen und Partnerschaften eine krisenhafte Stimmung. Die Zeit hatte schwere Belastungen für Frauen und Männer gebracht. Kriegs- und Ferntrauungen, lange Trennungen, Entfremdung, unterschiedliche Erfahrungs- und Erlebnissphären, Not und Verzweiflung, außereheliche Kinder und Beziehungen, aber auch Vergewaltigungen von Frauen im Zuge der Befreiung, bildeten Scheidungsgründe. Dem rapiden Anstieg der Scheidungsziffern steht ein ausgeprägter „Drang in die Ehe" gegenüber.[23]

Der Prozeß der (Re-)Etablierung der bürgerlichen Klein- oder Kernfamilie – als Wunschvorstellung und Lebensform – wurde von bürgerlich-konservativen (und) katholischen

Kreisen forciert, spätestens seit Zunahme der Arbeitslosigkeit. Dieser (konservativen) Zielvorgabe oder Wende kamen sowohl die politische/öffentliche Müdigkeit eines Großteils der Bevölkerung entgegen (Stichworte: Rückzug ins Private, politische Apathie), als auch die verinnerlichten Rollenverteilungen.

Einzig die Kommunistische Partei propagierte Gegentrends, forderte den Verbleib von Frauen in „Männerberufen". In die grundsätzliche Kritik der KPÖ an der gesellschaftlichen Entwicklung – an Westintegration und Antikommunismus – wurden auch kritische Befunde über die weibliche Benachteiligung am Arbeitsmarkt eingeschrieben. Die Existenz der Kleinfamilie stand aber auch hier außer Frage. Den Hintergrund bildeten die in der Nachkriegs-Sowjetunion herrschenden rigiden ehelichen Moralvorstellungen sowie überkommene Einstellungen von KP-GenossInnen.[24]

Probleme mit ihrer Positionsbestimmung hatten vor allem die SozialistInnen. Sie forcierten zwar neben der politischen auch die wirtschaftliche Gleichberechtigung der Frau: also das Recht auf Arbeit und auf gleichen Lohn. Parallel dazu wurde aber – wenn auch behutsam, so dennoch unumwunden – den Frauen klargemacht, daß den zurückkehrenden Männern deren angestammte Arbeitsplätze zurückgegeben werden mußten.

Die Sozialistische Partei versuchte zumindest, sich für bessere Frauenarbeitsplätze einzusetzen, um den Frauen nicht nur „Abfalltätigkeiten" zuzuweisen. Mit der Forderung nach Verbesserung der weiblichen Schul- und Ausbildungsverhältnisse, und der Aufwertung von Frauenarbeitsplätzen, wurde der Notwendigkeit der Frauenerwerbsarbeit immerhin Rechnung getragen. Die weitere Forderung, „daß die gesellschaftliche Funktion der Frau, neues Leben zu schenken, auch entsprechend als soziale Leistung anerkannt" werden sollte,[25] verweist neben dem Appell, die Mutter- und Hausfrauenrolle aufzuwerten, auf eine auch innerhalb der SPÖ dominante (männliche) Einstellung, nämlich jene, daß in der respektablen Arbeiterfamilie die Frau ins Haus gehört.

Widerständigkeit und Protest

Waren auch ideologische Unterschiede gegeben, in der praktischen Umsetzung glichen sich die „Förderprogramme" von ÖVP- und SPÖ-Frauenorganisationen. Der Schwerpunkt wurde auf den Ausbau bzw. die Verbesserung von Arbeitsbedingungen bei den sogenannten typisch weiblichen Berufen gelegt. Die Tätigkeiten als Hausgehilfin bzw. als Landarbeiterin sollten durch spezielle Ausbildungsprogramme und Schulen aufgewertet werden.

Damit wurden die Weichen dazu gestellt, Frauen in jene Berufe zurückzudrängen, die sie teilweise im Zuge der „nationalsozialistischen Modernisierung" verlassen konnten. Seit damals hatte die Landflucht – die Abwanderung ländlicher Arbeitskräfte – verstärkt auch Frauen und jüngere Mädchen erfaßt.[26] Zum anderen waren Hausgehilfinnen – vor allem gegen Kriegsende – von ihren Posten abgezogen und auf anderen Arbeitsplätzen (Industrie, Kriegshilfsdienste) eingesetzt worden. Viele Hausgehilfinnen und Landarbeiterinnen, die andere Arbeitsverhältnisse und Berufssparten kennengelernt hatten – und dies unter den Bedingungen der NS-Repression –, wollten nicht mehr zurück in ihre früheren Arbeits- und Lebenszusammenhänge. Die im Laufe des Krieges sich verschlechternden Arbeitsbedingungen (z. B. die Erhöhung der Arbeitszeit) wurden von jenen weniger registriert, die zuvor in mitunter leibeigenschaftsähnlichen Abhängigkeitsverhältnissen – ohne Freizeit und Urlaub – arbeiten und leben mußten. Erweitert man Überlegungen zur NS-Zeit um diese Nachkriegsdimension, nämlich die Verengung des weiblichen Arbeitsmarktes auf diese Berufe, so finden sich für die Affinität von betroffenen Frauen zum Nationalsozialismus einige Erklärungsansätze.

Die im ersten Nachkriegsjahrzehnt anhaltende Flucht aus den hauswirtschaftlichen Berufen „belastete" Industrie, Gewerbe und Dienstleistungsbereich und führte dort zu Engpässen. Obwohl viele Frauen keine Arbeit fanden – Verheiratete griffen vor allem auf informelle Zuverdienste zurück –, blieb der Hausgehilfinnenberuf ein Tätigkeitsfeld, auf das sich Frauen nicht mehr zurückdrängen ließen. Trotz großer Frauenarbeitslosigkeit war ein Großteil der offenen Hausgehilfinnenstellen nicht mehr zu besetzen.[27]

Zu öffentlichen, gemeinsamen Frauenprotestaktionen ist es nicht gekommen. Dennoch gab es frauenbenachteiligende Maßnahmen, die Kritik und Unmut herausforderten. So beispielsweise die Verweigerung von Zusatz- und Schwerarbeiterkarten für berufstätige Hausfrauen. Ohne Rücksicht auf die Doppel- und Mehrfachbelastungen wurde Frauen, die weniger als acht Stunden außer Haus arbeiteten, die Zusatzkarte verweigert, auch wenn ihr tatsächlicher Arbeitstag 16 Stunden dauerte. Wie aus einer Gewerkschaftsumfrage aus dem Jahr 1948 unter Wiener Arbeiterinnen und weiblichen Angestellten hervorgeht, empfanden sich Frauen „als Kulis, als Lasttiere, als die Allerdümmsten, auf deren Rücken die Gesellschaft die Last des Wiederaufbaus abladt".[28]

Ein Anliegen, das quer durch die weibliche Bevölkerung ging und von Betriebs- und Gewerkschaftsfunktionärinnen beharrlich vertreten wurde, war die Forderung nach einem freien Wirtschaftstag pro Monat. Nicht in Kollektivverträgen verankert, sondern als Sozialgesetz an die Ausführungsbestimmungen der Länder gebunden, wurde eine generelle Durchsetzung noch in den Ansätzen abgeblockt. Dies wäre ein erster Schritt in Richtung Anerkennung der Reproduktionsarbeit gewesen, ein Ansatz zur Überwindung der Trennung von Öffentlichkeit und privatem, scheinbar nicht kommerziellem Raum. Es hätte damals wie heute eine Erleichterung für berufstätige (Haus-)Frauen bedeutet. Die andere Seite der Medaille, die gesetzliche Festschreibung und damit die Anbindung der Reproduktionsarbeit an Frauen, rückt dieses Anliegen in die Nähe der immer wieder auftauchenden – problematischen – Forderung nach einem Hausfrauenlohn.[29]

Eine andere Benachteiligung, gegen die sich Frauen entschieden und mit Erfolg zur Wehr setzten, war die ihnen zunächst vorenthaltene volle Zigarettenration. Das Abspeisen der Frauen mit der halben Menge mußte korrigiert werden. Auf dieses wichtige (Tausch-)Gut wollten Frauen (und Männer?) nicht verzichten. Argumente, die auf die weibliche Gesundheit abzielten, lösten höchstens Empörung aus – quer durch die Gesellschaft. Laut „Frau und Mutter", einer konservativen Familienzeitschrift, wurde der Zeitpunkt für gesundheitliche Überlegungen als völlig unpassend erklärt. In Anbetracht der enormen Belastungen, denen die Frauen ausgesetzt seien, käme es auf die schädliche Wirkung von einigen Zigaretten auch nicht mehr an.[30]

Ausblick: Weichenstellungen – Rückbrüche

Den kleinen Widerständen steht der große stille Rückzug in die traditionellen „Frauenräume" und Frauenrollen gegenüber. Das Zwangsmatriarchat testete nicht einmal seine Machtposition aus. Die gegen Kriegsende und in der ersten Nachkriegszeit entstandenen Frauensolidargemeinschaften hatten eine kurze Lebensdauer. Rasch erfolgte die Spaltung der Frauen entlang von Partei-, Lager- und Milieugrenzen. Hatte es auch vorübergehend identitätsstiftende Lebenslagen gegeben, so waren die Existenzverhältnisse von Frauen dennoch ungleich geblieben – je nach sozialer, beruflicher, politischer und familiärer Situation.

Auch die unterschiedlichen Verhaltensweisen von Frauen während der NS-Zeit waren nicht einfach wegzuwischen. Fanatische Nationalsozialistinnen, Mitläuferinnen, Regimegegnerinnen oder Verfolgte formierten sich nicht ohne weiteres zu einer homogenen Frauenfront. Gewachsene Einstellungen wogen zumeist schwerer als begrenzte gemeinsame Erlebnisse wie Bombardements und erste Überlebensarbeit.

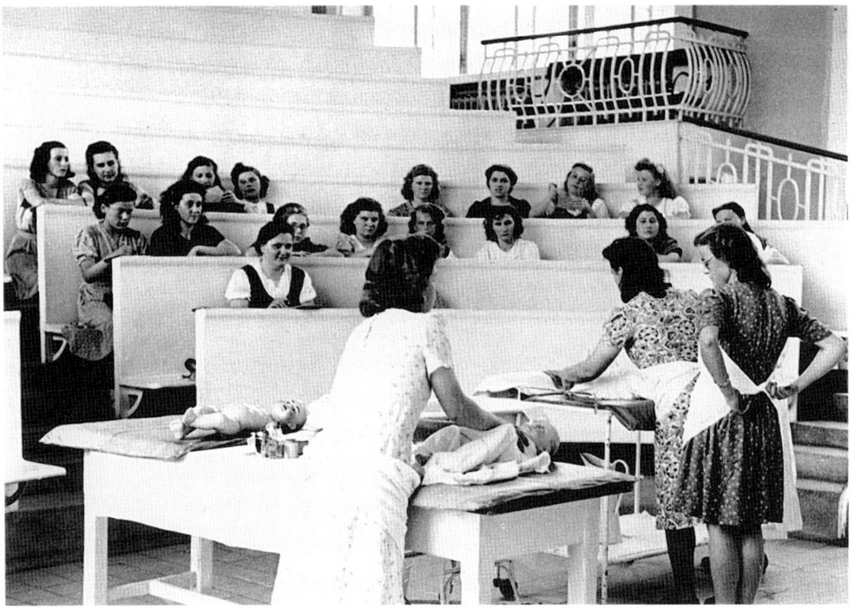

Unterricht in der Hausgehilfinnenschule, 27. Mai 1945
Kat. Nr. 7/6

Die Frage nach verpaßten Chancen, nach damals möglichen Weichenstellungen zu längerfristigen, objektiven Veränderungen zugunsten der weiblichen Bevölkerung, steht im selben Kontext wie die Frage nach versäumten oder nicht genutzten gesellschaftlichen Umorientierungen im Frühjahr 1945.

Faschismus und Krieg hatten europaweit die rechten Parteien – zumindest vorübergehend – diskreditiert. Dies bewirkte einen Startvorteil für die linken antifaschistischen Parteien. Die tatsächlichen Machtverhältnisse waren nur sehr kurzfristig und partiell aus dem Gleichgewicht und in Unordnung geraten. Sie führten/drängten die „Scheinhegemonie der Linken" in die keynesianische Restauration des Kapitalismus unter sozialdemokratischer/sozialistischer Beteiligung.[31]

Die meisten Frauen erlebten die Festigung der traditionellen Geschlechterhierarchien als selbstverständliche Gesellschaftsorganisation. Die Akzeptanz männlich dominierter Machtstrukturen stand in Öffentlichkeit, Politik und in der Arbeitswelt außer Zweifel. Im Privatbereich wurde zwar die patriarchalische Gesellschaftsordnung durch das aus dem Jahre 1811 stammende Ehe- und Familienrecht formalrechtlich auch weiterhin abgesichert. Trotzdem gab es partielle Hierarchieverschiebungen: männliche Autoritätseinbußen zugunsten weiblicher Kompetenzausweitungen. Sie blieben gesellschaftlich allerdings (fast) folgenlos, schlugen sich maximal im privaten Geschlechterkampf nieder.[32]

Sozialisationserfahrungen, kulturelle Muster und erneuerte Gewohnheitsrechte bildeten Ordnungsprinzipien und Begrenzungsraster. Existenzkampf, Wiederaufbau, Konkurrenzsituationen in den verschiedensten Lebensbereichen und die Beständigkeit der verinnerlichten Rollenvorstellungen, und nicht zuletzt der Wunsch nach ein bißchen Ruhe, wirkten – in Verbindung mit den äußeren Rahmenbedingungen – anderen Entwicklungen entgegen und mündeten in das restaurative Klima der fünfziger Jahre.

[1] Der Artikel ist eine leicht abgeänderte Fassung des Aufsatzes der Verfasserin: „Dann haben wir wieder unsere Arbeit gemacht." Frauenarbeit und Frauenleben nach dem Zweiten Weltkrieg. In: Zeitgeschichte, 15. Jg., Heft 9/10, Juni/Juli 1988, Schwerpunktthema: Historische Frauenforschung, S. 403–426.

[2] Karin Berger, Zwischen Eintopf und Fließband. Frauenarbeit und Frauenbild im Faschismus. Österreich 1938–1945. Wien 1984; Sigrid Augeneder, Arbeiterinnen im Ersten Weltkrieg. Lebens- und Arbeitsbedingungen proletarischer Frauen in Österreich. Wien 1987 (= Materialien zur Arbeiterbewegung 46).

[3] Vgl. Irene Bandhauer-Schöffmann/Ela Hornung (Hg.), Wiederaufbau weiblich. Dokumentation der Tagung „Frauen in der österreichischen Nachkriegszeit", Wien – Salzburg 1992, bes. die Beiträge der ÖsterreicherInnen.

[4] Erika Weinzierl/Kurt Skalnik (Hg.), Österreich – Die Zweite Republik. 2 Bde., Graz – Wien – Köln 1972; Ernst Hanisch, Der lange Schatten des Staates. Österreichische Gesellschaftsgeschichte im 20. Jahrhundert. Wien 1994, S. 395 ff.

[5] Birgit Bolognese-Leuchtenmüller u. a. (Hg.), Frauen der ersten Stunde 1945–1955. Wien – München – Zürich 1985, S. 151.

[6] Roman Sandgruber, „Vom Hunger zum Massenkonsum". In: Gerhard Jagschitz/Klaus-Dieter Mulley (Hrsg.), Die „wilden" fünfziger Jahre. St. Pölten – Wien 1985, S. 112–123.

[7] Vgl. dazu die Situation in Deutschland: Annette Kuhn (Hg.), Frauen in der deutschen Nachkriegszeit. Quellen und Materialien Bd. 1: Frauenarbeit 1945–1949. Düsseldorf 1984, S. 250 ff.

[8] Franz Danimann/Hugo Pepper (Hg.), Österreich im April 1945. Die ersten Schritte der Zweiten Republik. Wien – München – Zürich 1985, S. 128 ff.

[9] 137. Verfassungsgesetz vom 24. August 1945. In: Staatsgesetzblatt für die Republik Österreich, Jg. 1945, ausgegeben am 1. September 1945, 32. Stück, S. 177ff.; 63. Bundesverfassungsgesetz vom 15. Februar 1946 (Arbeitspflichtgesetz). In: Bundesgesetzblatt, Jg. 1946, ausgegeben am 18. April 1946, 20. Stück, S. 63 ff.

[10] Dieter Stiefel, Entnazifizierung in Österreich. Wien – München – Zürich 1981, S. 276 ff.

[11] Danimann/Pepper, Österreich im April 1945, S. 130.

[12] Berger, Zwischen Eintopf und Fließband, S. 128 ff.; Gerda Neyer, Sozialpolitik von, für und gegen Frauen. In: ÖZP/Österreichische Zeitschrift für Politikwissenschaft, Heft 4, 1984, Schwerpunktthema: Frauenforschung und Frauenpolitik in Österreich.

[13] Hertha Firnberg/Ludwig S. Rutschka, Die Frau in Österreich. Aktuelle Probleme unserer Zeit. Wien 1967, Tabelle 23, S. 58 ff.

[14] Fritz Weber, Österreichs Wirtschaft in der Rekonstruktionsperiode nach 1945. In: Zeitgeschichte, 14. Jg., Heft 4, April 1987, S. 289 f.

[15] Firnberg/Rutschka, Die Frau in Österreich, S. 55; Gertrude Weitgruber, Das Bild der Frau in der Öffentlichkeit in Österreich, Deutschland und Amerika in den Nachkriegsjahren (1945–1953). Phil. Diss. 1982, S. 173 ff.

[16] Bolognese-Leuchtenmüller, Frauen der ersten Stunde, S. 225.

[17] Stiefel, Entnazifizierung in Österreich, S. 217 ff.

[18] Reinhard Sieder, Hausarbeit oder: die „andere Seite" der Lohnarbeit. In: Beiträge zur historischen Sozialkunde, 11. Jg., Heft 3, 1981, S. 90 ff.; Josef Ehmer, Frauenerwerbsarbeit in der industriellen Gesellschaft. In: ebda., S. 97.

[19] Weitgruber, Das Bild der Frau in der Öffentlichkeit, S. 176 f.; Edith Saurer: Schweißblätter. Gedankenfetzen zur Frauengeschichte in den fünfziger Jahren. In: Jagschitz/Mulley, Die „wilden" fünfziger Jahre, S. 46.

[20] Bolognese-Leuchtenmüller, Frauen der ersten Stunde, S. 226.

[21] Saurer, Schweißblätter, S. 42 f.; Presseberichte aus den diversen (Frauen-)Zeitungen der Nachkriegszeit.

[22] Firnberg/Rutschka, Die Frau in Österreich, Tabelle 5, S. 16; Frauen-Zentralkomitee der Sozialistischen Partei Österreichs, Frauenprobleme nach dem Zweiten Weltkrieg. Wien. Jänner 1948, S. 2 f.

[23] Bolognese-Leuchtenmüller, Frauen der ersten Stunde, S. 22 f.; Eheinserate in den diversen Zeitungen.

[24] Weitgruber, Das Bild der Frau in der Öffentlichkeit, S. 191; Die Stimme der Frau, Jg. 1947 ff.

[25] Frauen-Zentralkomitee, Frauenprobleme nach dem Zweiten Weltkrieg, S. 7.

[26] Zeitzeugen-Interviews mit Frauen und Männern aus der Arbeiterbewegung, Projekt-Träger: Ludwig-Boltzmann-Institut für Geschichte der Arbeiterbewegung, Salzburg; NS-Monatsberichte 13/1939, zit. nach: Ernst Hanisch, Nationalsozialistische Herrschaft in der Provinz, Salzburg im Dritten Reich. Salzburg 1983, S. 88.

[27] Statistische Nachrichten, ab 1. Jg. 1946 ff.: Arbeitsmarkt – Offene Stellen und Arbeitsgesuche nach Berufsgruppen.

[28] Siegfried Mattl, Frauen in Österreich nach 1945. In: Rudolf G. Ardelt/Wolfgang J. A. Huber/Anton Staudinger (Hg.), Unterdrückung und Emanzipation. Festschrift für Erika Weinzierl zum 60. Geburtstag. Wien – Salzburg 1985, S. 103.

[29] Ebda., S. 116 f.

[30] Frau und Mutter 35/1946, zit. nach: Weitgruber, Das Bild der Frau in der Öffentlichkeit, S. 42.

[31] Lutz Niethammer, Rekonstruktion und Desintegration. In: Heinrich-August Winkler, Politische Weichenstellungen im Nachkriegsdeutschland 1945–1953. Göttingen 1979 (= Geschichte und Gesellschaft, Sonderheft 5), S. 28.

[32] Vgl. Dr.-Karl-Renner-Institut (Hg.), Beharrlichkeit, Anpassung und Widerstand. Die Sozialdemokratische Frauenorganisation und ausgewählte Bereiche sozialdemokratischer Frauenpolitik. Wien 1993; Erika Thurner, Die stabile Innenseite der Politik. Geschlechterbeziehungen und Rollenverhalten. In: Thomas Albrich u. a. (Hg.), Österreich in den Fünfzigern. Innsbruck – Wien 1995 (= Innsbrucker Forschungen zur Zeitgeschichte, Bd. 11), S. 53–67; Ingrid Bauer, Von den Tugenden der Weiblichkeit. Zur geschlechtsspezifischen Arbeitsteilung in der politischen Kultur, ebda., S. 35–53.

„Entwarnung", 1945
Kat. Nr. 1/15

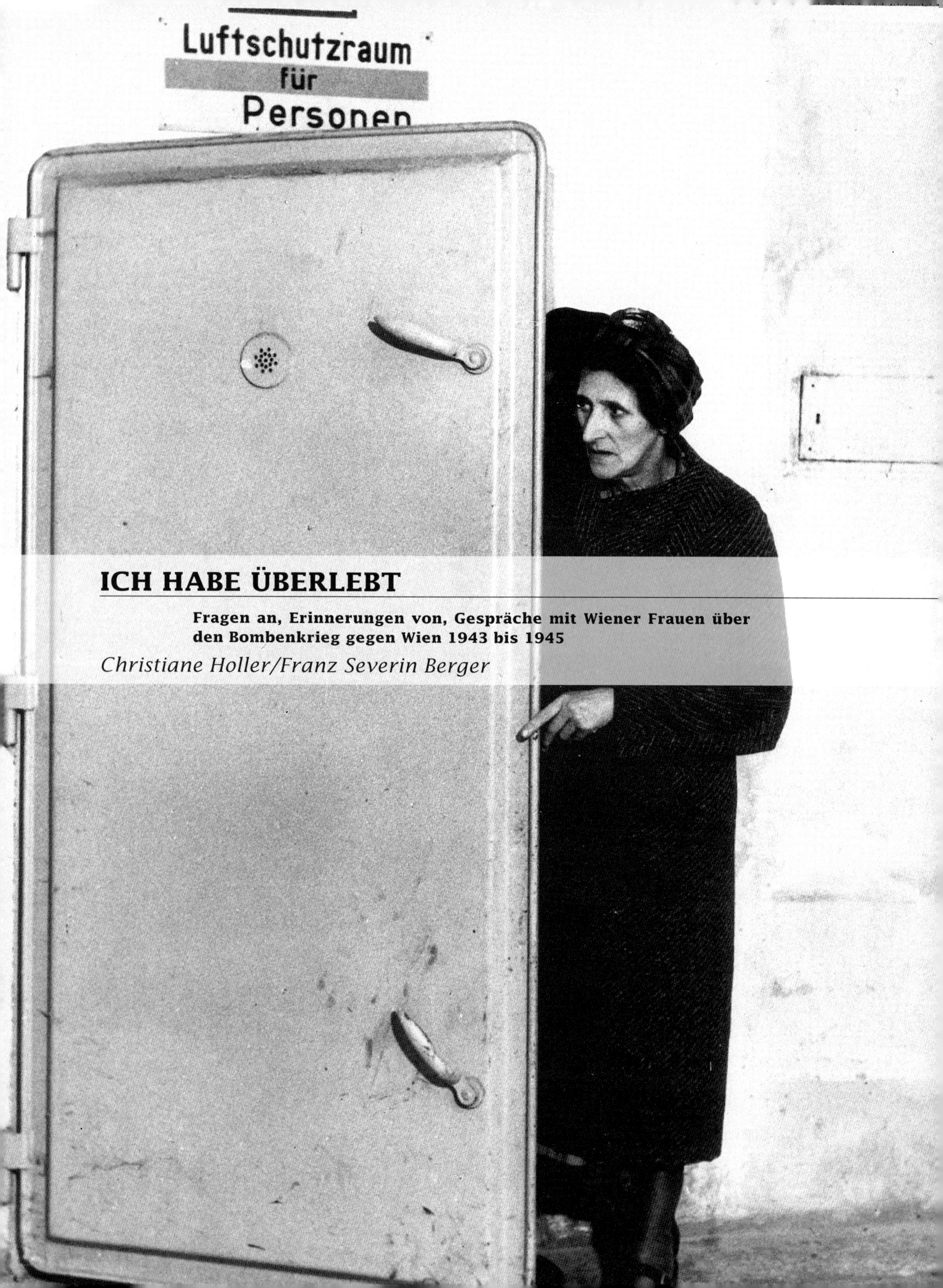

ICH HABE ÜBERLEBT

Fragen an, Erinnerungen von, Gespräche mit Wiener Frauen über den Bombenkrieg gegen Wien 1943 bis 1945

Christiane Holler/Franz Severin Berger

Episode, vorweg!

Der Weg zum Bombenkeller beginnt in einem Seitengang des großen Gebäudes. Der Wand entlang sind die Einheimischen in einer disziplinierten Warteschlange aufgestellt. Die Gäste aus dem Ausland würden es nie wagen, sich hier vorzudrängen. Unter den Wartenden sind viele junge Mütter mit Kindern, auch Großmütter mit ihren Enkeln, wenige Männer. Der Großteil der Leute wartet schweigend, nur einige Kinder quengeln. Mütter oder Großmütter beruhigen sie jedoch mit leisen, aber festen Stimmen. Die Warteschlange rückt nur langsam vor. An der Wand des Ganges sind große Markierungen mit Minutenangaben, die angeben, wie lange es wahrscheinlich noch dauert, bis man in den Keller darf. Das stimmt ziemlich genau. Denn nach 45 Minuten Wartezeit stehen die Gäste vor dem älteren Mann, der sie – als Luftschutzwart? – durch eine Tür in den Bombenkeller weist. Es sind jeweils rund fünfundzwanzig Personen, die er einläßt. Die anderen müssen warten. Die Ausländer möchten eine junge Mutter mit zwei Kindern, die hinter ihnen angestellt ist, nach vorne durchlassen, denn sie sind schon ziemlich am Ende der Einlaßgruppe. Aber die junge Frau kann mit dieser – ihr fremden – Höflichkeit nichts anfangen. *Nein, danke*, sagt sie, *das ist nicht nötig. Sie waren die ganze Zeit vor mir angestellt, und eine Reihe ist schließlich eine Reihe.* Sie verzichtet auf den Vortritt, kommt aber dann zuletzt mit ihren Kindern doch noch durch den kurzen Gang herein, der in den Keller führt und sitzt daher nahe an der Luftschutztüre, die vom Luftschutzwart unter einigen humorigen Bemerkungen geschlossen wird. Man brauche keine Angst haben, meint er, schließlich sei hier noch niemandem etwas geschehen. Die Menschengruppe im Keller quittiert dies mit kleinem Lachen, das etwas nervös klingt. Alle sitzen auf Bänken, mit dem Rücken zu den Kellerwänden, deren Ziegel feucht, kalt und glitschig glänzen. Nur wenn man sie berührt, merkt man, daß sie in Wirklichkeit staubtrocken sind. Die letzte Lichtquelle im Raum ist eine blakende Petroleumlampe an der Wand. Wenn man genau hinsieht, kann man mit einiger fachlicher Kenntnis feststellen, daß sie eine elektrisch betriebene Imitation ist. Der Wart entfernt sich mit seiner abgeblendeten Taschenlampe durch die gegenüberliegende Türe. Er komme nachher bestimmt zurück und hole alle heraus, kündigt er an. Nun ist es sehr, sehr dunkel. Man kann kaum die Gesichtszüge des Nachbarn erkennen. Aus einem Lautsprecher, der an der Kellerdecke im Dunkeln nicht erkennbar ist, sind plötzlich Informationsbrocken zu hören. Eine Luftlagemeldung quakt in den Raum, Datum und Uhrzeit sowie die Adresse und Lage des Hauses, in dem man sich befindet, werden verkündet. Dann meint eine sonore Stimme noch: *Wir dachten, wir seien bereit. Aber, waren wir das wirklich? Achtung, sie kommen ...*

Im Keller ist es beklemmend still geworden. Auch die Kinder mucksen nicht. Und dann ist es immer deutlicher zu hören – ein langsam anschwellendes Dröhnen in der Luft kommt näher. Unverkennbar, viele Flugzeugmotoren. Geschützsalven mischen sich ins Geräuschbild, und eine langsam näher kommende Kette von Detonationen am Boden und in der Luft wird nicht nur hörbar, sondern auch spürbar. Der Raum beginnt leise zu vibrieren. Tatsächlich, wenn man die Fußsohlen fest auf den Boden aufsetzt, fühlt es sich an wie das Deck eines Schiffs in leichtem Wellengang. Die Lärmkulisse wird heftiger. Der Luftangriff ist über uns in vollem Gang. Plötzlich geht ein starker Ruck durch den Raum. Die Holzbänke schaukeln, die Insassen stoßen überraschte kleine Schreckensrufe aus. Es ist unüberhörbar und bis in die Haarwurzeln spürbar: das Haus ist getroffen.

Nach dem Abflug der Geschwader, nach dem Abebben des Lärms über der Erde, mit den Entwarnungssirenen kommt auch der freundliche Luftschutzwart wieder zurück. Ob alle noch da und o.k. sind, fragt er, ein indifferentes Murmeln antwortet. *Dann folgen Sie mir aus dem Haus*, meint er. *Aber Vorsicht, achten Sie auf meine Lampe.* Die Kellerinsassen folgen ihm durch einige schleusenartige Winkel im Gang jenes Ausgangs, der der Luftschutztüre gegenüber liegt. Sie klettern über Trümmer und drücken sich durch Mauerreste hinaus auf die Straße. Aus dem Dunkel des Kellers heraus ist es nun deutlich heller, obwohl es Nacht ist. Sie stehen in einer brennenden Straße, der Blick über den Fluß zeigt lodernde Brände in anderen Stadtvierteln. Die Menschengruppe steht etwas unentschlossen und zögernd in dem Szenarium, das der Bombenangriff hinterlassen hat. Es ist alles zu hören, zu sehen und zu riechen. Brände leuchten durch die zerbrochenen Fenster der Häuserfronten, vor denen sie stehen. Die Luft ist erfüllt vom Schreien der Menschen, von den Rufen der Helfer, vom Einsatzlärm der Feuerbrigaden und der Luftschutztruppen. Plötzlich geht über dem Fluß drüben eine Zeitzünderbombe hoch. Oder ist es ein Blindgänger, der nun im Feuer explodiert? Alle haben die Köpfe eingezogen. Die Gasse nahe am Fluß, in der sie stehen, ist eng und schon nach einigen Metern weist sie eine scharfe Krümmung auf. Dort steht der Buffetwagen einer Hilfsorganisation für Retter und Gerettete, denn die Bergungsarbeiten, die Brandbekämpfung und vieles andere in diesem Inferno wird noch mindestens die restlichen Nachtstunden brauchen. Aus dem Wagen duftet Tee, und der Sandwichgeruch ist anregend. Aber die belegten Brote auf dem Bord sind nur aus Kunststoff, wie ein vorsichtiger Griff danach beweist. Daneben ist die Gasse zu Ende, was durch das phosphoriszierend leuchtende Wort EXIT an einer schwarzen Türe gekennzeichnet ist. Durch diese treten alle unterschiedlich beeindruckt, aber auf jeden Fall erleichtert, wieder in den Gang des Museums hinaus. Ein Stück entfernt sehen sie den Eingang, den sie vorher genommen haben, und die disziplinierte Warteschlange, die noch immer bis zum Wartezeichen „45 minutes" reicht. Denn viele andere wollen diese Show auch erleben. Das „Blitz-Experience" im Imperial War Museum in London simuliert eine Bombennacht im London des Jahres 1940. „The Blitz" nennen die Briten noch heute die Luftschlacht über England und London, in der die deutsche Luftwaffe mit ihren Großangriffen England sturmreif machen wollte. Somit war alles nur Imitation, historisch exakte Rekonstruktion und Simulation mit großem technischen Aufwand und täuschender Echtheit. Die ausländischen Gäste gehen tief beeindruckt in die anderen Abteilungen des Museums weiter.

Überlegungen und Fragen dazu

Ich würde mich dort nicht hineinsetzen, meint Frau Trude B. entschieden, als ihr von diesem Museumsteil im Londoner Kriegsmuseum erzählt wird. *Ich würde wahnsinnig werden, denn ich habe das ja in Wien alles wirklich erlebt.* Besonders unverständlich ist Frau B. die Tatsache, daß die Engländer dies ihren Kindern zeigen und daß diese ohne erkennbare Schrekkenszeichen die Vorführung wieder verließen. *Nein*, sagt Frau B., mit ihren Enkeln würde sie so etwas nicht besuchen, wenn es so etwas in Wien gäbe.

Auch die „ausländischen Gäste", also die Autoren dieses Berichts, stellten sich schon unmittelbar nach dem Besuch einige Fragen: ungeachtet der Tatsache, daß die britische Museumsdidaktik in vielen Bereichen Simulationen und Eins-zu-eins-Nachbildungen liebt und in großartiger Weise herzustellen vermag; ungeachtet der Tatsache, daß diese Technik der nachbauenden Erlebniswelt selbstverständlich kostenaufwendig und für österreichische Verhältnisse wohl alle Budgetrahmen sprengend wäre, scheint es dennoch vom Grundsatz her schwer vorstellbar, daß zum Beispiel im Heeresgeschichtlichen Museum in Wien ein Wiener Bombenkeller mit dem „Experience" eines Angriffs der 15. US Luftflotte im Herbst 1944 gebaut wäre. Vielleicht aus dem wichtigsten Grund heraus, der so gerne hierzulande „verschwindelt" wird: Wir waren nicht die Sieger, sondern die Verlierer. Wir waren auf der Seite derer, die den Krieg begonnen haben, auf der Seite der Kriegsverbrecher, auf der Seite der Schuldigen. Ob dies im einzelnen beabsichtigt oder unfreiwillig, gewollt oder ungewollt, aktiv oder im Widerstand geschah, ist letztlich im gesamten gleichgültig. Anders als bei den Briten steht uns kein Stolz auf diese Vergangenheit zu. Und dort, wo er dennoch gepflegt wird, hat er falsche oder höchst gefährliche Untertöne. Jedenfalls haben wir keine derartigen „Geisterbahnen" unserer jüngeren historischen Vergangenheiten in Museen und Ausstellungen. Wenn wir über die Bombenkeller Wiens Bescheid wissen wollen, müssen wir jene fragen, die darin gezittert und überlebt haben.

Verblaßte, vergilbende und verfestigte Erinnerungen daran

Der strategische Luftkrieg gegen den Süden des Deutschen Reichs, gegen den „Bauch Europas", begann im Sommer 1943. Aufgrund der veränderten Kriegslage konnten amerikanische Bombengeschwader (15. US Airforce), von britischen RAF-Einheiten unterstützt, mit ihren viermotorigen Langstreckenbombern Flying Fortress und Super Fortress auch diese Gebiete erreichen. Der „Luftschutzkeller des Reiches" von München bis Wien war damit angreifbar geworden. Die Bombergruppen starteten anfangs noch in Nordafrika, später von den Flugplätzen Foggia und anderen in Süditalien. Der erste Angriff im Raum Wien richtete sich am 13. August 1943 gegen Wiener Neustadt, das bis zum Kriegsende die meist bombardierte und zerstörte Stadt in Österreich werden sollte. Die Stadt Wien hat 1943 acht Luftalarme, 1944 zweiundachtzig und 1945 einundfünfzig Alarme erlebt. In den Jahren 1944 und 1945 wurden zweiundfünfzig tatsächliche Angriffe gegen Wien in Form großer Luftangriffe auf das Stadtgebiet gezählt. Die meisten Luftangriffe waren Tagangriffe in den Vormittags- und Mittagsstunden, da die US Airforce nur am Tage operierte. Die wenigen britischen Angriffe, die aufgrund der englischen Luftstrategie ausschließlich nachts geflogen wurden, richteten sich nur ganz selten gegen Wien, und dann mit speziellen Aufgaben, wie zum Beispiel der Verminung der Donau. Trotzdem sind den Wienerinnen „viele" Nachtalarme und Nachtangriffe in Erinnerung geblieben.

Es ist für Historiker und Kriegsgeschichtler immer verlockend, eine detaillierte Beschreibung der Entwicklung des strategischen und später taktischen Luftkriegs über und um Wien zu studieren und zu entwickeln. Ohne Zweifel kommen dabei höchst interessante Details

Explosionswolke von einer Bombe, die über Wien abgeworfen wurde, 1945

zutage. Zum Beispiel durch die Tatsache, daß Wien eine – vergleichbar den deutschen Städten – totale Zerstörung durch Bombenangriffe wohl durch die Rote Armee erspart geblieben ist. Denn die Amerikaner waren um die Jahreswende 1944/45 daran interessiert, aus strategischen Gründen mehrmals am Tage Wien anzugreifen. Die noch immer große Entfernung von den süditalienischen Flugplätzen machte nur einen großen Luftschlag pro Tag möglich. Also bat man die verbündete Rote Armee um Erlaubnis zur Benützung der Feldflugplätze in Ungarn. Von dort aus hätten die Amerikaner Wien bis zu drei Mal am Tag anfliegen können. Aber die Russen lehnten dies ab. Sicher nicht nur wegen der bereits laufenden Streitigkeiten und Eifersüchteleien zwischen den alliierten Armeen, sondern auch aus der Überlegung heraus, daß die 3. Ukrainische Front unter Marschall Tolbuchin kein Interesse daran haben konnte, Wien als totales Trümmerfeld zu erobern. Denn jeder erfahrene Infanterist weiß, daß dies härtere Kämpfe bedeutet, als eine noch halbwegs intakte Baumasse im Häuserkampf zu erobern. Unter diesem Gesichtspunkt ließe sich also behaupten, die totale Zerstörung Wiens sei durch die Sowjets verhindert worden.

Da aber die Zivilisten, die Frauen und Kinder, die Parteifunktionäre, ja nicht einmal die Wehrmachtspitzen in der Gaustadt Wien dies wissen konnten, ist es den detaillierten Erinnerungen nicht zugrunde zu legen. Ebenso muß hier darauf verzichtet werden, die Entwicklung und Entscheidung des dramatisch verlaufenden Luftkriegs über Österreich zu beschreiben und zu kommentieren. Umso interessanter ist es, bei den Zeitzeuginnen nachzufragen, wie sie diese Zeit erlebt haben. Und festzustellen, was davon in Erinnerung geblieben, was aber auch teilweise verdrängt worden ist. Die Zeitzeuginnen, die sich im Interviewgespräch zur Verfügung stellten, waren in den letzten Kriegsjahren zwischen vierzehn und einundzwanzig Jahren alt. Dazu können auch schriftliche Erinnerungen wie das erste Kapitel des Buches „Maikäfer, flieg!" von Christine Nöstlinger zum Vergleich dienen. Sie beschreibt den Bombenkrieg aus ihrer damaligen Sicht eines neunjährigen Mädchens.

Über alle Interviewergebnisse hinweg kann gesagt werden, daß die unschärfsten und blassesten Erinnerungen der Zeitzeuginnen jene an die schon vor 1943 einsetzende orga-

Plakat „Verdunkle!", um 1944 Kat. Nr. 1/12

nisatorische und propagandamäßige Vorbereitung auf die Luftangriffe, die es sicher in ausreichendem Maße gegeben hat, sind. Am gesichertsten ist noch die Erinnerung an die allgemeine Verdunkelung, die schon nach Kriegsbeginn verordnet wurde. *Wir haben so Knöpfe mit phosphoriszierendem Licht getragen, damit wir nicht im Dunkeln zusammenstoßen*, erinnert sich Frau Anna G., die damals noch zur Schule ging. *Und die Autoscheinwerfer, die waren zu Schlitzen verengt. Auf die Verdunkelung wurde fürchterlich aufgepaßt, da konnte man bestraft werden, wenn irgendwo Licht durchgeblitzt hat.*

Ich habe unsere Fenster mit schwarzem Papier abgedeckt. Das Papier habe ich mit Reißnägeln an den Fensterrahmen befestigt. Das ist den ganzen Tag draufgeblieben. Nein, die Dunkelheit im Zimmer hat uns nicht gestört, da wir ja alle berufstätig und daher den ganzen Tag nicht zuhause waren. Nur reiche Leute konnten sich Verdunkelungsrollos leisten, die tagsüber aufgerollt wurden. Die Ärmeren haben sich auch mit Decken beholfen, die abends über die Fensterflügel gehängt wurden und tagsüber wieder abgenommen worden sind. Frau Trude B. empfand dies alles als gar nicht so unangenehm. *Für uns war es eigentlich ein Vorteil, denn wir haben ebenerdig gewohnt, und so konnten uns die gegenüber Wohnenden in der engen Gasse nicht in die Fenster hineinschauen. Auf der Straße haben wir Taschenlampen bei uns gehabt, die mit abgeblendetem Licht verwendet wurden. Aber nur, wenn man etwas gesucht hat, denn die Batterien waren teuer. Normalerweise ist man im Dunkeln und ohne Licht gegangen. In den Stiegenhäusern waren die Glühlampen schwarz bemalt und nur ein Punkt freigekratzt, sodaß nur die Stufen beleuchtet waren. Und auch in der Straßenbahn waren alle Waggons durch übermalte Innenbeleuchtung verdunkelt.*

Schon die Verdunkelung war grauenhaft, erzählt Frau Magda F., damals Studentin der Frauenakademie: *Diese deprimierende allseitige Finsternis, dazu die Lebensverhältnisse. Nichts Vernünftiges zu essen und trinken mehr, nichts Hübsches anzuziehen, die allgegenwärtige Angst und die miese Stimmung. Alles zusammen eine widerliche Mischung.*

Die der Verdunkelung entgegen gehaltene deutsch-romantische Nazipropaganda, daß „der Dunkelheit auf den Straßen entgegen das helle Licht im Kreise der Familie umso freundlicher brenne", ist bei Frau Magda F. offensichtlich nicht wirkungsvoll gewesen.

Gemeinsam erhalten geblieben sind in den Erinnerungen auch die vorgeschriebene Dachbodenentrümpelung: *Die hölzernen Trennwände, die am Dachboden die Abteile für die einzelnen Hausparteien ergeben haben, sind alle rausgeflogen*, erinnert sich Trude B. *Aber der Dachboden ist weiter für das Wäschetrocknen verwendet worden.*

Franziska H., damals Schülerin, erinnert sich auch, daß am Dachboden einige gefüllte Wasserbehälter zu stehen hatten und eine sogenannte Kübelspritze für Feuerlöscharbeiten vorhanden war. *Lächerlich war auch die vorgeschriebene Feuerpatsche, die aus einem alten Besen mit umwickeltem nassen Fetzen bestand. Auch Sandhaufen und Schaufeln zum Löschen von Brandbomben mußten auf dem Dachboden vorrätig sein.* Das Spektrum der Erinnerungen zeigt, daß die, wenn auch lächerlichen, Vorbereitungen des Reichsluftschutzbundes in Wien einen deutlichen Schwerpunkt auf die Brandbombengefahr legten. Schließlich hatte der Luftkrieg der RAF gegen Deutschland bereits 1942 voll eingesetzt. Nach verheerenden Angriffen auf Lübeck und Rostock wurde Ende Mai 1942 der erste Großangriff auf die Innenstadt von Koln geflogen. Im Jänner 1943 legten Churchill und Roosevelt auf der Konferenz von Casablanca fest, daß bei Angriffen auf deutsche Städte auch die Wohnbezirke miteinzubeziehen seien, um die Moral der Bevölkerung zu brechen. Die Nachtangriffe der englischen Bomberverbände warfen daher mehr Brand- als Sprengbomben ab. So wurde am 24. und 25. Juli 1943 – also unmittelbar bevor der österreichische Raum von Bomberverbänden erreicht wurde – Hamburg die erste Stadt, die einen Feuersturm erleben mußte. Die Feuerschutzvorbereitungen wären sowohl unter dem Gesichtspunkt solcher Angriffe letztlich sinnlos gewesen, als sie es auch unter dem Gesichtspunkt waren, daß die Amerikaner später ohnehin mehr Spreng- als Brandbomben über Wien abwarfen. Darüber hinaus muß gesagt werden, daß die US Airforce in Wien auf absichtliches Bombardement von zivilen Wohngebieten verzichtet hat. Ihre Strategie war es vornehmlich, mit schweren Sprengbomben von 500 kg aufwärts die Rüstungsindustrie und die Infrastruktur zu treffen. Dies alles ist Zeitzeuginnen insofern in Erinnerung, als sie bestätigen, daß die Frauen damals gewußt hätten, „wo es äußerst gefährlich" sei. Allen war klar, daß die Nähe zu Fabriken, Kasernen, Bahnhöfen usw. „besonders schlecht" war. Dem gegenüber beschreibt Frau Trude B. aus der Erinnerung die Lage ihres Wohnhauses wiederum als *sicher, weil in unmittelbarer Nähe des Flakturms. Da haben wir gedacht, hier werden sie sich wohl nicht hertrauen. Bis das Haus in der Gasse gegenüber einen Volltreffer bekommen hat. Da hat mich der Luftdruck die Kellerstiegen hinunter geworfen. Na freilich, alle Fensterscheiben im ganzen Haus waren hin. Ich habe unsere Fenster mit Pappendeckel vernagelt. Nur kann ich heute nicht mehr sagen, wo ich die viele Pappe herbekommen habe. Ob wir die schon vorbereitend gesammelt haben? Ich weiß es wirklich nicht mehr. Mit der Verdunkelung gab's dann überhaupt kein Problem mehr. Das war somit in einem erledigt. Die Pappe in den Fenstern hat auch nach 1945 noch viele Monate halten müssen.*

So gut wie keine Erinnerungen liegen darüber vor, wer alle Vorbereitungsmaßnahmen getroffen hat, wer die Keller unter den Wohnhäusern in Luftschutzkeller umgerüstet hat, welche und ob überhaupt Informationsblätter über Luftschutzmaßnahmen an die Bevölkerung verteilt wurden und ob es vorbereitende Übungen gegeben hat. Flugblätter über Luftschutzvorbereitungen und richtiges Verhalten im Falle von Luftangriffen finden sich zwar heute noch in Archiven und Ausstellungen, aber niemand von den Befragten konnte sich mehr daran erinnern. Von den damaligen Schülerinnen gibt es auch keine konkreten Erinnerungen an diesbezüglichen Schulunterricht oder an Übungsalarme. *Na sicher wird's so etwas gegeben haben*, meint Frau Magda F. *Aber wir haben das wahrscheinlich so wenig ernst genommen, daß ich mich wirklich nicht daran erinnern kann.*

Und Franziska H. erzählt: *Bestimmt haben wir in der Schule über Luftschutzverhalten Unterrichtsstunden gehabt. Aber da war uns halt wichtiger, daß Mathematik oder Latein ausgefallen ist, als daß wir aufgepaßt hätten. Fragen Sie mich nicht, wie das wirklich gewesen ist.*

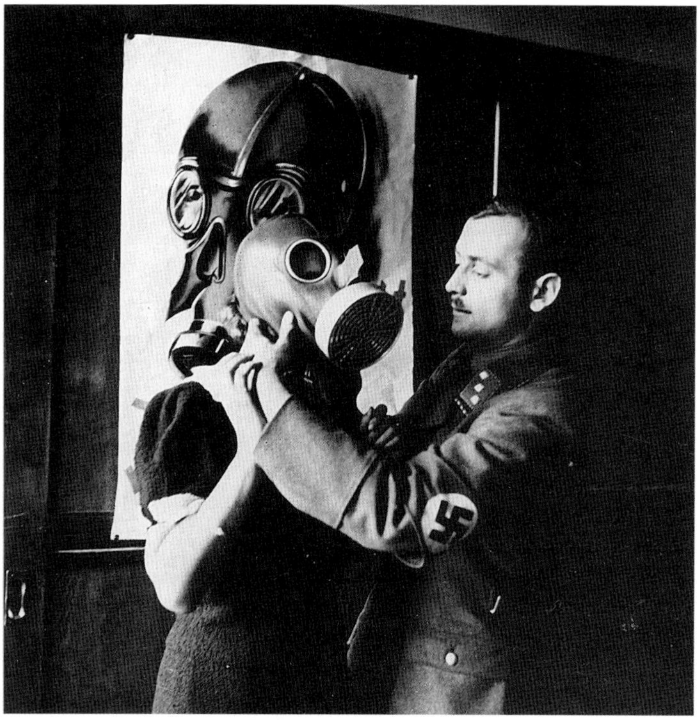

Die propagierte „Volksgasmaske" soll vor giftigen Kampfstoffen schützen, August 1938

Deckungsgleich sind die Antworten auf alle Fragen nach der weithin verbreiteten Volksgasmaske. Schon vom Beginn des Krieges an war die Wehrmacht „gasmaskenfixiert". Dies beruhte im Grunde auf den dramatischen Erfahrungen des Ersten Weltkriegs, in dem ja Giftgas zum ersten Mal eingesetzt worden war. Trotzdem es im Zweiten Weltkrieg keine Verwendung von chemischen Kampfstoffen gab, gehörte die Gasmaske zur Standardausrüstung des deutschen Soldaten. Die Volksgasmaske für die Zivilbevölkerung war breitest beworben und wurde bei allen Luftschutzübungen demonstriert. Auch zeitgenössische Fotos zeigen Menschen, die auf der Straße mit umgehängter Gasmaske unterwegs sind. Insbesondere in Wien aber dürfte dies nach Zeitzeuginnenaussagen niemand wirklich ernst genommen haben. Frau Trude B: *Ja, ich glaube auf irgendeinem magistratischen Bezirksamt hat man uns über die Verwendung der Gasmaske informiert und uns diese gezeigt. Aber niemand von uns hat eine solche besessen. Und wenn, kein Mensch hat sie im Keller mitgehabt. Es waren dort auch keine vorrätig. Nur der Luftschutzwart hat eine umgehängt gehabt, der natürlich schon.*

Frau Anna G. erinnert sich nur verschwommen daran, daß den Hausparteien des Gemeindebaues das richtige Anlegen einer Gasmaske im Hof der Wohnhausanlage im Rahmen einer Versammlung demonstriert wurde. Und Frau H. meint: *Gasmasken hatten nur die Luftschutzwarte und andere Gschaftlhuber, oder die Nazi-Parteimitglieder.*

Ob diese Gasmaskenverdrossenheit eine typisch wienerische Eigenart war, läßt sich natürlich heute nicht mehr feststellen. Broschüren und Gebrauchsanleitungen in Sammlungen und Museen zeigen allerdings, daß es für Kleinkinder sogar Gasjäckchen und für Säuglinge Gasbettchen gab. Der zivile „Gasschutz" war also breit gefächert. Umso erstaunlicher, daß sich die befragten Frauen nicht mehr daran erinnern können. Im Merkblatt des Reichsluftschutzbundes ist als Notbehelf anstelle einer Gasmaske ein feuchtes Taschentuch zitiert, das man vor den Mund pressen solle. Dieses Taschentuch taucht andererseits wieder in allen Erinnerungen über die Situationen im Bombenkeller auf.

Unter unserem Haus war ein Keller. Der größte und beste Keller im ganzen Häuserblock. Gute Keller waren wichtig. Gute Keller waren wichtiger als schöne Wohnzimmer und vornehme Schlafzimmer. Wegen der Bomben. Wie Christine Nöstlinger in „Maikäfer, flieg!" knapp beschreibt, stand der Keller im Mittelpunkt des Luftschutzdenkens der Bevölkerung. Auch die Keller unter den Wohnhäusern mußten erst hergerichtet und vorbereitet werden. Da waren Beschriftungen an den Außenwänden vorzunehmen, mit besonderen Markierungen für die Notausstiege, da waren die Kellerräume für den Aufenthalt herzurichten, Durchbrüche in die Keller der Nebenhäuser vorzubereiten, Notbeleuchtungen zu installieren, gasdichte Blechtüren einzubauen, Sitzgelegenheiten und Stockbetten bereit zu halten. Wer dies alles durchführte, wer die Arbeiten organisierte, liegt außerhalb der Erinnerungen aller befragten Zeitzeuginnen. Nur die Qualität der Einrichtung der jeweiligen Keller ist deutlicher in Erinnerung geblieben. *Die Gemeindebauten hatten schöne Luftschutzkeller,* erzählt Frau Trude B. *Wirklich gut eingerichtet. Unter unserem Wohnhaus war nur so ein feuchter, dreckiger Waschkeller. Aber wir sind ja ohnehin immer in den nahen Flakturm gegangen.*

Frau Anna G. erzählt wieder über ihren Keller im Gemeindebau des 2.Wiener Bezirks, daß er keineswegs besonders eingerichtet gewesen sei, sondern nur ganz provisorisch, mit ein paar Matratzen. Außerdem sei er nicht tief genug gewesen, man hätte schreckliche Angst deswegen gehabt.

Über all dies hinaus muß die Vorbereitung auf einen Luftkrieg gegen Wien jedem Menschen, der aus dem Haus trat, klar gewesen sein. Seit 1943 waren die ersten beiden Flaktürme als unübersehbare Monsterbauten im 3. Bezirk, im Arenbergpark, im Bau. Das letzte der drei Turmpaare, die Türme im Augarten, wurde Sommer 1944 fertig. Zweck und Aufgabe der Monsterbauten waren keineswegs geheim. Auch andere, niedere Bunker, wie zum Beispiel in Floridsdorf, wurden gebaut. Die Wiener Parkanlagen waren von Splittergräben durchzogen, von Baracken für Luftwaffenhelfer durchsetzt und, wo möglich, waren große Löschteiche angelegt. Und trotzdem erzählen alle Zeitzeuginnen fast wie aus einem Munde: *Eigentlich waren wir überzeugt, uns kann nichts geschehen.*

Frau Trude B. kann sich an den ersten Luftalarm am 13. August 1943 noch sehr gut erinnern. Denn am nächsten Tag hat sie geheiratet. Als in Wien die Sirenen heulten, hat sie gemeinsam mit ihrem fronturlaubenden Bräutigam ungerührt die Hochzeitsvorbereitungen weiter durchgeführt. *Wir sind nicht einmal auf die Idee gekommen, in den Keller zu gehen. Denn wir waren alle überzeugt – Österreich werden sie nicht angreifen.* Erst Wochen später wird Frau B. – nach eigener Erzählung – den Ernst der Situation schlagartig verstehen: *Ich habe als Lebensmittelverkäuferin im 11. Bezirk gearbeitet. Und als wieder einmal Fliegeralarm war, bin ich mit einer Arbeitskollegin in ihr Siedlungshaus in der Nähe der Simmeringer Hauptstraße gegangen. Das Haus hatte keinen Keller. Wir saßen einfach in der Küche. Und dann sind wirklich Bomben gefallen. In Schwechat, auf die Raffinerien. Das ganze Haus hat zu beben begonnen. Wir sind so erschrocken, daß wir nicht einmal zu dem Keller gelaufen sind, den es im Garten gegeben hat. Das war natürlich nur ein gegrabener Vorratskeller, der ohnehin nichts geholfen hätte. Von dem Tag an hat es mich nicht mehr in Simmering gehalten. Ich bin bei jedem Fliegeralarm mit dem Fahrrad nach Hause in den 3. Bezirk gefahren und in den Flakturm gelaufen.*

Die Schülerin Franziska H. hat ebenfalls einen „Drehpunkt" der Erlebnisse in Erinnerung. *Ich habe einen Schock bekommen, als ich nach einem Luftangriff im 5. Bezirk gesehen habe, wie in einer Nachbargasse eine alte Dame aus dem Keller getragen wurde. Ich sage bewußt Dame, denn sie war immer so gepflegt, eine feine Frau eben. Besonders bewundert haben alle ihr wunderschönes weißes Haar. Und da habe ich gesehen, wie dieses weiße Haar voll von rotem Blut war. Nun, es war keine schwere Verletzung, und sie hat auch den Krieg überlebt. Aber dieses rote Blut in dem weißen Haar, das war der Moment ...* Die Familie, so erzählt Frau H., sei erst ab dem Zeitpunkt wirklich in den Keller gegangen, als nach einem Bombentreffer irgendwo in der Nähe des Wohnhauses ein Pflasterstein das massive, schwere Haustor durchschlagen hatte. Das war der Augenblick, ab dem niemand mehr in den Gängen stehen geblieben ist und beim Hinterhof hinausgesehen hat, wo die Flieger seien. *Meine Mutter war dann so nervös, daß sie bei jedem Fliegeralarm zuerst aufs Klo mußte, bevor sie in den Keller hinuntergehen konnte.*

Mit Herbst 1944 waren Luftangriffe auf Wien „zur Routine" geworden. Das Alarmsystem vom Kuckuck bis zur Entwarnung war den Menschen in Fleisch und Blut übergegangen. Niemand konnte mehr wirklich glauben, daß „wir nicht angegriffen werden". Die Tagesabläufe in Fabriken, Büros, Haushalten waren vom Rhythmus der mittäglichen Luftalarme und -angriffe bestimmt. *So gegen zehn Uhr haben wir im Lebensmittelgeschäft schon keine Kunden mehr gehabt. Das war die Zeit, wo wir uns fertig gemacht haben. Wenn dann der Kuckuck gekommen ist, haben wir flugs den Rollbalken heruntergezogen, und ich bin mit dem Fahrrad losgefahren. Im Geschäft hatten wir keinen Volksempfänger, aber daß der Kuckuck gerufen hat, haben sich die Hausparteien gegenseitig zugerufen. Man wurde sofort mündlich informiert. Ich bin natürlich beim Flakturm im Arenbergpark sehr spät angekommen. Meine Mutter und meine Schwester waren immer im fünften Stock in einem bestimmten Raum und haben dort auf mich gewartet. Nun haben rund um die Flaktürme schon seit den frühen Morgenstunden tausende Frauen mit Kindern an der Hand, mit Kinderwagen, mit Bündeln bepackt, gewartet. Der Park war voll von Menschen. Und vom Einlaß an war ja ein nicht enden wollendes Gedränge in die jeweiligen Eingänge für die Zivilisten. Ich hab da einen Trick gehabt. Für die gehfähigen Verwundeten eines nahen Lazaretts gab es einen eigenen Eingang. Ich war jung und frech und habe mich einfach bei einem der Verwundeten eingehängt und bin mit ihm bei diesem Eingang hinein. Die Soldaten haben da immer mitgespielt. Drinnen im Flakturm konnte ich dann bis zu meiner Familie durchgehen. Dort haben wir den Angriff gemeinsam abgewartet. Aber normalerweise wäre ich nicht mehr hineingekommen. Die Flaktürme waren von Frauen umlagert, die zu Fuß von weit, weit her gekommen sind.*

Davon hat damals auch Frau Anna G. gehört: *Unsere Mutter hat gewußt, daß unser Keller sehr unsicher ist. Aber man hat uns gesagt, zu den Flaktürmen zu gehen – der nächst gelegene war im Augarten –, ist ganz sinnlos. Dort warten Tausende vor den Türen und niemand kommt mehr hinein.*

Kuckucksruf und Luftwarnsignale

Der Kuckucksruf selbst ist noch kein Luftwarnsignal. Er kündigt an, daß die Abschaltung des Senders und die Einschaltung des Luftschutzsenders (Drahtfunk) bevorsteht. Im Augenblick des Kuckucksrufes besteht noch keine Luftgefahr.

Die vier Luftwarnsignale.

1. **„Oeffentliche Luftwarnung".** Die Sirene warnt durch das Signal „Oeffentliche Luftwarnung" (dreimal hoher Dauerton in einer Minute), graphisch:

Dieses Signal ist **kein „Voralarm".** Es gibt an, daß sich zwar einzelne Feindflugzeuge innerhalb des Warngebietes befinden, daß jedoch keine Gefahr eines Großangriffs besteht. Es können also vereinzelt Bomben fallen und die Flakartillerie kann in Tätigkeit treten. Wirtschafts- und Verkehrsleben gehen **bei Tag und Nacht voll weiter.**

Es ist nicht Pflicht, bei „Oeffentlicher Luftwarnung" die Luftschutzräume aufzusuchen. Wer jedoch im Wirtschafts- und Verkehrsleben nicht eingespannt ist, tut gut daran, sich in Deckung zu begeben, zumindest aber besonders vorsichtig zu sein und während des Flakbeschusses Luftschutzräume oder Deckungsmöglichkeiten aufzusuchen.

2. **„Fliegeralarm".** Die Sirene alarmiert durch das Signal „Fliegeralarm" (eine Minute lang auf und ab schwellender Heulton), graphisch:

Dieses Signal bedeutet stets Luftgefahr. **Mit größeren Angriffen muß gerechnet werden.** Das Signal kann auch im Anschluß an „Oeffentliche Luftwarnung" gegeben werden, wenn schwachen feindlichen Luftstreitkräften stärkere Verbände folgen.

Bei „Fliegeralarm" sind alle Vorkehrungen für einen Großangriff mit größter Beschleunigung durchzuführen. Luftschutzbunker und Luftschutzräume sind stets so schnell wie möglich aufzusuchen. Wer sich bei „Fliegeralarm" gleichgültig verhält und sich nicht bestmöglich schützt, gefährdet sein Leben, schädigt die Volksgemeinschaft und macht sich strafbar.

3. **„Vorentwarnung".** Die Sirene gibt „Vorentwarnung". Das Signal ist das gleiche wie bei „Oeffentlicher Luftwarnung" (dreimal hoher Dauerton in einer Minute), graphisch:

Das Signal bedeutet nach „Fliegeralarm", daß sich die Masse der Feindflugzeuge im Abflug befindet, daß sich aber noch einzelne Feindflugzeuge über dem Ort befinden. Es bestehen also dieselben Gefahrengrade wie bei „Oeffentlicher Luftwarnung", das heißt, es können zwar noch vereinzelt Bomben fallen und die Flakartillerie kann in Tätigkeit bleiben, mit einer großen Gefahr, besonders mit massierten Angriffen, ist aber nicht mehr zu rechnen. Die Selbstschutzkräfte haben über die schon während des „Fliegeralarms" vorgeschriebenen Rundgänge hinaus spätestens bei dem Signal „Vorentwarnung" die volle Schadensbekämpfung unverzüglich aufzunehmen. Wer nicht im Selbstschutz eingesetzt ist, kann sich verhalten wie bei „Oeffentlicher Luftwarnung".

Bei „Vorentwarnung" geht das Verkehrs- und Wirtschaftsleben sofort wieder weiter.

Wenn nach „Vorentwarnung" erneut stärkere feindliche Luftstreitkräfte sich dem Ort nähern sollten und damit wieder eine akute Gefahr eintritt, wird wiederum „Fliegeralarm" (eine Minute lang auf und ab schwellender Heulton) ausgelöst.

4. **„Entwarnung".** Die Sirene entwarnt durch das Signal „Entwarnung" (eine Minute hoher Dauerton), graphisch:

Das Signal wird gegeben, wenn alle Feindflugzeuge abgeflogen sind und daher keine Luftgefahr mehr besteht.

Erklärung der Luftwarnsignale für den Einflug feindlicher Flugzeuge nach Wien, um 1944
Kat. Nr. 1/13

Frau Magda F., deren kleines Wohnhaus in Simmering ebenfalls einen Keller mit geringem Schutz bot, hat den stundenlangen Aufenthalt im Flakturm in besonders schrecklicher Erinnerung: *Täglich bin ich mit meiner Mutter mit Sack und Pack dorthin, schon in der Früh sind wir losgezogen. Stundenlang sind wir drinnen gestanden. Interessanterweise immer auf denselben Plätzen. Da gab es so ein inoffizielles Reservierungssystem, wie heute in den Warteschlangen für den Opernkartenverkauf. Die Luft war entsetzlich schlecht, viele sind ohnmächtig geworden und wurden weggetragen. Ich hab das dann nicht mehr ausgehalten und bin einfach zu Hause im Bett geblieben. Es war mir alles egal. Irgendwie ist alles Bestimmung, hab ich mir gesagt. Die Mutter ist dann wieder in unseren eigenen Keller gegangen, aber ich bin im Bett liegen geblieben. Ja, am Tag. Nein, aus den Fenstern habe ich nicht geschaut. Das ist mir zu gefährlich vorgekommen.* Frau F. beschreibt aus ihrer Sicht eine zunehmende Apathie: *Es wäre ja in diesem grauslichen Leben gar nicht möglich gewesen, durchzuhalten, wenn man nicht ringsum alles Schreckliche abschalten hätte können. Ich wurde im Grunde genommen gleichgültig.*

Frauen und Kinder haben Stunden des Tages in Kellern, in Bunkern, in Schutzräumen oder in Flaktürmen verbracht. Wie es da zugegangen ist, was während dieser Zeit zwischen den Menschen geschah, diese Fragen ergaben nur scheinbar einhellige Antworten. Vorerst einmal beschreiben alle Zeitzeuginnen die nackte Todesangst während des unmittelbaren, näherkommenden Bombenangriffs. Alle verständlichen und erwartbaren Reaktionen wie Weinen, Beten, Zusammenkrümmen und lähmendes Entsetzen sind fest verankerte Erinnerungen. Merkwürdigerweise wird fast übereinstimmend erzählt, daß es zu keinen Ausbrüchen oder zu hysterischen Anfällen gekommen sei. Nur Frau Anna G., die am 12. März 1945 den wohl schwersten Angriff auf die Innenstadt Wiens in einem Keller nahe des Stephansplatzes erlebte, beschreibt ihr eigenes panisches Verhalten, als sie dachte, es wäre endgültig vorüber: *Aber da sind auch alle anderen verrückt geworden*, meint sie. *Denn wir glaubten, wir müssen ersticken. Bis jemand einen Ausgang aus dem Keller gefunden hat.* Die allen Zeitzeuginnen gemeinsamen und weitest verbreiteten Angstvorstellungen waren nicht die des möglichen Todes durch unmittelbare Treffer, sondern die des Verschüttetwerdens, des Lebendigbegrabenseins und des damit verbundenen qualvollen langsamen Todes.

Frau Trude B. wurde in Simmering in einem unterirdischen Flachbunker am Enkplatz verschüttet. *Nicht der Bunker war getroffen, sondern die Trümmer der zerstörten Häuser hatten die Eingänge zugeschüttet. Man hat uns auch gleich gesagt, wir würden ausgegra-*

ben, und wir kämen wieder raus. Es hat fünf Stunden gedauert. Ehrlich gesagt, ich hab's nicht mehr geglaubt. Aber geredet ist im Bunker überhaupt nichts worden, damit die Luft möglichst lange reicht. Und so sind wir stundenlang still gesessen.

Es hat, wird oft berichtet, Menschen gegeben, die nicht in die Keller gegangen sind, obwohl dies eigentlich streng bei Strafe verboten war. Über die Beweggründe wird – ausgenommen sind die Verfolgten und Versteckten – gerne gemutmaßt. Die Angst im Keller sei größer gewesen als die über dem Boden, oder es sei einfach Neugierde gewesen, den Angriff mit eigenen Augen zu sehen. Überraschenderweise gab es auch unter den befragten Zeitzeuginnen eine solche Erlebnissituation.

Meine kleinen Brüder sind der Mutter schon einige Male entwischt und hinaufgelaufen, um hinauszuschauen. Zwei- oder dreimal bin ich auch oben gewesen, und einmal habe ich einen Nachtangriff gesehen. Das war ein schauriges Bild von Lichtern und Explosionen am Himmel. Und einmal, am Tag, hab ich die Flugzeuge über Kaisermühlen gesehen und wie die Bomben fallen, und das Flimmern von diesen Stanniolstreifen, die sie abgeworfen haben. Da hab' ich auch gesehen, wie viele Bomben unmittelbar hintereinander aus so einem Flugzeug heraus gefallen sind. Das hätte ich mir vorher gar nicht vorstellen können. Die kleinen Buben haben keine Angst gehabt, die haben das nicht verstanden. Und ich war mit vierzehn halt auch noch recht neugierig. Aber dann bin ich wieder zur Mutter zurückgelaufen. Wie Frau Anna G. und ihre acht- bzw. neunjährigen Brüder am Luftschutzwart vorbei aus dem Keller entwischt sind, daran kann sie sich nicht mehr erinnern. Aber die restlichen Eindrücke stehen ihr voll vor Augen. Und auch, daß die Mutter, wenn sie das Verschwinden der Kinder bemerkt hatte, einen „hysterischen Anfall" bekommen hat. Gespräche im Keller – es sind ja nicht immer Bomben gefallen – hätten sich ausschließlich um die alltäglichen Probleme gedreht – *wo etwas zum Essen zu bekommen wäre und so halt. Politisiert ist nicht worden.* Und an die Weiterführung von Tratsch und Bassenaklatsch könne sie sich nicht erinnern. Da sei die Angst vor den Bomben zu groß gewesen. Aber die Mutter hätte mit zunehmender Erfahrung schon immer besser gewußt, ob die Flieger wirklich kommen oder nicht. Denn sie hat immer „schwarz gehört", meint Frau G.

Einhellig ist die Erinnerung, daß sich die Stimmung in der Bevölkerung mit Einsetzen der schweren Angriffe grundlegend geändert habe. Die Zuversicht des Ausgenommenseins war verflogen und einer zunehmenden Aggressivität gegenüber dem Regime gewichen.

Alle im Haus, die 1938 und noch später gejubelt und die Goschen aufgerissen haben, erzählt Frau Trude B., *waren sehr still.* Etliche hätten ihre Parteiabzeichen nicht mehr getragen. Nur die ganz verbissenen, aber die hätte ja erst Stalingrad, und dann auch noch der Bombenkrieg nicht überzeugen können.

Franziska H. erinnert sich nicht daran, daß Streitereien unter verfeindeten Hausparteien im Keller weiter ausgetragen worden seien, aber sie erinnert sich deutlich, daß man sich mit den Nazis nicht mehr zusammengesetzt hätte. *Die sind dann ganz kusch in einem besonderen Kellerwinkel gesessen.* Und bezeichnend ist die erinnerte Episode nach einem Angriff, bei dem das dem Wohnhaus der Familie H. gegenüberliegende Haus zerstört wurde. Frau Käthe M., damals Küchengehilfin in einem nahen Gasthaus, war gemeinsam mit anderen Frauen mit Aufräumungsarbeiten beschäftigt. Da erschien *mit klingender Uniform* im vollen

Nazi-Wichs der Ortsgruppenleiter des Bezirks und gab vollmundig Anweisungen. Die Frauen begannen hemmungslos zu schimpfen und den Nazifunktionär mit ihren Schaufeln zu attackieren. Worauf dieser den Rückzug antrat. Anschließend, erzählt Frau H., die diese Szene beobachtete, wurde den Frauen aber doch *etwas anders*. Die Furcht vor Repressalien war plötzlich wieder da, so etwas konnte schließlich den Kopf kosten. Aber tatsächlich ist in diesem Falle nichts geschehen. Frau Käthe M. lebt heute hochbetagt bei ihrer Tochter in England.

In „Maikäfer, flieg!" erzählt Christine Nöstlinger von ihrer „wilden Großmutter". Und daß das kleine Mädchen sich nicht traut, die schwerhörige Frau auf den Fliegerangriff aufmerksam zu machen. Denn die Großmutter schimpft lauthals über die schlechten Erdäpfel, die Gemüsefrau und den Hitler. *Unten im Keller aber saß jetzt die Frau Brenner aus dem ersten Stock. Sie grüßte immer mit Heil Hitler. Die Frau Brenner hatte schon ein paar Mal gesagt, daß solche Frauen wie meine Großmutter bei der Gestapo angezeigt gehörten [...] Ich hatte Angst vor der Frau Brenner.*

Die Zeit der Bombenangriffe auf Wien, die Nacht- und Tagstunden in den Kellern, den Bunkern, den Unterständen und Splittergräben, das war auch die Zeit des typischen Wiener Vernaderertums und des Denunziantenunwesens, vor dem niemand sicher war, und vor dem sich alle schützen mußten. Eine Zeit, die dem alten autoritär-katholischen Erziehungsprinzip „Hände falten – Goschen halten" die letzten braunen Glanzpunkte aufsetzte. Eine Zeit, die, wie sich die Autoren persönlich erinnern, im Verhalten und im öffentlichen Auftreten eine ganze Nachkriegsgeneration prägte. Denn neben dem „irgendwie Davonkommen" wurde auch das „Nur-net-Auffallen" zur höchsten Kunst entwickelt. „Seid's net so laut, Kinder, die Leut' schauen schon her!" war eine weit verbreitete Verhaltensregel, die wir von unseren Großmüttern kennen. Es war auch die Hoch-Zeit der Luftschutzwarte. Das waren ausschließlich Männer, niemand kann sich an einen weiblichen Luftschutzwart erinnern. Es waren ältere Männer, es waren Hausmeister, Blockwarte, Parteifunktionäre oder, wie es öfter gesagt wurde „Gschaftlhuber". Die hatten Armbinden und Gasmasken und Luftschutzhelme und Trillerpfeifen und vielfältige Aufgaben. Vom Abdrehen der Haupthähne bis zum Auffordern zum Verlassen der Wohnräume, vom Offenhalten des Haupttores bis zur Sicherung des Kellereingangs, von Erste-Hilfe-Maßnahmen bis zur Einleitung von Rettungsaktionen. Es wird unter diesen Männern auch Helden gegeben haben, auch freundliche und liebenswürdige Feiglinge, Verschreckte, Verzagte, Hilfsbereite und Schikanierer. Auch eine so untadelige Persönlichkeit wie ein in Ehren ergrauter k.u.k. General, der 1944 aus Gestapohaft entlassen wurde, war zum Luftschutzwart seines Wohnhauses in Wien bestellt worden: Theodor Körner sollte der erste Nachkriegsbürgermeister in Wien und 1951 österreichischer Bundespräsident werden.

Die Zeitzeuginnen bieten über die Luftschutzwarte ein breites Erinnerungsspektrum an. In die Literatur ist der Wiener Luftschutzwart durch den unvergessenen Helmut Qualtinger und seinen „Herrn Karl" eingegangen. Denn erstens erfahren wir im Text des Carl Merz, daß der Herr Karl auch NS-Blockwart gewesen ist, und zweitens, daß es diesem Herrn Karl nichts ausmache, bei einem Verkehrsunfall blutige Opfer zu sehen: *[...] weil i bin hart, i war beim Luftschutz!* Eine allgemeine Redewendung, die übrigens in Wien die unmittelbaren Nachkriegsjahre weit überlebt hat.

Es ist zu einfach, über Zeiten des Schreckens, der Not, des täglichen Todes zu erzählen oder sich erzählen zu lassen, ohne hinter diese Erlebnisse zu blicken. Denn die Wiener Frauen in den Bombenkellern waren aus Fleisch und Blut und nicht nur auf Leid und Entbehrung programmiert. Zeitgenössische Autoren und Kommentatoren verweisen ironisch darauf, daß mit dem Einsetzen der Luftangriffe auf Wien die stationierten Soldaten eine Erfahrung machen konnten, die es auch in anderen vergleichbaren Situationen und Großstädten gab: Es war plötzlich viel leichter, zum anderen Geschlecht Kontakt zu schließen. Und zum vollen Erfolg zu kommen. Eine solche Behauptung erscheint im ersten Moment rein laszives Männerdenken zu sein, aber Frau Magda F., mit solchen Ausführungen konfrontiert, stimmt voll inhaltlich zu: *Es ist doch verständlich, daß in dieser immer trister werdenden Situation wir alle einen Ersatz gebraucht haben. Es gab nichts zu fressen, keine Heizung, die Fenster waren zerbrochen und mit Pappendeckel vernagelt, rundherum nichts als Angst, Trümmer, Bombentrichter und Ruinen. Die Wohnungen voller Staub, die Wäsche konnte nur gewaschen werden, wenn sie schon vor Schmutz starrte, weil es zu wenig Seife gab, und man schlief in der Unterwäsche, um schneller angezogen im Keller zu sein. Ich erinnere mich, daß ich in den Kellern unter dem Rathaus immer dorthin gegangen bin, wo ein Soldat Ziehharmonika gespielt und wunderschöne Lieder gesungen hat. Zu Kriegsende hat ihn dann in Altaussee die SS erwischt, weil er Deserteur war. Aber wir haben doch alle immer geschaut, daß es eine Hetz' gibt. Alle meine Klassenkolleginnen waren schon verheiratet. Der Weg vom Kennenlernen bis womöglich zum Standesamt war ganz kurz. Und Bekanntschaften zu machen, war ein wichtiger Bestandteil eines schnellen und hektischen Lebens. Du hast ja nicht gewußt, ob es dich morgen überhaupt noch gibt. Also, wen wundert's, da sind viele moralische Vorstellungen über Bord gegangen.*

Die Nazipropaganda griff nicht mehr. Die Reden des Bürgermeisters Blaschke gegen falsche Genußsucht und Ausschweifungen, wie er bei Frauen-Veranstaltungen sagte, verhallten ins Leere. Die Goebbels-Durchhalteparolen „Unsere Mauern brachen, unsere Herzen nicht!" zogen bei den Wienerinnen nicht. Die vor allem über Mundpropaganda weitergegebenen Durchhalteparolen und Hoffnungsaspekte unter dem Stichwort „Wunderwaffe" waren zwar weit verbreitet, es wurde auch über den Begriff V-Waffen und deren Einsatz gegen England in der Bevölkerung gemunkelt, aber bis auf die letzten „hundertfünfzigprozentigen" Nazis glaubte niemand ernsthaft daran. Unter dem Eindruck der scheinbar ungehindert Wien anfliegenden Bomberverbände wurde der Begriff „die Wunderwaffe" zum Titel eines Spottverses, den man allerdings nur hinter vorgehaltener Hand weitergab:

Über Steinamanger
fliagt a Kampfverband, a langer.
Vorn kaa Jager
hint kaa Flak –
vielleicht bricht er sich selber 's Gnack !?

In den Erinnerungen des Gauleiters Baldur von Schirach ist bei der letzten Aussprache mit dem Führer ein Tobsuchtsanfall Hitlers aufgezeichnet, der wußte, daß die Gaustadt Wien *nicht die Leiden der Städte des Altreichs auf sich zu nehmen bereit* war. Hitler hatte

Triester Straße nach einem Luftangriff, 1945

eben lange genug in Wiener Obdachlosenheimen die Volksmentalität kennenlernen können. Die Wienerinnen und Wiener hatten trotz massiver Naziborniertheit, die es auch hier reichlich gab, immerhin noch genug gesunden Menschenverstand und Lebensgeist, um sich nicht in eine „arische Götterdämmerung" mit Weltuntergang hineinsteigern zu lassen.

Die Wiener Frauen und Kinder ertrugen im gesamten schwer Beschreibbares, im Detail Unglaubliches. Der Zufall und oft auch der Instinkt entschieden über Leben und Tod. Wahrscheinlich sind auch viele daran geistig erkrankt. Es gibt natürlich keine Statistik über psychische Erkrankungen als Folge des Bombenkriegs unter Zivilistinnen, aber Christine Nöstlinger erinnert sich in „Maikäfer, flieg!" an die Hannitante: *Die Hannitante war eine alte Frau. Sie wohnte drei Häuser weiter, und der Krieg und die Bomben hatten sie verrückt gemacht. [...] Die Hannitante lief und rief dabei: „Der Kuckuck schreit, Leut', der Kuckuck schreit!" So rannte sie bei jedem Bombenangriff um den Häuserblock, immer wieder rund um den Häuserblock. Sie wollte einen sicheren Keller finden. Aber kein Keller war ihr sicher genug. Sie rannte keuchend, zitternd, Kuckuck schreiend, bis der Bombenangriff vorüber war. Dann ging sie nach Hause, [...] setzte sich, [...] und wartete, bis der Radiokuckuck wieder zu schreien anfing.* Die Hannitante findet während eines Luftangriffs auf der Straße den Tod. Wir wissen daher nicht, ob sich ihre psychische Erkrankung später hätte heilen lassen. Es ist aber evident, daß viele Frauen, die den Wiener Bombenkrieg überlebt haben, bis heute gewisse „Nachwirkungen" verspüren.

Ich kann heute noch keine Fabriksirene oder die Samstag-Mittag-Sirene in Niederösterreich hören, ohne daß es mir kalt über den Rücken läuft, sagt Frau Trude B.

Ich weiß schon, daß eine Sirene heute nichts Böses bedeutet. Aber gerne höre ich sie nicht, sagt Frau Magda F.

Auch Kuckucksuhren wurden von vielen Frauen noch Jahre später strikt abgelehnt. Das penetrante Vorwarnzeichen war eben mit zu vielen Ressentiments besetzt. Die Furcht vor Kellern und unangenehmste Gefühle bei Aufenthalt in Kellerräumen sind allerdings nicht nur der Zeit des Bombenkriegs zuzuordnen. Die Keller hatten auch in der Nachkriegszeit für viele Frauen schreckliche Zeiten, Erlebnisse und damit verbundene Erinnerungen parat.

Den letzten Luftangriff, den Frau Trude B. in Erinnerung hat, trugen Tiefflieger der russischen Luftwaffe auf Wien vor. Frau B. war mit dem Rad auf der Simmeringer Hauptstraße Richtung 3. Bezirk unterwegs. Es war an einem der ersten Apriltage 1945. *Die Russen kamen ganz tief daher. Und ich dachte mir noch, hoffentlich werfen die nichts herunter. Und dann war es auch schon vorbei. Als ich wieder aufwachte, lagen rund um mich nur Tote. Männer und Frauen, die Wasser in Kübeln geholt hatten. Alle waren tot, nur ich hatte nicht einmal einen*

Kratzer. Ich weiß nicht wie, aber ich bin aufs Rad gestiegen, nach Hause gefahren und mit meiner Mutter und meiner hochschwangeren Schwester zu Verwandten nach Hietzing gezogen. Am 8. April in der Früh waren dann die Russen bei uns im Keller.

Die Schlacht um Wien und die damit verbundene Befreiung Wiens vom Dritten Reich dauerte vom 6. bis zum 13. April 1945. Im Zuge der Kampfhandlungen kam es nur mehr zu wenigen taktischen Luftangriffen, wo Jagdbomber zur Kampfunterstützung Bodenziele attackierten. Dann waren auch die letzten Luftangriffe in und um Wien vorüber.

Wien hat unzählige Wunden erlitten, große Verluste an Kunstwerken, der Architektur und geliebten Wahrzeichen, enorme Zerstörung von Wohnraum und viele tausende Ziviltote, deren genaue Zahl bis heute nicht eruierbar ist. Wien hat aber nicht das Schicksal der totalen Zerstörung und der Flammenhölle wie zum Beispiel Dresden erlebt. Die Wiener Frauen, die nicht mehr von den Luftschutzsirenen in die Bombenkeller getrieben wurden, standen vor der nächsten schweren Aufgabe – als Trümmerfrauen zu überleben. Trude B. meinte auf die Frage, wie es ihr denn nach einem Bombenangriff ergangen sei, wenn sie mit dem Fahrrad vorbei an brennenden Häusern, auf der Straße liegenden Leichen, durch Schuttberge und schreiende Menschen wieder zur Arbeit fuhr: *Es war schrecklich, aber was sollte ich tun. Ich mußte zurück zur Arbeit. Und das stärkste war doch das persönliche Gefühl: Ich habe überlebt.*

Verwendete Literatur:

Stadtchronik Wien. Wien 1986
Die Stunde Null – Niederösterreich 1945. Ausstellungskatalog. Wien 1975
Franz Severin Berger / Christiane Holler, Trümmerfrauen – Alltag zwischen Hamstern und Hoffen. Wien 1994
Frank Grube / Gerhard Richter, Alltag im Dritten Reich. Hamburg 1982
Christine Nöstlinger, Maikäfer, flieg! Weinheim und Basel 1973
Fritz M. Rebhann, Finale in Wien. Wien 1969

Frauen mit gefüllten Rucksäcken am Franz-Josefs-Kai, 20. August 1945 Kat. Nr. 5/45

SCHLECHTE KARTEN FÜR FRAUEN

Die Frauendiskriminierung im Lebensmittelkartensystem im Nachkriegs-Wien

Irene Bandhauer-Schöffmann

Die Sicherung der Ernährung war eine der Hauptaufgaben für die Politik im wieder entstandenen Österreich. Trotz der Lebensmittellieferungen aus dem Ausland und des forcierten Wiederaufbaus der inländischen landwirtschaftlichen Produktion konnte die staatliche Bewirtschaftung das Überleben der Bevölkerung nicht sichern. Zusätzlich zu den auf Lebensmittelkarten ausgegebenen Rationen war die individuelle Selbstversorgung über Hamstern, Tausch- und Schwarzmarkt unumgänglich. Die zur „Überlebensarbeit" erweiterte Hausarbeit war einerseits aufgrund der geschlechtsspezifischen Arbeitsteilung, wodurch die Sorge für den Haushalt und die Versorgung der Familie Frauen zufällt, und andererseits schon allein durch das demographische Faktum der weiblichen Bevölkerungsmehrheit eine Frauenangelegenheit. Doch die Arbeit dieser einfallsreichen Mangelverwalterinnen fand unbezahlt und unbedankt statt, und die „Trümmerfrauen" haben bis heute keinen Platz im offiziellen Wiederaufbaumythos der Zweiten Republik.

Anhand einer Analyse der Vergabemodi für Lebensmittel- und Lebensmittelzusatzkarten gehe ich im folgenden auf die Benachteiligung von Frauen in der Nachkriegs-Mangelgesellschaft ein. Daß der allgegenwärtige Hunger im Nachkriegs-Wien Frauen und Männer unterschiedlich betraf, läßt sich nämlich nicht nur am Umgang mit dem Phänomen Hunger festmachen – also daran, daß Frauen als die für die Reproduktion Zuständigen, als Mütter und Hausfrauen, in ganz anderer Weise auf die Mangelsituation reagieren mußten als Männer –, sondern geschlechtsspezifische Differenzen sind schon im Vorfeld der Mangelbewältigung bei der staatlichen Verteilung der kargen Lebensmittel auf die Bevölkerung festzustellen.

Das Lebensmittelkartensystem 1945

Während der Zeit des Nationalsozialismus gab es für Schwer- und Schwerstarbeiter, aber auch für Nacht- und Langarbeiter – das waren Arbeitskräfte, deren wöchentliche Arbeitszeiten für Männer mindestens 55 Stunden, für Frauen und Jugendliche mindestens 52,5 Stunden betrug – Lebensmittelzulagen, wobei in einem vom Landesernährungsamt Wien im November 1944 herausgegebenen Merkblatt explizit festgehalten wurde: „Auch Frauen erhalten bei entsprechender Tätigkeit die gleichen Lebensmittelzulagen."[1] Ob diese Anweisung an die Betriebsführer, die die Zusatzkarten ausgaben, befolgt wurde, konnte nicht überprüft werden, denn die statistischen Erhebungen differenzierten nicht nach dem Geschlecht.[2]

Die letzte Versorgungsperiode der nationalsozialistischen Zeit, die 74. Periode, umfaßte nur mehr einen Zeitraum von drei Wochen (9. bis 29. April 1945). Als letzte Lebensmittelkarte der NS-Zeit wurde eine neutrale Karte mit Nummernfeldern ausgegeben, doch zu einer regelmäßigen Ausgabe von Lebensmitteln aufgrund des vorbereiteten Planes kam es nicht mehr, teils wegen der Kampfhandlungen, teils weil SS-Truppen, aber auch die Wiener Bevölkerung die Lebensmittelgeschäfte und Lebensmittellager geplündert hatten.[3]

Die von der Sowjetischen Armee eingesetzten Bezirksbürgermeister veranlaßten eine Beschlagnahme noch vorhandener Lebensmittellager und bestimmten eine Lebensmittelausgabe auf die Nummernabschnitte der 74. Periode. Die ausgegebenen Rationen waren

Ausgabe von Lebensmitteln

Die Maispende der Roten Armee macht eine Ausgabe von Lebensmitteln an die Bevölkerung möglich. Die Abgabe erfolgt auf die gelben Lebensmittelkarten 74. Abgegeben werden:

200 Gramm	Bohnen	auf den Abschnitt	45
200 „	Erbsen	„ „ „	46
50 „	Speiseöl	„ „ „	47
150 „	Fleisch	„ „ „	49
125 „	Zucker	„ „ „	50

Die Warenausgabe durch die Kleinhändler erfolgt nach Maßgabe der Anlieferungen, die infolge der Zustellungsschwierigkeiten nicht überall gleichzeitig erfolgen können.

Da für jede Person die vorgesehene Ration sichergestellt ist, ist das Anstellen bei den Geschäften nicht notwendig. Die Kleinhändler haben die vereinnahmten Abschnitte bis zum Abruf durch das Zentralernährungsamt aufzubewahren.

Brotabgabe auf Abschnitte 22 und 23

Da die für die Brotabgabe in dieser Woche vorgesehenen Abschnitte 43 und 44 der gelben Lebensmittelkarte vielfach schon eine andere Verwendung gefunden haben, kann die Abgabe von Brot auf die Abschnitte 22 und 23 erfolgen.

Neue Lebensmittelkarten

Die Hausbevollmächtigten (Hauswarte) haben wie bisher die Lebensmittelkarten bei der zuständigen Kartenstelle für ihre Hausbewohner zu übernehmen und an diese weiterzugeben. Der Zeitpunkt der Ausgabe der neuen Lebensmittelkarten ist Freitag, 4. Mai, aus einem Anschlag bei der zuständigen Kartenstelle zu entnehmen.

Bestandsaufnahme von Mehl

Alle Betriebe, die Mehl verarbeiten oder mit Mehl handeln (Bäcker, Konditoren, Klein- und Großhändler usw.) haben mit Stichtag Sonntag, 6. Mai, eine Bestandsaufnahme ihrer Mehlvorräte vorzunehmen. Die Meldung ist am Montag, den 7. Mai 1945, bei der zuständigen Verrechnungsstelle des Bezirkes abzugeben. Die Entgegennahme der Meldung wird bestätigt.

*

Die Milchmeier Wiens halten Freitag, 4. Mai, um 15 Uhr Versammlung. Rathausstraße 14—16, Halbstock.

Das „Neue Oesterreich“ berichtet über die Maispende der Roten Armee, 2. Mai 1945
Kat. Nr. 5/49

in den Bezirken ganz unterschiedlich.[4]

In der zweiten Aprilhälfte nahmen Brotfabriken und Bäcker, soweit sie noch über Vorräte verfügten, wieder einen eingeschränkten Betrieb auf. Die Brotzuteilungen wurden bezirksweise organisiert. Zu einer zentral gelenkten Verteilung kam es erst anlaßlich der sogenannten „Maispende“ der Roten Armee[5], die pro Kopf der Bevölkerung 200 g Bohnen, 200 g Erbsen, 50 g Speiseöl, 150 g Fleisch und 125 g Zucker umfaßte und noch auf den nationalsozialistischen Nummernkarten vorgenommen wurde.

Anschließend wurde in Wien eine eigene Karte aufgelegt, auf die dann bereits einzelne zentrale Aufrufe erfolgten, die durch Abtretung von Lagerbeständen durch Bezirksbürgermeister möglich wurden. Das Kartensystem wurde erst wieder am 1. Juni 1945 anläßlich des Beginns der Stalinhilfe in Gang gebracht.[6] Bis 21. Juli 1946 hatte jede Besatzungszone eigene Lebensmittelkarten, die nur zonenweise eingelöst werden durften. Erst am 26. September 1946 beschlossen die Alliierten, die gesamte Lebensmittelaufbringung für Wien der städtischen Selbstverwaltung zu übergeben.[7]

In Anlehnung an das NS-Kartensystem und die Liste der Berufsgruppen, denen im Nationalsozialismus Zusatzkarten zuerkannt worden waren, wurde am 14. Juli 1945 vom Zentralernährungsamt Wien ein neues Einstufungsschema erstellt.[8] Es sah fünf Kategorien vor: Schwerarbeiter (Kategorie 1), Arbeiter (Kategorie 2), Angestellte (Kategorie 3), Kinder (Kategorie 4), Normalverbraucher (Kategorie 5).

Die formale Grundlage für den Erhalt der Lebensmittelkarte bildete ab nun die Arbeitsbestätigung, die alle Erwerbstätigen beizubringen hatten, SchülerInnen über 14 Jahre brauchten eine Bestätigung der Schulleitung. Erwerbslose Männer zwischen 14 und 65 Jahren (nicht aber Frauen, denn die wurden erst später von der Arbeitspflicht erfaßt) und nicht beschäftigte Pensionisten mußten eine Meldebestätigung des Arbeitsamtes vorlegen. „Wer sich der Mitarbeit am Wiederaufbau Österreichs entzieht, wird künftig keine Lebensmittelkarten erhalten“, verlautbarte das Zentralernährungsamt Wien am 13. Juli 1945.[9]

Diese Bindung der Ausgabe der Lebensmittelkarten an den Nachweis einer Erwerbstätigkeit führte aber nicht zum gewünschten Erfolg, denn die auf Marken erhältlichen Lebensmittelrationen waren so gering, daß viele Menschen problemlos darauf verzichteten, und sich nur am grauen und schwarzen Markt versorgten, denn von den Lebensmittelkarten allein konnte ohnehin niemand überleben.[10]

Außerdem wurden oft die vorgesehenen Hunger-Rationen nicht zur Gänze „aufgerufen“, d. h. die KonsumentInnen konnten nicht alle Lebensmittelkartenabschnitte einlösen. Die nachstehende Graphik zeigt die Differenz zwischen den geplanten Rationen (dünne Linie) für Schwerarbeiter und Normalverbraucher und den tatsächlich an die Konsumenten ausgegebenen Kalorien (dicke Linie) von der 2. bis zur 18. Versorgungsperiode (1. Juni 1945 bis 15. September 1946).

Neben den offiziellen Einstufungen gab es die sogenannten „Sonderfälle": das waren ehemalige KZ-Häftlinge, aber auch Politiker, Parteiangestellte, höhere Beamte etc. „Verdiente Arbeiter der Wissenschaft, Technik, Kultur und Kunst" z. B. gelangten gemäß einer internen Dienstanweisung mit Bestätigung von Stadtrat Viktor Matejka, dem Leiter der Verwaltungsgruppe für Kultur und Volksbildung, in Kategorie 1.[11]

Durchschnittliche Tageskalorienwerte in Wien

Tagesanspruch und Tageserfüllung für Normalverbraucher und Schwerarbeiter von der 2. bis zur 18. Kartenperiode in Kcal.

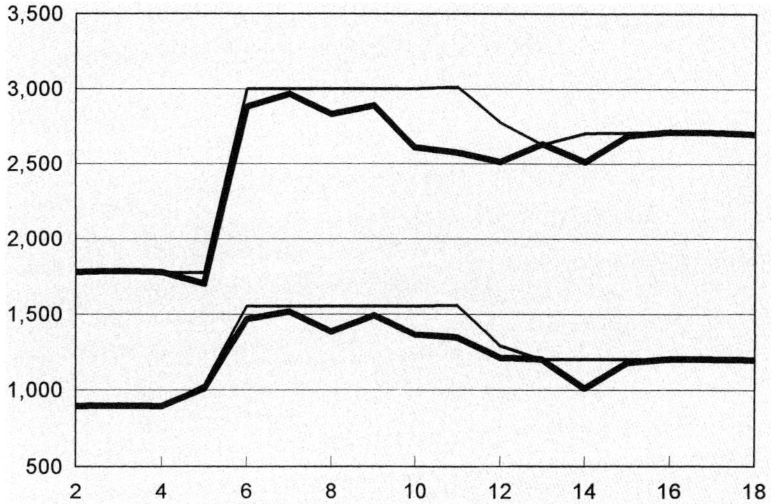

Quelle: Durchschnittliche Tageskalorienwerte, LEA Wien, A 5, Ordner 5.

Am 20. September 1945 legte das Versorgungskomitee der Alliierten unter Major John H. Wall das Einstufungsschema für die Ausgabe der Lebensmittel- und der Zusatzkarten fest: Normalverbraucherkarten erhielten alle Personen über 12 Jahre, bis 12 Jahre wurden Kinderkarten ausgefolgt. Zusatzkarten erhielten Erwerbstätige vom Arbeitgeber, wobei die höchsten Kalorienwerte an „Schwerarbeiter" gegeben wurden; auf diese Kategorie folgten „Arbeiter-" und „Angestelltenzusatzkarten".

Die vom Alliierten Versorgungskomitee erstellte Liste der Schwerarbeiter (S) umfaßte 28 Posten, z. B. Asphaltierer, Kesselreiniger, Holzfäller, Schmiede, Tiefbauarbeiter etc., darunter waren auch zwei Frauen betreffende Nennungen, nämlich schwangere und werdende Mütter, die damals noch keine eigene Mutterkarte erhielten, und TBC-Krankenpflegerinnen. Die Kategorie der Arbeiter (A) umfaßte: alle manuellen Arbeiter, außerdem Artisten, Ärzte, Briefträger, Bürgermeister, Chefingenieure von Unternehmungen mit mehr als 500 Arbeitern, Dentisten, Direktoren von Unternehmungen mit mehr als 500 Arbeitern, Hochschulprofessoren, Künstler, KZ-Häftlinge, Pflegerinnen, Polizisten, Schullehrer, Staatsminister, etc.[12] Ausdrücklich machte das Versorgungskomitee aufmerksam, daß „die Ausgabe zusätzlicher Lebensmittelmarken für Personen, die nicht in Arbeit stehen, einschließlich Kriegsbeschädigter, verboten ist."[13] Anträge auf Ergänzung oder Abänderung der Einreihung konnten nicht mehr über sogenannte „Sonderfälle" vorgenommen werden, sondern blieben ausschließlich dem im Justizpalast untergebrachten

Versorgungskomitee vorbehalten.[14] Die gesetzeskonforme Markenausgabe wurde dreifach kontrolliert: durch das Zentralernährungsamt, die Gewerbeinspektoren und die Besatzungsmächte.

Über Antrag der Interalliierten Kommandatur in Wien wurden ab der am 23. September 1945 beginnenden Versorgungsperiode Zusatzkarten für Schwerarbeiter, Arbeiter und Angestellte, die in Betrieben oder Dienststellen mit über zehn Beschäftigten arbeiteten, nicht mehr über die Lebensmittel-Kartenstellen, sondern über die Betriebe ausgegeben, die diese Karten vom Arbeiterreferat des Zentralernährungsamtes bezogen, das in der Singerstraße 7 im ehemaligen Büro des nationalsozialistischen Ausländerreferates untergebracht war.[15]

Für die Einstufung der Berufstätigen kleinerer Betriebe waren weiterhin die Kartenstellen verantwortlich, die vom Zentralernährungsamt dringlich darauf aufmerksam gemacht wurden, Zusatzkarten nur an Personen zu vergeben, die in das von den Alliierten festgelegte Schema fielen: „Auf eine gleichmäßige Beurteilung der Einstufung in sämtlichen Kartenstellen muß im Interesse der Erhaltung des Arbeitsfriedens in den Betrieben besonderes Gewicht gelegt werden."[16]

Unzufriedenheiten und Unregelmäßigkeiten ergaben sich einerseits durch nicht gesetzeskonforme Höherstufung von Kranken, Kriegsversehrten und den „Sonderfällen" durch Kartenstellenleiter, andererseits durch die schiere Unmöglichkeit einer einheitlichen Einstufung von Berufskategorien infolge des Fehlens von Beurteilungsgrundlagen. Die Liste des Versorgungskomitees bot in vielen Fällen nur Anhaltspunkte, da sie nur einen Bruchteil beruflicher Tätigkeiten umfaßte. Die Einstufungen blieben so zwangsläufig willkürlich – in den vielen Kartenstellen, aber auch im Arbeiterreferat des Zentralernährungsamtes. „Bei der Einstufung durch 50 Referenten des Arbeiterreferates sind Fehler unvermeidlich, umsomehr da die derzeitigen Verzeichnisse unzulänglich sind"[17], monierte das Arbeiterreferat Ende Oktober 1945 in einem Schreiben an den Leiter des Zentralernährungsamtes. Eine Einstufung durch das Gewerbeinspektorat sollte nach Meinung des Arbeiterreferates eine einheitliche Einstufung sichern.

Ein weiterer Kritikpunkt an dem Einstufungsschema der Alliierten war die Abschaffung der Schwerstarbeiterkategorie, die allerdings schon das Zentralernährungsamt Wien in seine Neuregelung der Verbraucherkategorien nicht aus dem Nationalsozialismus übernommen hatte.

Das Arbeiterreferat des Zentralernährungsamtes plädierte Ende Oktober 1945 für die Wiedereinführung der Schwerstarbeiterkarte und führte als Begründung an:

„1.) Die Arbeiter sind durch 6 Jahre an die Einteilung in Schwerst- und Schwerarbeiter gewöhnt. Die Schwerarbeiter, die derzeit in die Gruppe Arbeiter eingeteilt sind, protestieren immer wieder dagegen, daß sie mit Uhrmachern, Modistinnen (sic!) usw. auf die gleiche Stufe gestellt werden.

2.) Unter der derzeitigen Einteilung leidet der Arbeitsfriede und die Arbeitslust in den Betrieben.

3.) Das Arbeiterreferat kann auf die Dauer das ständige Verlangen um Höherreihung und die dadurch sich ergebenden Unstimmigkeiten nicht mehr tragen."[18]

Der Wunsch nach Wiedereinführung der Differenzierung zwischen Schwer- und Schwerstarbeitern sollte wohl auch die Grenze zwischen männlichen und weiblichen Arbeitsbereichen deutlicher ziehen, denn die Kategorie Schwerstarbeiter war männlich besetzt. Aber erst ein halbes Jahr nach diesem Protest des Arbeiterreferates wurde mit der Verbrauchergruppenverordnung vom 14. Mai 1946 die Schwerstarbeiterkarte wieder eingeführt.

Der Fachausschuß für die Behandlung der Anträge auf Zusatzkarten

Nach der Wiedereinführung der Lebensmittelzusatzkarten für Arbeiter und Angestellte wurde in einer Sitzung von Vertretern der Staatsämter und des Gewerkschaftsbundes, die am 21. September 1945 im Zentralernährungsamt stattfand, beschlossen, die Einstufung in die verschiedenen Kategorien durch einen Ausschuß vornehmen zu lassen, der sich aus je einem Vertreter des Staatsamtes für Volksernährung, des Zentralgewerbeinspektorates, einem Gewerbearzt und einem Vertreter des Gewerkschaftsbundes zusammensetzen sollte, wobei auch die Beiziehung von Vertretern der Fachgewerkschaften und Innungen vorgesehen war.

Zusatz zu den Lebensmittelkarten

Die Anforderungslisten für Schwerarbeiter, Arbeiter und Angestellte

Die Anforderung der Zusatzkarten für Schwerarbeiter, Arbeiter und Angestellte erfolgt:

1. Für alle Betriebe und Dienststellen mit mehr als 100 Beschäftigten in den Bezirken 1 bis 20 beim Arbeiterreferat des Zentralernährungsamtes, I., Singerstraße 7;

2. für alle übrigen Betriebe und Dienststellen in den Bezirken 1 bis 20 und für sämtliche Betriebe in den Bezirken 21 bis 26 bei der Kartenstelle, in deren Sprengel sich der Betrieb beziehungsweise die Dienststelle befindet.

Die Anforderungslisten sind getrennt für Schwerarbeiter, Arbeiter und Angestellte in vierfacher Ausfertigung anzulegen. Bei Betrieben und Dienststellen mit Zweigniederlassungen sind die Arbeiter und Angestellten von jener Stelle in die Anforderungsliste aufzunehmen, die die Lohn(Gehalts)listen führt und die Lohn(Gehalts)auszahlung vornimmt.

Wer ist in die Liste aufzunehmen?

In die Anforderungsliste sind nur jene Arbeiter und Angestellten aufzunehmen, die derzeit tatsächlich im Betrieb beziehungsweise in der Dienststelle beschäftigt sind, und zwar auch dann, wenn sie außerhalb von Wien wohnen (russische Zone). Beurlaubte, vom Dienst suspendierte oder länger als 10 Tage im Krankenstand befindliche Arbeiter und Angestellte dürfen in die Liste nicht aufgenommen werden.

Als Grundlage für die Einreihung in die verschiedenen Kategorien gilt nur die vom Versorgungskomitee der vier Mächte festgelegte Einstufungsliste, die in der gestrigen Tagespresse verlautbart wurde. In dieser Liste ist jedoch noch richtigzustellen, daß unter „Eisenbahner" nur Kesselreiniger, Kohlenarbeiter, Oberbauarbeiter (die tatsächlich Schienen legen) und Heizer Anspruch auf die Schwerarbeiter-Zusatzkarten haben. Diese Berufsgruppen werden somit aus der Gruppe „Eisenbahner" herausgehoben und gelten für sich allein nicht.

Irgend welche Wünsche auf Ergänzung der Einstufungsliste müssen dem Versorgungskomitee der vier Mächte I., Justizpalast, vorgelegt werden. Als Mindestwochenarbeitszeit gilt die vertragsmäßig festgelegte Normalarbeitszeit der betreffenden Berufsgruppe. Wo eine solche durch Vertrag nicht geregelt ist, gilt die 48-Stunden-Woche als Normalarbeitszeit. In die Anspruchsliste darf nur aufgenommen werden, wer die Normalarbeitszeit seiner Berufsgruppe erreicht.

Erläuterungen

Die Anforderungslisten sind am Montag, den 24. September in der Zeit von 8 bis 15 Uhr im Arbeiterreferat des Zentralernährungsamtes, I., Singerstraße 7, oder bei der für den Betriebssitz örtlich zuständigen Kartenstelle abzugeben. Auf jeder Liste sind die Summen der angeforderten Karten nach Zonen auszuweisen. Betriebe und Dienststellen, die ihre Anforderungslisten nach Untergruppen anlegen lassen, haben eine zahlenmäßige Übersicht über den Gesamtbedarf an Zusatzkarten nach Zonen den Anforderungslisten beizulegen.

Künstler und Artisten im Engagement werden in die Anforderungsliste ihres Betriebes aufgenommen, die Zusatzkarten für solche ohne Engagement sind mit einer Liste durch die Künstlervereinigung im Arbeiterreferat anzufordern.

Ärzte im Anstaltsdienst sowie Medizinstudenten mit Spitalpraxis kommen in die Anstaltsliste, die praktischen Ärzte sowie Fachärzte melden ihren Anspruch für sich und für ihre Hilfspersonen bei der zuständigen Kartenstelle an. Das gleiche gilt für Dentisten.

Werdende Mütter vom vierten Schwangerschaftsmonat an sowie stillende Mütter haben ihren Anspruch auf die Zusatzkarte für Schwerarbeiter bei der zuständigen Kartenstelle anzumelden. Soweit als möglich ist dem Antrag ein ärztliches Zeugnis anzuschließen. Das Zeugnis kann aber auch nachträglich beigebracht werden.

Ehemals politische KZ-Häftlinge, die nicht schon auf Grund ihrer derzeitigen Tätigkeit Anspruch auf die Zusatzkarten für Arbeiter haben, und deren Entlassung aus dem KZ noch keine sechs Monate zurückliegt, melden ihren Anspruch über den KZ-Verband an.

Selbständig Erwerbstätige haben keinen Anspruch auf Zusatzkarten, ausgenommen die in der Einstufungsliste angeführten (Ärzte, Dentisten, Künstler). Es ist daher zwecklos, Bescheinigungen von der zuständigen Interessenorganisation (Innung) beizubringen.

Soweit schon bisher Anforderungslisten an irgend eine Stelle eingesendet worden sind, gelten diese als nicht überreicht.

Der Termin für die Ausgabe der Zusatzkarten wird rechtzeitig in der Tagespresse verlautbart.

Lebensmittelaufrufe für die letzten zwei Wochen

Auf Ansprüche der letzten zwei Wochen werden für alle Zonen aufgerufen beziehungsweise die Aufrufe zum Teil wiederholt: Auf

Abschnitt 13: 180 g Hülsenfrüchte,
Abschnitt 20: 30 g Fett,
Abschnitt 24: 30 g Fett,
Abschnitt 39: 100 g Hülsenfrüchte,
Abschnitt 40: 20 g Fett,
Abschnitt 43: 20 g Fett,
Abschnitt A 6: 280 g Hülsenfrüchte,
Abschnitt A 7: 40 g Fett,
Abschnitt S 6: 560 g Hülsenfrüchte,
Abschnitt S 7: 180 g Fett.

Nicht eingelöste Abschnitte bleiben weiterhin gültig.

Der „Wiener Kurier" berichtet über Lebensmittelzusatzkarten, 22. September 1945

Das Versorgungskomitee der Alliierten genehmigte diesen von österreichischer Seite geplanten Ausschuß vorerst nicht und behielt sich die Entscheidung auf Einreihung in die Verbraucherkategorien vor. Erst am 4. Jänner 1946 wurde dann vom Alliierten Versorgungskomitee gegen die Errichtung des geplanten Ausschusses keine Einwendung erhoben, allerdings zehn Tage später einschränkend festgelegt, daß Ansuchen um Änderung der Klassifizierung, wenn sie eine andere Lebensmittelkarten-Kategorie betreffen, als die vom Alliierten Komitee festgelegte, dem Versorgungskomitee zur Zustimmung oder Ablehnung vorgelegt werden müssen. Der Ausschuß hatte von den Alliierten nicht die Kompetenzen erhalten, die von österreichischer Seite gewünscht worden waren.[19]

Mit Bedauern mußte man akzeptieren, „daß Änderungen im Schema der Zusatzkarten auch in Zukunft dem Versorgungskomitee der Alliierten zur Entscheidung vorzulegen sind."[20] Trotzdem aber wurde im Zentralernährungsamt Wien ein Ausschuß gebildet, der als

„Vorbereitungsausschuß" gedacht war, der nur dann über Einstufungen selbständig entscheiden sollte, wenn diese aufgrund der vom Versorgungskomitee der Vier Mächte genehmigten Richtlinien möglich waren. In Zweifelsfällen oder wenn der Ausschuß die Höherreihung einer Berufsgruppe für gerechtfertigt fand, die im Schema der Alliierten nicht vorkam, wurde der Antrag dem Versorgungskomitee der Alliierten zur Genehmigung vorgelegt. Unbegründete Ansuchen wurden sofort abgelehnt.[21]

Bei der ersten Sitzung, die am 31. Jänner 1946 stattfand, waren neben dem Leiter des Zentralernährungsamtes der Leiter des Arbeiterreferates im Zentralernährungsamt, der Leiter des Zentralgewerbeinspektorates, sein Stellvertreter, und verschiedene Abteilungsleiter aus dem Gewerbeinspektorat, ein Gewerbearzt und der Vertreter des Gewerkschaftsbundes anwesend.[22] Überflüssig anzumerken, daß es sich um eine ausschließlich aus Männern zusammengesetzte Runde handelte.

Der Prüfungsausschuß laut Verbrauchergruppenverordnung

Gemäß der Verordnung vom 14. Mai 1946, BGBl. 138/46 (Verbrauchergruppenverordnung), wurde das Landesernährungsamt beauftragt, eine Kommission zu bilden (in Wien Prüfungsausschuß genannt), die sich aus je einem Vertreter des Ministeriums für Volksernährung und des Sozialministeriums sowie vier weiteren Mitgliedern zusammensetzte, die von den Kammern für Arbeiter und Angestellte, von den Kammern für Handel, Gewerbe, Industrie, Geld- und Kreditwesen, vom Österreichischen Gewerkschaftsbund und vom Ernährungsbeirat des Ministeriums für Volksernährung (BMfVE) entsendet wurden.

Der Prüfungsausschuß hielt seine erste Sitzung am 10. Dezember 1947 ab, bis Ende Jänner 1949 hatte er in 24 Sitzungen 894 Höherreihungsansuchen behandelt, und zwar 20 Anträge auf Milchzulage, 125 Anträge auf Schwerstarbeiterzulage, 350 Anträge auf Schwerarbeiterzulage, 345 Anträge auf Arbeiterzulage, 54 Anträge auf Angestelltenzulage. Davon wurden 456 Anträge positiv erledigt, 256 Anträge abgelehnt, 182 Anträge wurde dem Ministerium für Volksernährung zur Entscheidung vorgelegt.

Politisch Druck auszuüben war ein probates Mittel zur Durchsetzung einer besseren Verbrauchergruppenkategorie: „Betriebsräte, Betriebsdeputationen, ganze Berufsgruppen, oft 50 bis 100 Mann stark erschienen in der Singerstraße mit dem Verlangen um höhere Einstufung"[23], berichtete der Prüfungsausschuß.

Ende 1947 brachte das Ministerium für Volksernährung in Zusammenarbeit mit diesem Prüfungsausschuß und dem Sozialministerium Richtlinien für die Einstufung der Zusatzkartenempfänger heraus[24], die ab der 37. Versorgungsperiode, ab 2. Februar 1948, zur Anwendung kamen und setzte die bis dahin gültigen Bestimmungen der Alliierten vom 20. September 1945 außer Kraft. Nunmehr hatten die Alliierten die Kompetenzen der Einstufung in Verbraucherkategorien an die Österreicher abgegeben. Den Großteil der Einstufungen nahmen die Prüfungsausschüsse der jeweiligen Landesernährungsämter (in Wien Zentralernährungsamt genannt) vor. Nur bei Berufen, die auch in den neuen ausführlichen Richtlinien nicht aufschienen und für die keine Vergleichsgruppe bestand, mußte bei Zuerkennung der

Schwer- oder Schwerstarbeiter-Zusatzkarten die Zustimmung des Ministeriums für Volksernährung eingeholt werden.

Das Faktum, daß nun die Landesernährungsämter weitgehende Kompetenzen hatten, führte nach Meinung des Ministeriums zu einer inflationären Vergabe von Zulagekarten. Im Ernährungsministerium stellte man fest, „daß fast durchwegs nur eine ganz geringe Erhöhung der Gesamtzahl der Zulagenkartenempfänger gemeldet wurde, daß aber bei den meisten Ländern eine Verschiebung zu den höheren Zulagenkarten zu verzeichnen ist". Da diese Verschiebung keine Entsprechung in den Erhebungsdaten der Beschäftigtenzählung vom Mai 1947 hatte, wies das Ministerium für Volksernährung die Landesernährungsämter an, „daß bei der Einführung des neuen Verbrauchergruppenschemas der strengste Maßstab anzulegen" sei.[25]

Die Hungerzeit war vorüber, obwohl keineswegs von einer heranrollenden „Freßwelle" die Rede sein konnte – denn von den begehrten Lebensmitteln, wie Fleisch, Fett, Zucker und Frischgemüse, hatte dank der vielen „Ernteländer" (das waren die von den Gemeinden zugeteilten Notgärten) und Schrebergärten nur der Frischgemüseverbrauch schon in den späten vierziger Jahren das Vorkriegsniveau erreicht[26].

Ab 1948 wurde die Lebensmittelbewirtschaftung[27] nach und nach abgebaut, im Dezember 1949 wurde das Ministerium für Volksernährung aufgelöst, 1950/51 war das erste Nachkriegsjahr mit annähernd freier Konsumwahl und ab 1. Juli 1953 gab es keine Lebensmittelkarten mehr.[28]

Die Benachteiligung von Frauen bei der Lebensmittelkartenvergabe

Hausfrauen und Hausgehilfinnen

In einer Mangelgesellschaft bildete die Festlegung der Berufsgruppen, die Lebensmittelzusatzkarten bekommen sollten, naturgemäß politischen Konfliktstoff. Arbeiten, die aufgrund der geschlechtsspezifischen Arbeitsteilung nur von Frauen durchgeführt wurden, wie z. B. die Arbeiten der Hausfrauen und der Hausgehilfinnen, erhielten keine Zusatzkarten. Diese Einstufung war in keiner Weise durch die tatsächliche Arbeitsleistung der Frauen gerechtfertigt, die ja eine enorme Ausweitung erfuhr, sondern Folge der gesellschaftlichen Minderwertung der Arbeit von Frauen.

Sowohl das erste Schema für die LebensmittelzusatzkartenempfängerInnen des Zentralernährungsamtes Wien als auch das Schema der Alliierten vom 20. September 1945 sahen für Hausfrauen nur die Normalverbraucherkarte vor. Aber auch Hausgehilfinnen waren nicht entsprechend ihrer Arbeitsleistung eingestuft: sie erhielten vier Wochen lang die kleinste Zusatzkarte, die Angestellten-Zusatzkarte, und wurden danach zurückgestuft auf die Normalverbraucherkarte. Bei Vergleich mit Lehrpersonen aber auch Geistlichen, die Arbeiterzusatzkarten bezogen, wird diese Benachteiligung evident.

Die für die 22. Kartenperiode vorgesehene Höherreihung von besonders benachteiligten Verbrauchergruppen (Hausfrauen, Hausgehilfinnen, Jugendliche und an offener

Tuberkulose Erkrankte), die im Ministerrat vom 1. Oktober 1946 beschlossen worden war, wurde von den Alliierten nicht genehmigt[29], obwohl die Anhebung der Kaloriensätze für diese Gruppen den gesamten österreichischen Ernährungsbedarf nur um 2,3 Prozent erhöht hätte.[30] Weiters verbot der Alliierte Rat in seiner Sitzung vom 6. Dezember 1946 auch jede Höherreihung durch die Verbrauchergruppenkommission, und die österreichische Bundesregierung wurde angewiesen, ihren Ernährungsplan nach der Maxime „Eine Höherreihung von Verbrauchergruppen darf nicht stattfinden" abzuändern.[31]

Mappe für Lebensmittelmarken mit Lebensmittelkarten aus 1942, 1945 und 1950
Kat. Nr. 5/29–5/33

Die geplante Zuerkennung der Angestelltenkarte an Hausgehilfinnen und Hausfrauen, die das Ernährungsministerium schon den Landesernährungsämtern bekannt gegeben hatte[32], ließ danach auf sich warten.

Ermöglicht wurde diese frauendiskriminierende Politik auch durch das Fehlen einer Interessenvertretung der im Haushalt Beschäftigten und der mangelnden Durchsetzungsfähigkeit der Frauenorganisationen in den Parteien. Wie die ÖVP-Nationalrätin Nadine Paunovic richtig ausführte, war von Hausfrauen kein organisierter Widerstand zu erwarten, „denn die Hausfrau wird nicht streiken, sie wird nicht lärmende Demonstrationen veranstalten – wenigstens in ihrer überwiegenden Mehrheit nicht, sie wird keine ultimativen Forderungen stellen, sondern sie ist gewohnt, in ihrer Arbeit Opfer und selbstlose Hingabe als selbstverständliche Voraussetzung zu leben".[33]

Zudem wurden Forderungen nach Erhöhung der Lebensmittelrationen für Hausfrauen meistens nicht mit Gleichheitsargumenten untermauert, sondern waren in einen Diskurs von Mütterlichkeit, Bevölkerungspolitik und falschem Patriotismus eingebettet. Die Sozialistin Antonie Alt, die eine leitende Funktion im Wiener Ernährungsamt innehatte, forderte, „daß auch den Frauen zusätzliche Lebensmittel gegeben werden, denn wie sollen unsere Frauen und Mütter eine Freude daran haben, Kinder in die Welt zu setzen und aufzuziehen, wenn sie sehen müssen, daß alle Kinder viel zu wenig Brot haben, und sie also auch von ihren eigenen kargen Rationen an die Kinder abgeben müssen".[34]

Als Antonie Alt im Dezember 1946 im Gemeinderat wieder einmal für Hausfrauen, die 20 Stunden erwerbstätig waren, und für Hausgehilfinnen die Zusatzkarte forderte, unterstrich sie das mit der „Pflichterfüllung" (sic!) der Frauen während des Zweiten Weltkriegs: „Frauen waren es, die durch die Jahre hindurch in der Kriegszeit, in der man sie zur Kriegsmaschine verwendete, ihren Opfermut, Fleiß, Ausdauer bewiesen und ihre Pflicht somit ganz erfüllt haben."[35] Dieser Belobigung für Dienste an der nationalsozialistischen „Heimatfront" konnte sich auch ÖVP-Gemeinderätin Eleonore Hiltl anschließen.[36]

Erst mit dem Beschluß des Ministerrates vom 19. Mai 1948 erhielten Hausgehilfinnen, die 48 Wochenstunden krankenversichert beschäftigt waren[37], und Hausfrauen unter bestimmten Voraussetzungen die Zusatzkarte für Angestellte. Eine Hausfrau mit zwei oder mehr Kindern unter 14 Jahren, die ohne Haushaltshilfe ihren Haushalt führte und keine berufliche Zusatzkarte bezog, hatte Anspruch auf die Angestellten-Zusatzkarte. Ein Zusatzkarte gab es auch, wenn die Hausfrau einen Haushalt mit zwei oder mehr Personen führte und außerdem einer krankenversicherungspflichtigen Kurzarbeit von mindestens 20 Stunden wöchentlich nachging.[38] Hausfrauen erhielten die Zusatzkarten durch den Hausbesorger.

In der Auslegung des Landesernährungsamtes Wien wurde der Begriff „Haushaltshilfe" ungewöhnlich weit gefaßt, indem nämlich darunter nicht nur Hausgehilfinnen oder andere voll im Haushalt Beschäftigte verstanden wurden, sondern auch weibliche Familienmitglieder. „Für Haushalte, in denen neben der nichtberufstätigen Hausfrau andere nichtberufstätige weibliche Personen über 14 Jahren wohnen, ist keine Hausfrauen-Zusatzkarte zu bewilligen", instruierte die Dienstanweisung Nr. 43/1948 die Kartenstellen. Großzügig war man hingegen bei berufstätigen Hausfrauen: *In Haushalten mit mindestens 2 Kindern unter 14 Jahren, in denen die Hausfrau auf Grund einer beruflichen Tätigkeit eine Zusatzkarte bezieht, soll der haushaltsführenden Person im Rahmen der Wohnungsgemeinschaft, sofern diese wegen der beruflichen Tätigkeit der Hausfrau die Kinder betreut und nicht aus einem anderen Titel bereits eine Zusatzkarte bezieht, die Hausfrauenzusatzkarte bewilligt werden.*[39]

Die Hausfrauen-Zusatzkarte wurde ab der 41. Zuteilungsperiode (ab 24. Mai 1948) ausgegeben und schon mit der 45. Zuteilungsperiode (ab 13. September 1948) wieder eingestellt, da der Tageskaloriensatz generell erhöht und die Ausgabe der Angestelltenzusatzkarte eingestellt wurde.[40]

Die Benachteiligung der weiblichen Polizeiangestellten

Daß die Nachkriegs-Gesellschaft, die mit einer hohen Kriminalitätsrate und den für Notzeiten typischen Übertretungen der Bewirtschaftungsvorschriften durch Schleich- und Schwarzhandel zu kämpfen hatte, die Exekutivorgane bei der Vergabe von Lebensmittelkarten bevorzugte, ist verständlich. Die in der Straßenkontrolle zur Schleichhandelsbekämpfung eingesetzten Beschäftigten erhielten bis November 1949 pro Person je zwei Normalverbraucher- und zwei Arbeiterzusatzkarten.[41] Auch gegenüber den Polizeiangehörigen wurde sehr großzügig verfahren.

Im Schema der Alliierten über die Ausgabe von Zusatzkarten vom 20. September 1945 wurde der „Polizei" (d. h. den männlichen Mitarbeitern) die Arbeiter-Zusatzkarte gewährt. Die Alliierten stimmten zu, daß alle männlichen Polizeiangehörigen die Arbeiter-Zusatzkarte erhielten, auch wenn sie nur (wie Frauen) im Kanzleidienst beschäftigt waren, und folgten damit der Argumentation der Polizeigewerkschaft, die den Anspruch der Männer damit begründet hatte, daß im Bereitschaftsfall alle männlichen Kanzleiangestellten zum Exekutivdienst herangezogen werden könnten.[42]

Als ab der 37. Versorgungsperiode (ab 2. Februar 1948) die im Außendienst tätigen Polizisten die Schwerarbeiterkarte zugesprochen erhielten, wurde das Landesernährungsamt aufgefordert, eine Neueinstufung bei der Polizei nach der tatsächlich ausgeübten Tätigkeit der Beschäftigten vorzunehmen. Das hätte für diejenigen Männer, die nur Kanzleidienst versahen, eine Rückstufung zur Angestelltenkarte bedeutet. Ende Juni 1948 berichtete das Landesernährungsamt über den Fall:

„Anläßlich der Neueinstufung erhielten wir vom Ministerium Auftrag, auch bei der Polizei nach den neuen Richtlinien vorzugehen und ohne Rücksicht auf das Geschlecht (sic!) die ausschließlich im Kanzleidienst verwendeten Angestellten in die Kategorie der Angestellten einzureihen. Dagegen wird Stellung genommen. Die Durchführung der Neueinstufung wird von Periode zu Periode verschoben, sodaß alle männlichen Polizeiangestellten ohne Rücksicht auf ihre Tätigkeit noch immer die Arbeiterzusatzkarte erhalten, mit Ausnahme der Exekutive, die Schwerarbeiterkarten erhält."

Diese gesetzeswidrige Weigerung der männlichen Polizisten im Innendienst, genau wie ihre Kolleginnen die Angestelltenkarten zu akzeptieren, wurde vom Wiener Polzeipräsidenten toleriert.[43]

Frauenraucherkarten

Zu erwähnen ist auch, daß Frauen weniger Zigaretten zugeteilt bekamen, was sie nicht nur als Raucherinnen diskriminierte, sondern in Zeiten der „Zigaretten-Währung" bei Tauschgeschäften auch erheblich benachteiligte. Frauen erhielten eigene Frauenraucherkarten, auf denen weniger Zigaretten zugeteilt wurden als auf Männerkarten.

Im Unterschied zu den westlichen Bundesländern, die bereits 1945 gelegentlich Zigarettenkarten ausgaben, wurden in Wien erst im Jänner 1946 Raucherkarten ausgegeben: für Männer ab dem 18. Lebensjahr, an Frauen erst ab dem 25. Lebensjahr und nur bis zum 55. Lebensjahr. Womit die aus dem Nationalsozialismus stammende geschlechtsspezifische Benachteiligung von Frauen nicht nur übernommen, sondern noch verschärft wurde. Denn ab März 1942 hatten Frauen über 55 Jahre Raucherkarten dann erhalten, wenn sie nachweisen konnten, daß sie Raucherinnen waren oder ein unverheirateter Sohn oder der Ehegatte in der Deutschen Wehrmacht dienten.[44]

Während die Schlechterstellung einzelner Frauengruppen bei der Lebensmittelkartenvergabe meist nicht über eine explizite Frauendiskriminierung vorgenommen wurde, sondern Berufe traf, die mehrheitlich oder ausschließlich von Frauen ausgeübt wurden, war die Zigarettenzuteilung auf Frauenraucherkarten von vornherein im Widerspruch zum Gleichheitsgrundsatz. Der Verfassungsgerichtshof sah das allerdings damals anders und wies eine von zwei Frauen wegen Verletzung des Rechtes auf Gleichheit vor dem Gesetz an ihn gerichtete Beschwerde ab. Im Erkenntnis vom 11. Februar 1947 formulierte der Verfassungsgerichtshof, daß nur dann Anlaß bestünde, die Gesetzesmäßigkeit dieser Verteilungsnormen in Zweifel zu ziehen, „wenn die ungleiche Beteilung der Männer und Frauen erwiesenermaßen nicht im Interesse einer möglichst gerechten Bedarfsdeckung, sondern aus anders gearteten Erwägungen erfolgt wäre". Nur dann läge eine Verletzung des Gleichheitsgrundsatzes vor. Da

Frauen im Durchschnitt aber erfahrungsgemäß weniger rauchten als Männer, handle es sich nicht um „die Einräumung eines Vorrechtes an das männliche Geschlecht".[45]

Lebensmittelkarten für Kinder und Jugendliche

Am 22. November 1946 erhielt Bundeskanzler Figl eine von Maria Harand im Namen des Wiener-Frauen-Aktionskomitees unterfertigte Resolution, worin in höchst dramatischer Form auf die Kinder und Jugendliche betreffenden Lebensverhältnisse und auch auf schwerwiegende Mißstände in der staatlichen Ernährungssicherung hingewiesen wurde. „In letzter Stunde wenden wir uns an Sie! Das Leben und die Gesundheit unserer Kinder ist in höchster Gefahr!" – heißt es im Schreiben dieser von „Frauen aus allen Schichten des Volkes", Angehörigen aller drei demokratischen Parteien und parteilosen Frauen im November 1947 begründeten Initiative. Das Frauen-Aktions-Komitee wies darauf hin, daß die unterernährten Kinder von Tuberkulose bedroht seien, und daß kalte Schulräume, ungeheizte Wohnungen, der Mangel an Schuhen und Strümpfen im Winter bei Hunderten von Kindern zu folgenschweren Erkältungen führen werde. Neben diesen ganz allgemeinen Kritikpunkten an der höchst mangelhaften Versorgung der Kinder, enthielt diese an Figl gerichtete Resolution aber auch herbe Kritik an der Zusammenstellung der Lebensmittelkarten für Kinder: „Unsere Kleinsten gehen an Darmkatarrhen zugrunde, die durch die falsch zusammengesetzte Nahrung hervorgerufen werden. Tausende Mütter sind der Verzweiflung nahe." Zur Behebung dieser Mißstände wurde von den betroffenen Frauen die sofortige Durchführung folgender Maßnahmen „für die Rettung unserer Kinder" gefordert: Erhöhung der Rationssätze für Kinder, zweckentsprechende Zusammensetzung der Nahrung für die Kleinstkinder, Schwerarbeiterkarte für die arbeitende Jugend, sofortige Zuteilung von wetterfesten Schuhen und Strümpfen für Kinder, Sicherung der Beheizung der Schulräume und mindestens eines Wohnraumes für Familien mit Kindern.[46]

Die Resolution des Frauen-Aktions-Komitees war inhaltlich vollkommen gerechtfertigt, denn der Gesundheitszustand der Kinder war alarmierend: Vom Gesundheitsamt der Gemeinde Wien im Sommerhalbjahr 1946 durchgeführte Reihenuntersuchungen an rund 64.000 Schulkindern ergaben, daß 65 Prozent der Wiener Schulkinder als unterernährt, 25 Prozent sogar als höhergradig unterernährt zu bezeichnen waren. Gegen Ende des Jahres 1946 hatte sich der Anteil der unterernährten Schulkinder auf 70,7 Prozent erhöht, der der höhergradig unterernährten auf 32,3 Prozent.[47]

Jugendliche zwischen 12 und 18 Jahren, die den Normalverbrauchern gleichgestellt waren, allerdings einen weit höheren physiologischen Normalbedarf an Kalorien hatten als Erwachsene, waren eindeutig am stärksten unterversorgt. Sie konnten auch nach der im November 1946 erfolgten Erhöhung der Rationen von 1200 auf 1550 Kalorien nur rund 55 Prozent ihres Bedarfs decken.[48]

Obwohl der Ernährungsbeirat eine Erhöhung der Rationssätze für die Verbrauchergruppen der Sechs- bis Zwölfjährigen und der Zwölf- bis Achtzehnjährigen gefordert hatte, lehnte Ernährungsminister Hans Frenzel das mit dem Hinweis ab, „daß für die bessere Versorgung dieser Verbrauchergruppen durch die Einrichtung der Schüler- bzw. Lehrlingsausspeisungsaktionen in ausreichendem Maße vorgesorgt ist".[49]

Während Kinder und Jugendliche im Verhältnis zu anderen Gruppen von LebensmittelkartenbezieherInnen durch zu geringe Rationen benachteiligt waren, resultierten die Versorgungsprobleme für Säuglinge nicht aus zu geringen, sondern aus ihrem Alter nicht entsprechenden Lebensmittelzuteilungen. Einmal wurde für Säuglinge sogar Sauerkraut auf Lebensmittelkarten zugeteilt; ein andermal erhielten sie Malzextrakt, das zu Durchfällen führte.[50]

Das macht deutlich, wie problematisch die weitgehende Ausgrenzung von Frauen aus der Organisation der Ernährungssicherung war.

Neben der Todesursache „Frühgeburt" waren die „Krankheiten der Verdauungsorgane" 1946 und 1947 die zweithäufigsten Todesursachen; auch 1948 und 1949 war diese in Zusammenhang mit der schlechten Ernährungssituation stehende Todesfolge immer noch die dritthäufigste Todesursache bei Säuglingen in Wien.[51]

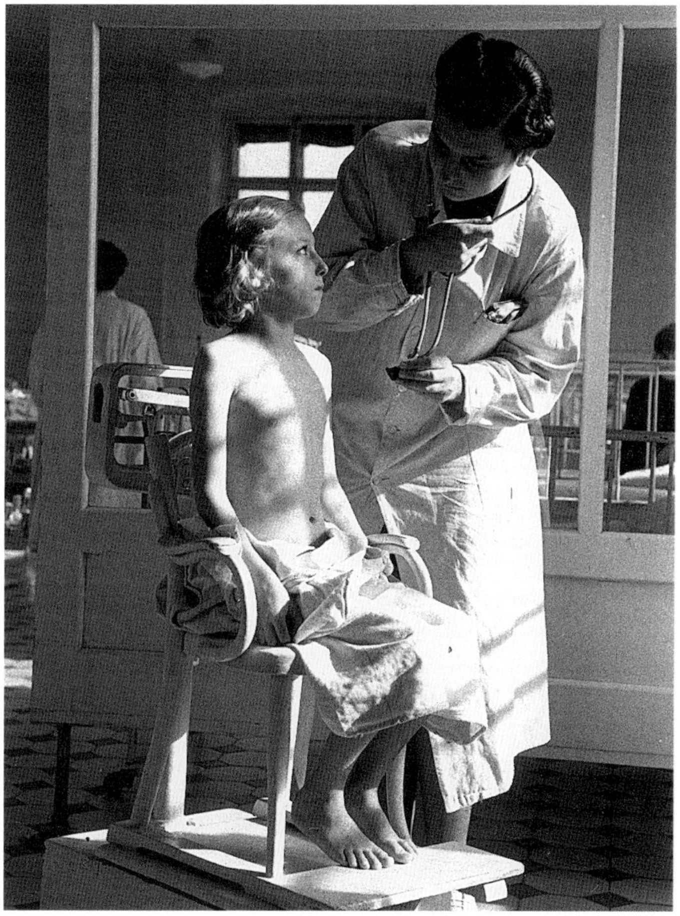

Ärztliche Untersuchung unterernährter Kinder, 1945/48
Kat. Nr. 5/71

Zusammenfassung

Obwohl Frauen die Bevölkerungsmehrheit in der Nachkriegszeit stellten[52], und ihre zur Überlebensarbeit erweiterte Hausarbeit die Basis für den Wiederaufbau bildete, konnten sich Fraueninteressen in der Nachkriegsgesellschaft auf der politischen Ebene nicht durchsetzen.[53] Weder die Bevölkerungsmehrheit, bald diskriminierend „Frauenüberschuß" genannt, noch die Erweiterung der Handlungskompetenzen in Erwerbs- und Hausarbeit wurden von Politikerinnen zur Durchsetzung von mehr Gleichberechtigung für Frauen genützt; aber auch die Anerkennung weiblicher und mütterlicher Werte, wie sie die Verfechterinnen der Geschlechterdifferenz einforderten, blieb aus.[54]

Die individuellen Lebenschancen in der „Versorgungsklassen-Gesellschaft" der

Schwarzhändler im Resselpark, 1945/48 Kat. Nr. 5/38

Nachkriegszeit waren sehr ungleich: zum einen durch unterschiedliche Zugangsmöglichkeiten zu Schwarz- und Tauschmarkt, auf dem die lebensnotwendige Ergänzung der offiziellen Rationen „organisiert" werden mußte, und zum anderen durch die ernährungspolitischen Maßnahmen der Alliierten und der österreichischen Ernährungsbürokratie. Ein wesentliches Kriterium der Analyse zur Auslotung dieser Ungleichheit während der Hunger- und Mangelzeit ist die Kategorie „Geschlecht".

1 Landesernährungsamt Wien (Hg.), Merkblatt für Betriebsführer über Lebensmittelzulagen für Arbeiter. Wien, November 1944, LEA Wien, A 5, Ordner 5, WStLA.

2 In der 71. Kartenperiode, 8. Jänner bis 4. Februar 1945 (für die 72. und 73. Kartenperiode fehlen wegen Plünderungen die Aufzeichnungen), gab es im nationalsozialistischen Groß-Wien 64.339 Schwerarbeiter, 3531 Schwerstarbeiter, 149.226 Lang- und Nachtarbeiter und 2937 gesundheitsgefährdete Arbeiter. Die Zulagen für Schwerarbeiter betrugen im März 1945 1400 g Fleisch, 5600 g Brot und 435 g Fett. Siehe: Statistisches Jahrbuch der Stadt Wien, 1943–1945, Wien 1948, S. 335 (Im Schreiben des Abteilungsleiters Kadawy an das Zentralernährungsamt, 4. Mai 1945, sind höhere Zahlen angegeben.), und Information über Schwer- und Schwerstarbeiter, 25. Mai 1945, gez. Werner, LEA Wien, A 5, Ordner 5.

[3] Diese Darstellung folgt dem Schreiben des LEA an Vizekanzler Adolf Schärf, 15. Jänner 1948, LEA Wien, A 5, Ordner 18. Schärf hatte um eine Darstellung der Versorgungssituation im April 1945 gebeten.

[4] Zur Tätigkeit der Bezirksernährungsämter und der Konflikte mit der zentralen Verwaltung vgl. Irene Bandhauer-Schöffmann/Ela Hornung, „Von der Trümmerfrau auf der Erbse". Ernährungssicherung und Überlebensarbeit in der unmittelbaren Nachkriegszeit in Wien. In: L'Homme, 2. Jg., Heft 2, 1991, S. 77–105.

[5] Zur kollektiven Erinnerung an diese „Maispende", die Plünderungen und das Zusammentreffen mit sowjetischen Soldaten vgl. Irene Bandhauer-Schöffmann/Ela Hornung, Der Topos des sowjetischen Soldaten in Lebensgeschichtlichen Interviews mit Frauen. In: Dokumentationsarchiv des österreichischen Widerstandes (Hg.), Jahrbuch 1995. Wien 1995, S. 28–44.

[6] Schreiben des LEA an Vizekanzler Adolf Schärf, 15. Jänner 1948, LEA Wien, A 5, Ordner 18.

[7] Die Verwaltung der Bundeshauptstadt Wien, vom 1. April 1945 bis 31. Dezember 1947. Wien 1949, S. 391ff.

[8] Einstufungsschema, 14. Juli 1945, LEA Wien, A 5, Ordner 5.

[9] Siehe das Informationsblatt des Zentralernährungamtes „Lebensmittelkarten nur für Arbeitswillige", 13. Juli 1945, LEA Wien, A 5, Ordner 18.

[10] Zu den Erzählungen über die vielfältigen Formen der Selbstversorgung, denen Frauen im Nachkriegs-Wien nachgingen, vgl. Irene Bandhauer-Schöffmann/Ela Hornung, Von Mythen und Trümmern. Oral History-Interviews mit Frauen zum Alltag im Nachkriegs-Wien. In: dies. (Hg.), Wiederaufbau weiblich. Dokumentation der Tagung „Frauen in der österreichischen und deutschen Nachkriegszeit", Salzburg – Wien 1992, S. 24–54.

[11] Dienstanweisung Nr. 18, 17. Juli 1945, LEA Wien, A 5, Ordner 5.

[12] Einstufungsschema festgelegt vom Versorgungskomitee der Vier Mächte, 20. September 1945, LEA Wien, A 5, Ordner 5.

[13] John H. Wall, Headquarters Vienna Area Command, US Forces in Austria, Civilian Supply Sub-Section an Stadtrat Fritsch, 27. September 1945, LEA Wien, A 5, Ordner 5.

[14] Schreiben des Magistratsdirektors an alle Dienststellen, 21. September 1945, LEA Wien, A 5, Ordner 5.

[15] Bericht über die Durchführung der Ausgabe von Zusatzkarten, gez. Werner, Zentralernährungsamt, 19. September 1945, LEA Wien, A 5, Ordner 5.

[16] Dienstanweisung Nr. 32, des ZEA, 15. Oktober 1945, LEA Wien, A 5, Ordner 5.

[17] Schreiben des Arbeiterreferates des Zentralernährungsamtes an den Amtsleiter Werner, 29. Oktober 1945, LEA Wien, A 5, Ordner 5.

[18] Schreiben des Arbeiterreferates des Zentralernährungsamtes an den Amtsleiter Werner, 29. Oktober 1945, LEA Wien, A 5, Ordner 5.

[19] Schreiben des Zentralernährungsamtes an das BMfVE, das Zentralgewerbeinspektorat und den Gewerkschaftsbund, 18. Jänner 1946, LEA Wien, A 5, Ordner 5.

[20] Schreiben des Stadtrates Fellinger an das Versorgungskomitee der Vier Mächte, Wien am 28. Jänner 1946, LEA Wien, A 5, Ordner 5.

[21] Aktenvermerk vom 31. Jänner 1946 über die erste Sitzung des Fachausschusses für die Behandlung von Ansuchen um Lebensmittel-Zusatzkarten, LEA Wien, A 5, Ordner 5.

[22] Aktenvermerk vom 31. Jänner 1946 über die erste Sitzung des Fachausschusses für die Behandlung von Ansuchen um Lebensmittel-Zusatzkarten, LEA Wien, A 5, Ordner 5.

[23] Zur 25. Sitzung des Prüfungsausschusses, 3. Februar 1949, LEA Wien, A 5, Ordner 5.

[24] Erlaß des BMfVE am 5. Dezember 1947, Zl. I/3-17984/47.

[25] Schreiben des BMfVE an Landesernährungsamt, ohne Datum (Jänner 1948), Zl. 30.693-2/48, LEA Wien, A 5, Ordner 5.

[26] Kammer für Arbeiter und Angestellte (Hg.), Wirtschafts- und sozialstatistisches Handbuch 1945–1969. Wien 1970, S. 448 ff.

[27] Als im Jahre 1950 auch Fleisch, Milch und Butter freigegeben wurden und nur mehr Speiseöl und Zucker bewirtschaftet wurden, war die Periode der Lebensmittelbewirtschaftung vorbei. Vgl. dazu: Erwin Strutzenberger, Die Bewirtschaftungsmaßnahmen nach dem Zweiten Weltkrieg im Ernährungsbereich. Dipl. Arb. Wien 1984; Hans Frenzel, Das tägliche Brot. Gesetze und Verordnungen für die österreichische Ernährungswirtschaft. Wien 1947.

[28] Roman Sandgruber, Vom Hunger zum Massenkonsum. In: Gerhard Jagschitz/Klaus-Dieter Mulley (Hg.), Die „wilden" fünfziger Jahre. Gesellschaft, Formen und Gefühle eines Jahrzehnts in Österreich. St. Pölten – Wien 1985, 112; Irene Bandhauer-Schöffmann/Ela Hornung, Von der Erbswurst zum Hawaiischnitzel. Geschlechtsspezifische Auswirkungen von Hungerkrise und „Freßwelle". In: Thomas Albrich/Klaus Eisterer/Michael Gehler/Rolf Steiniger (Hg.), Österreich in den Fünfzigern. Innsbruck 1995 (= Innsbrukker Forschungen zur Zeitgeschichte, Bd. 11), S. 11–34.

[29] Schreiben des BMfVE an das LEA Wien, 7. Dezember 1946, Zl. 1429/46, LEA Wien, A 5, Ordner 53.

[30] Monatsberichte des Instituts für Wirtschaftsforschung 10/12 (1946), S. 201.

[31] Schreiben des BMfVE an das LEA Wien, 7. Dezember 1946, Zl. 1429/46, LEA Wien, A 5, Ordner 53.

[32] Schreiben des BMfVE an LEA Wien, 27. November 1946, Zl. I/3-14532/46, LEA Wien, A 5, Ordner 53.

[33] Nadine Paunovic, Gerechtigkeit für die Hausfrauen. In: Kleines Volksblatt, 6. Dezember 1947.

[34] Stenographische Berichte über die öffentlichen Sitzungen des Wiener Gemeinderates, Sitzung vom 15. Juni 1946, S. 1211. WStLA.

[35] Stenographische Berichte über die öffentlichen Sitzungen des Wiener Gemeinderates, Sitzung vom 17. Dezember 1946, S. 2063ff. WStLA.

[36] Stenographische Berichte über die öffentlichen Sitzungen des Wiener Gemeinderates, Sitzung vom 22. Oktober 1946, S. 1581ff. WStLA.

[37] Dienstanweisung Nr. 12, 16. Februar 1948, LEA Wien, A 5, Ordner 5.

[38] Dienstanweisung Nr. 31, 20. Mai 1948, LEA Wien, A 5, Ordner 5.

[39] Dienstanweisung Nr. 43, 6. Juli 1948, LEA Wien, A 5, Ordner 5.

[40] BMfVE an LEA Wien, 4. September 1948, Zl. 42.714-3/48, LEA Wien, A 5, Ordner 53.

[41] Schreiben des BMfVE an LEA Wien, 10. Oktober 1949. LEA Wien, A 5, Ordner 5.

[42] Schreiben A. Werners an das BMfVE, 25. Februar 1948, LEA Wien, A 5, Ordner 5.

[43] Schreiben von Oberrat Werner, dem Leiter des LEA Wien, an den Stadtrat Jonas, 25. Juni 1948; Schreiben eines anonymen Angehörigen der Wiener Exekutive an den Ernährungsminister, 31. Jänner 1948, LEA Wien, A 5, Ordner 5.

[44] Die Bundesverwaltung der Bundeshauptstadt Wien 1. April 1945 bis 31. Dezember 1947. Verwaltungsbericht. Wien 1949, S. 363; Die Gemeindeverwaltung des Reichsgaues Wien vom 1. April 1940 bis 31. März 1945. Maschinschriftlicher Verwaltungsbericht, S. 393. WStLA.

[45] Nr. 1526, Erkenntnis vom 11. Februar 1947, Z.B. 12/46, in: Sammlung der Erkenntnisse und wichtigsten Beschlüsse des Verfassungsgerichtshofes, 12. Heft, Jahre 1946 und 1947, Wien 1948, S. 21 f.

[46] AdR, BMfVE, Karton 77, GZ I/3-669/47, Zl. 3462/46.

[47] Monatsberichte des Institutes für Wirtschaftsforschung 10/12, 1946, S. 207.

[48] Monatsberichte des Institutes für Wirtschaftsforschung 10/12, 1946, S. 200.

[49] Aktenvermerk, AdR, BMfVE, Karton 77, GZ I/3-3669/47.

[50] AdR, BMfVE, Protokoll über die 15. Sitzung des Ernährungsbeirates im BMfVE vom 2. Dezember 1947, Zl. 9306-10/48.

[51] Statistisches Jahrbuch der Stadt Wien 1950, S. 68.

Tabelle: Säuglingssterblichkeit in Wien

Auf 1000 Lebendgeborene entfielen gestorbene Säuglinge:

1946	77
1947	75
1948	72
1949	63
1950	57

[52] **Weibliche Bevölkerungsmehrheit in Wien, 1869–1950**

Auf 1000 Männer entfielen Frauen:

1869	1007
1880	1036
1890	1054
1900	1059
1910	1078
1923	1161
1934	1197
1939	1211
1945	1562*)
1946	1383
1947	1333
1948	1316
1949	1319
1950	1316

*) Von 1869 bis 1939 nach den Volkszählungsergebnissen. Von 1945 bis 1950 berechnet aufgrund des Standes der Lebensmittelkartenbesitzer jeweils Ende Dezember.

Quelle: Statistische Jahrbücher der Stadt Wien.

[53] Zur Frauenmacht in der Nachkriegszeit vgl. Irene Bandhauer-Schöffmann, Trümmerfrauen – Realität und Mythos. In: Karin Schmidtlechner (Hg.), Signale. Veröffentlichungen zur historischen und interdisziplinären Frauenforschung, Bd. 1. Graz 1994, S. 24–43.

[54] Zur politischen Kultur der Nachkriegszeit vgl. Ingrid Bauer, Von den Tugenden der Weiblichkeit. Zur geschlechtsspezifischen Arbeitsteilung in der politischen Kultur. In: Thomas Albrich u. a. (Hg.), Österreich in den Fünfzigern. Innsbruck 1995, S. 35–52; Erika Thurner, Die stabile Innenseite der Politik. Geschlechterbeziehungen und Rollenverhalten. In: Ebd., S. 53–66.

Sowjetischer Informationsoffizier beim Tanz, 1945/46
Kat. Nr. 6/32

VERGEWALTIGUNGEN ZWISCHEN MYTHOS UND REALITÄT

Wien und Niederösterreich im Jahr 1945

Marianne Baumgartner

Der Mythos in der Realität

Erzähltopos der Frauen: Die „Davonkommensgeschichten"

Frauen aus Wien und Niederösterreich, die über das Kriegsende und die unmittelbare Nachkriegszeit erzählen[1], kommen im allgemeinen sehr schnell auf die meist sehr angstvollen Begegnungen mit den Soldaten der Roten Armee zu sprechen. In ihren Erzählungen beschreiben sie die Rotarmisten oftmals als „brutal", „primitiv" und „unberechenbar". Der „Russe" durchstreift betrunken, plündernd und stets auf der Suche nach Frauen Haus, Hof, Straße und Gasse und verbreitet in seiner rassistischen Ausgestaltung als „Mongole", als „Asiate" Furcht und Schrecken unter den Frauen.

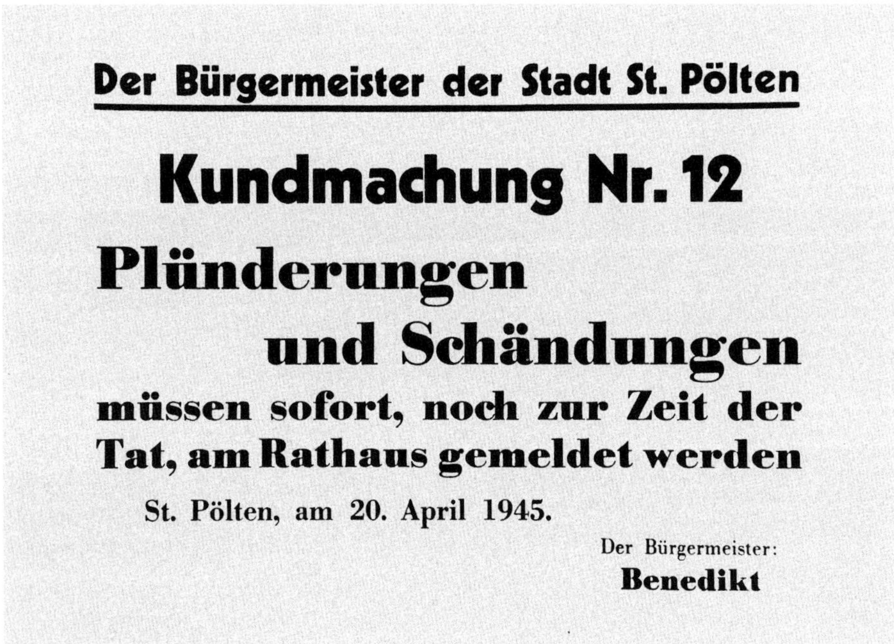
Der Bürgermeister der Stadt St. Pölten

Kundmachung Nr. 12

Plünderungen und Schändungen müssen sofort, noch zur Zeit der Tat, am Rathaus gemeldet werden

St. Pölten, am 20. April 1945.

Der Bürgermeister:
Benedikt

Kundmachung des Bürgermeisters der Stadt St. Pölten

Mit der vorherrschenden Erzählfigur des plündernden und vergewaltigenden Russen eng verbunden sind die „Davonkommensgeschichten". Dies sind Geschichten, in denen Frauen erzählen, wie sie aus bedrängenden Situationen mit Besatzungssoldaten entkommen konnten. Am Beginn der Geschichten steht meist die Schilderung der Angst und Panik vor den heranrückenden Truppen der Roten Armee. In den ersten Tagen und Wochen hielten Frauen und Mädchen sich oft tage- und nächtelang in den Kellern, Dachböden, aber auch in den Weingärten, Wäldern und Bergen der Umgebung verborgen. In der Gruppe von vielen zu sein, galt unter den Frauen als der wirksamste Schutz vor Vergewaltigung. Vielfach waren dies kollektive, von Hausgemeinschaften oder am Land auch von einer Dorfgemeinschaft initiierte Aktionen. Diese Notgemeinschaften erfüllten für jene Frauen, die unmittelbar nach der Besetzung vergewaltigt worden waren, auch die Funktion, den ersten Schock zu überwinden, indem sie anderen davon erzählten.

Das Auftauchen von Rotarmisten wurde von den Frauen mit einer drohenden Vergewaltigung assoziiert; sie begannen zu laufen, versuchten sich zu verstecken. In der Annahme, daß nur die jungen, hübschen Mädchen und Frauen vergewaltigt würden, bemühten sie sich möglichst häßlich, alt und abstoßend zu wirken. Sie schmierten sich Marmelade ins

Gesicht, um einen ansteckenden Ausschlag vorzutäuschen („Powidlkrankheit"), schützten von den russischen Soldaten gefürchtete Infektionskrankheiten wie Tuberkulose oder Syphilis vor oder nutzten die Scheu der Soldaten vor menstruierenden Frauen, indem sie rote Farbe an Wäsche und Körper anbrachten. Einige versuchten sich mit Kindern zu umgeben, um die sprichwörtliche Kinderliebe der Russen anzusprechen. Als besonders wirksam wurde die Kenntnis einer slawischen Sprache geschildert: *Wenn ma mit ihnen hat reden können, war's schon anders.*

Am Ende der Geschichte steht immer der glückliche Ausgang: Letztlich hatten sich die Frauen mit Anstrengung, Einfallsreichtum und Geschicklichkeit aus der gefährlichen Situation retten können. Kennzeichnend für die vielfältigen Erzählungen über die Begegnungen mit den Russen ist die Aussage der meisten Erzählerinnen, daß sie selbst keinesfalls Opfer einer Vergewaltigung geworden seien; nur wenige Frauen erzählen über eine eigene Erfahrung mit Vergewaltigung.[2]

Das „Vergewaltigungssyndrom"

Die „Davonkommensgeschichten" der Frauen stehen gegen die – im kollektiven Gedächtnis der ÖsterreicherInnen auch heute noch präsenten und abrufbaren – „Massenvergewaltigungen", die ausschließlich den Sowjettruppen zugeordnet werden. Auch in historischen und heimatkundlichen Arbeiten ist zu lesen, daß im Zuge der Kriegsereignisse und in der unmittelbaren Nachkriegszeit eine überaus große Anzahl von Frauen den sexuellen Übergriffen der Rotarmisten ausgesetzt war.

Wahrscheinlich von 5 russischen Soldaten in den Wiener Praterauen vergewaltigtes und ermordetes 16jähriges Mädchen, 3. Jänner 1946 Kat. Nr. 6/42

Im allgemeinen werden die von den Sowjettruppen verübten Vergewaltigungen nicht nur wegen ihrer „Massenhaftigkeit", sondern auch wegen der „unmenschlichen" Brutalität und Grausamkeit, die diese dabei an den Tag gelegt hätten, als „einzigartige Ausschreitung" bewertet, die weder den anderen alliierten Besatzungsarmeen, noch der Deutschen Wehrmacht vorgeworfen werden könnten. Im Mittelpunkt des Interesses stehen hierbei die angenommenen sowie unterstellten Ursachen und Motive für die sexuellen Übergriffe: Rache, eine beispielslose Disziplinlosigkeit, Trunksucht und die der Masse der Roten Armee eigene „Primitivität", die sich auch in der „asiatischen Grausamkeit" zeige. Letztlich werden die sexuellen Übergriffe zum unwiderlegbaren Indiz für die von den Nationalsozialisten propagierte nationale und rassische Minderwertigkeit des sowjetischen Besatzungselements herangezogen: *This people will never forget what the Red Army did to our women. The present feeling of the simple people that the Russians are „Untermenschen" will last as long as this generation lives*, beschrieb schon im Sommer 1945 der Historiker Hugo Hantsch, der das Kriegsende im Weinviertel erlebte, einem amerikanischen Berichterstatter die Gefühle der Dorfbewohner.[3]

In diesen in der österreichischen Gesellschaft weitverbreiteten und zählebigen Geschichtsstereotypen lassen sich jene, das Nachkriegsbewußtsein bestimmenden Ideologietraditionen nachweisen, für die die deutsche Historikerin Ingrid Schmidt-Harzbach den Begriff „Vergewaltigungssyndrom" prägte: Vor dem Hintergrund des realen Schreckens der Vergewaltigungen verdichteten sich zum einen alte patriarchale Denkmuster, nach denen die Frauen den Siegern als Beute zustehen oder aus Vergeltung vergewaltigt werden, zum anderen die durch den Nationalsozialismus spezifisch geprägten rassistischen Vorstellungen vom „tierischen, geilen Untermenschen mit Mongolenfratze" und zum dritten die Angst vor dem Bolschewismus zu einem gesellschaftlichen Krankheitsbild. Dieses wurde letztlich zum „Kristallisationspunkt des politischen Bewußtseins".[4]

Wiewohl sich immer wieder HistorikerInnen mit kritischen Stimmen meldeten und solcherart Geschichtsbildern wissenschaftliche Objektivität über das sowjetische Besatzungselement entgegenzusetzen versuchten, blieben auch ihre Ergebnisse – wenn auch mit umgekehrten Vorzeichen – im Bannkreis des „Vergewaltigungssyndroms": Den Propagandarezeptionen von der „Massenvergewaltigung" setzten sie die „normale" Brutalität und Verrohung des Krieges, die die Rote Armee nicht überschritten hätte, entgegen.[5]

Welchen Sinn aber schafft diese Aufrechnung: hier „einzigartige Ausschreitung" – da „normale" Brutalität des Krieges? Aus einer Sicht, die die betroffenen Frauen zum Mittelpunkt hat, läßt sich erlittene Gewalt nicht aufrechnen. Jede Vergewaltigung ist ein Gewaltakt, der seine Bedeutung nicht erst durch die Zahl anderer Frauen, die gleichzeitig vergewaltigt wurden, gewinnt.

In der Nachkriegsgeschichte wurden die Vergewaltigungen im öffentlich-historischen Kontext fast ausschließlich im Sinne patriarchaler Standpunkte und Sichtweisen abgehandelt. Im „Vergewaltigungssyndrom" steht nicht das Problem der sexuellen Gewalt mit all ihren Folgen für die Frauen im Zentrum der Aufmerksamkeit; diese Art der ideologischen Aufarbeitung begründet sich nicht aus einer Solidarität mit den vergewaltigten Frauen. Herausgelöst aus dem unmittelbaren historischen Kontext des von Nazideutschland ausgehenden Krieges geht es hierbei stets um die Bewertung der Täter, die das Eigentum Frau „geschändet", d. h. entwertet haben.

Charakteristisch für die Thematik der Nachkriegsvergewaltigungen ist, daß die Opfer der sexuellen Gewalttaten selbst kaum darüber sprechen. Während sich die Kriegsteilnehmer für die Bewältigung ihrer traumatischen Kriegserfahrungen in Veteranenvereinen, Kameradschaftsbünden, in Literatur und Film Öffentlichkeit geschaffen haben, konnten Frauen im allgemeinen ihre Erfahrungen auch im privaten Bereich der Familie kaum bearbeiten. Frauen, die sich bereit finden, über eine eigene Vergewaltigung zu erzählen, berichten, daß sie im allgemeinen mit niemandem darüber sprechen konnten: „Das war damals kein Thema."

Die Logik der „Davonkommensgeschichten"

Im Kontext der Rezeptionsgeschichte der österreichischen Nachkriegs- und Besatzungszeit finden sich Frauen hauptsächlich unter zwei Aspekten: Zum einen in ihrer Rolle als williges „Chocolate-girl", das den materiellen Verlockungen der amerikanischen GI's verfallen war, zum anderen als hilfloses Opfer von Vergewaltigungen blindwütiger Rotarmisten.

Vor dem Hintergrund dieser stereotypen Festlegungen lassen sich die „Davonkommensgeschichten" der Frauen durchaus in einem widerständigen Sinn interpretieren. In diesen Erfahrungsberichten steckt auch eine Absage an die Rolle des passiven, hilflosen Opfers. In ihren Erzählungen stellen sich die Frauen stets als die Handelnden der Geschichte dar, die die Fäden ihres Überlebens fest in den eigenen Händen behielten. Vor ihrer Stärke, Standhaftigkeit und Klugheit mußte der übermächtige, bewaffnete Angreifer letztlich kapitulieren. Mitunter wandelte sich in der Retrospektive eine „Horde" wilder, betrunkener und bedrohlicher „Russen" zu jenen gutmütigen und tolpatschigen Stoffeln, die ihre Arme mit gestohlenen Uhren geschmückt hatten; Fahrräder stahlen, aber nicht damit fahren konnten.

Die Geschichten der Frauen über das jeweils eigene „Davonkommen" sind aber auch vor dem Hintergrund der rigiden patriarchalen Normen dieser Zeit zu messen. Um ihr soziales Überleben abzusichern, hatten Frauen stets auch die gesellschaftlichen Vorurteile und Stereotypen, die mit den Fragen der sexuellen Gewalt und ihren Folgen verbunden sind, mitzubedenken. In ihren Geschichten kommt aber nicht nur die begründete Angst vor einer Veröffentlichung einer eigenen Vergewaltigung zum Ausdruck, sondern auch das verinnerlichte patriarchale Vorurteil, daß Frauen an ihrer Vergewaltigung mitverantwortlich und mitschuldig sind. Insofern geraten sie unter einen Rechtfertigungszwang. Mit ihren Geschichten sagen sie: *Seht her, ich habe mir nichts vorzuwerfen, ich bin schnell genug gerannt, habe mich gut genug versteckt, war klug genug.* Gleichzeitig aber liegt in der Umkehrung dieser Beteuerungen auch die Stigmatisierung: jene Frauen, die vergewaltigt wurden, sind möglicherweise *nicht schnell genug gerannt, haben sich nicht gut genug versteckt*, etc.

GL: Und so haben's Ihna nix tan, die Russen?

Frau Thaler: A ja, wenn ma net g'rennt gnua is, hätt'ns a sicher tan. Ganz schen hätt'ns passt. Do hätt'n, glaub i, a drei glei paßt. Oamoi san ma knapp drang'west, i und d'Hausfrau. Und hob i g'sagt: „I muaß zu mein kloan Mensch schauen." De is eh schon groß g'west, groß net, oawa schon hoilt –. Hab i g'sogt, „I muaß zu mein kloan Kind schaun!" Sogt Hausfrau: „Loß mi net alloan!" I hob ma denkt, „i kann dir net hölfen, wannst sölber koa Ausred find'st!" I hob g'sogt: „Des kann i vor mein Mann net verantwort'n, daß i da bleib!"

Die Realität im Mythos

Über Zahlen und Quoten

Die Nachkriegsvergewaltigungen fünfzig Jahre später in exakte Quantitäten zu fassen, erweist sich anhand der Quellenlage recht schwierig. Zum einen liegen infolge der

Kriegsereignisse für die ersten Wochen der Besatzung kaum Aufzeichnungen vor, zum anderen wurden viele Dokumente vernichtet oder befinden sich im privaten Besitz. Darüber hinaus weisen jene Quellen, die direkt oder indirekt quantitative Angaben enthalten, häufig widersprüchliche und unvollständige Daten auf.

Für das Jahr 1945 verzeichneten alle Gesundheitsämter in den sowjetisch besetzten Bezirken einen signifikanten Anstieg der Geschlechtskrankheiten. Vor allem die Gonorrhöe (Tripper) hatte ein „seuchenhaftes" Ausmaß angenommen; dagegen erhöhten sich die Ansteckungen mit Lues vergleichsweise geringer und mit einer zeitlichen Verzögerung. Wie aus Statistiken, die ab Juni 1945 von allen Gesundheitsämtern Wiens und Niederösterreichs angelegt wurden, hervorgeht, waren vor allem Frauen im hohen Maße von Ansteckung mit diesen Geschlechtskrankheiten betroffen. Eine im gesamtösterreichischen Kontext überproportionale Erhöhung verzeichnen die niederösterreichischen Gesundheitsbehörden: von den 1945 für das Bundesgebiet mit rund 70.000 bezifferten Fällen von Gonorrhöe meldet allein das Land Niederösterreich rund 47.000 Neuzugänge.[6]

Im Vergleich zu Niederösterreich liegen für den Wiener Bereich nur sehr unvollständige Berichte vor, doch dürfte die Situation in Wien ähnlich dramatisch gewesen sein. Ein vom Leiter des Wiener Gesundheitsamtes, Dr. Friedländer, angefertigter Vergleich zwischen den beiden Berichtsjahren 1944 und 1945 zeigt deutliche Parallelen zu den niederösterreichischen Verhältnissen (siehe Abbildungen). Auch in Wien stellten Frauen den weitaus größten Anteil an den von diesen Stellen gemeldeten Erkrankten: „Während vor Kriegsbeginn maximal ein Fünftel bis ein Viertel der mit den genannten Geschlechtskrankheiten Infizierten Frauen gewesen waren, waren in der Nachkriegszeit mehr als 60 Prozent der Betroffenen weiblich."[7]

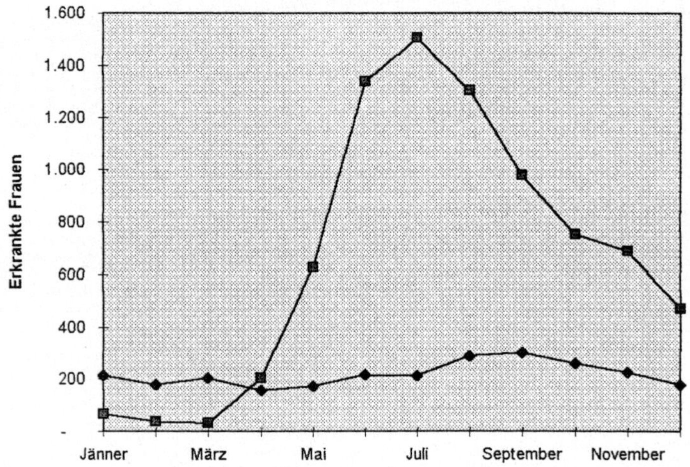

Vergleich der weiblichen Geschlechtskrankheiten aus einigen Wiener Beratungsstellen für Geschlechtskranke 1944/1945: Gonorrhöe

Geschlechtskrankheiten und Vergewaltigung

Der enge Zusammenhang zwischen der hohen Zahl venerischer Infektionen unter Frauen mit dem Ausmaß von Vergewaltigungen ergibt sich zum einen aus der zeitlichen Analyse der Ansteckungen: Der rapide Anstieg der Geschlechtskrankheiten erfolgte unmittelbar in den ersten vier Monaten der Besetzung. Zum anderen geht dieser Zusammenhang aus den vielen ärztlichen Berichten hervor, die sich auf Aussagen der Frauen beziehen und die neben Geschlechtskrankheiten auch häufig Schwangerschaften, Verletzungen und Schockzustände diagnostizierten; Eintragungen in Wiener Spitalsbücher verzeichneten rund 80.000 vergewaltigte Wienerinnen und Niederösterreicherinnen, die hauptsächlich wegen ge-

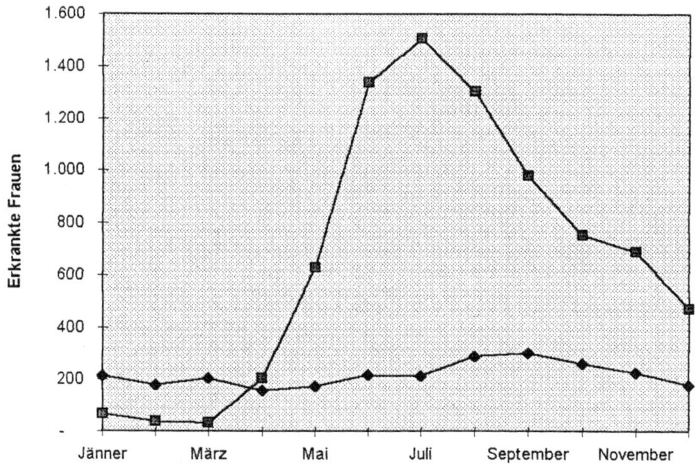

Vergleich der weiblichen Geschlechtskrankheiten aus einigen Wiener Beratungsstellen für Geschlechtskranke 1944/1945: Lues

sundheitlichen Folgewirkungen die Spitäler aufsuchten. Es wird aber geschätzt, daß eine doppelt so hohe Zahl von Fällen keine ärztliche Hilfe in Anspruch nahm. Aus Berichten niederösterreichischer Krankenhäuser und Ärzte geht hervor, daß von den Mädchen und Frauen, die aufgrund einer Vergewaltigung ärztliche Hilfe in Anspruch nahmen, rund ein Drittel mit Geschlechtskrankheiten infiziert waren.

Probleme und Aspekte bei der quantitativen Bestimmung von Vergewaltigung

Dunkelziffern und Chaos

Quantitative Schlüsse, die sich aus der Häufigkeit von Geschlechtskrankheiten für das Ausmaß von Vergewaltigungen ziehen lassen[7], können letztlich nur als bedingtes Richtmaß für die Häufigkeit von Vergewaltigungen herangezogen werden. Erfahrungsgemäß liegen im tabuisierten Bereich der Sexualität die Dunkelziffern besonders hoch. Es ist anzunehmen, daß sich Frauen auch nach einer Vergewaltigung beziehungsweise nach einer Ansteckung nicht in ärztliche Behandlung begaben. Gründe dafür lassen sich viele aufzählen: Zum einen standen den Frauen besonders in den ersten Wochen nicht immer und überall ein Arzt, ein Krankenhaus oder eine Beratungsstelle des Gesundheitsamtes zur Verfügung. Viele Ärzte waren geflohen, entsprechende medizinische Einrichtungen zerstört; viele Wiener Bezirksgesundheitsämter hatten neben der Reorganisierung der Verwaltung in den ersten Monaten nach dem Krieg eine Fülle von hygienischen und seuchenprophylaktischen Aufgaben zu bewältigen: Menschen- und Tierleichen waren nur notdürftig bestattet worden, die Wasserversorgung und Kanalisation funktionierten nicht; eine ausgedehnte Typhus- und Ruhrepidemie war die Folge, etc. Um medizinische Hilfe zu erhalten, mußten besonders Frauen aus ländlichen Gegenden oft weite Fußmärsche über unsichere Straßen zurücklegen; aber auch der Bevölkerung Wiens stand bis zum Herbst 1945 nur ein rudimentäres Straßenbahnnetz zur Verfügung. Gewiß aber hielten auch Scham und/oder Unkenntnis Mädchen und Frauen davon ab, einen Arzt oder das Krankenhaus aufzusuchen, und nicht selten nahmen sich Frauen angesichts des schwierigen Lebensalltags hiezu keine Zeit.

Der russische Liebhaber und Beschützer

Im Zusammenhang zwischen dem Ausmaß von Vergewaltigung und Zunahme der Geschlechtskrankheiten ist weiters zu berücksichtigen, daß natürlich nicht alle venerischen Infektionen von einer Vergewaltigung stammten, denn wie in den anderen Besatzungszonen, spielten auch in der sowjetischen Überlebensprostitution und Liebesverhältnisse mit den, von Frauen durchaus auch als attraktiv und liebenswürdig beschriebenen Soldaten der Roten Armee eine oft unterschätzte Rolle; diese Seiten der Begegnung von Frauen und sowjetischen Besatzungssoldaten blieben im Nachkriegsbewußtsein weitgehend tabuisiert. Frauen, die mit sowjetischen Soldaten verkehrten, zogen meist sehr schnell die allgemeine Mißbilligung ihrer Umgebung auf sich, mitunter wurden Frauen bei der Fürsorge- oder Gesundheitsbehörde angezeigt. Dies hatte meist eine zwangsweise Untersuchung auf Geschlechtskrankheiten und manchmal auch, wie im Falle einer Wienerin aus Erdberg, den Entzug des Sorgerechts für ihr Kind wegen zweifelhafter Lebensführung zur Folge.

Die Freiwilligkeit sexueller Kontakte von Frauen mit den sowjetischen Besatzern hat – wenn auch nur andeutungsweise – in den Erzählungen der Frauen über das eigene „Davonkommen" Bedeutung: Manche Frauen gingen lieber ein freiwilliges Verhältnis mit einem Soldaten ihrer Wahl ein, als sich permanent der Bedrohung einer Vergewaltigung auszusetzen. Mit dieser Strategie versuchten Frauen sich das patriarchalische Besitzprinzip zunutze zu machen: Eine Frau, die von einem (ranghöheren) Mann beschützt wird, wird für andere Männer unantastbar. Die Figur des russischen Beschützers bleibt allerdings fest im Erzähltopos des Davonkommens eingebunden. Eine freiwillige sexuelle Beziehung zu den Besatzern, aus welchen Gründen immer, wurde auch von den meisten erzählenden Frauen in den Bereich von Leichtfertigkeit und Prostitution gerückt.

„Männer in russischer Uniform" und falsche Kriminalbeamte

Es waren zudem nicht nur Rotarmisten, die vergewaltigten. So werden in niederösterreichischen Chroniken und Berichten befreite Zwangsarbeiter als Vergewaltiger der Frauen genannt, und aus anderen Quellen geht hervor, daß auch österreichische Männer, die oftmals in russischer Uniform oder als Kriminalbeamte[9] auftraten, die zweifelhafte Gunst der Stunde nutzten. Letztlich hatten auch die westlichen Besatzungstruppen, die im Spätsommer 1945 endgültig in Wien einzogen, ihren Anteil an den Vergewaltigungen des Jahres 1945.

Betroffenheit der Frauen und Folgen

Die Statistiken und Erhebungen der Gesundheitsbehörden im Kontext der Geschlechtskrankheiten lassen bisweilen die dahinter verborgenen Tragödien ahnen, wenn beispielsweise das Krankenhaus Melk die Aufnahme einer Frau mit ihren drei Kindern – alle mit Gonorrhöe angesteckt – meldet oder wenn aus denselben Aufzeichnungen hervorgeht, daß es sich bei den Patientinnen in mehreren Fällen um Schwestern oder Mutter und Töchter handelte.

Frauen wurden an allen Orten vergewaltigt: „Männer in russischer Uniform" drangen in die Verstecke der Frauen, in die Wohnungen und Häuser ein, attackierten Frauen auf offener Straße, zerrten sie in die Häuserruinen, in einen Straßengraben. Frauen wurden in Eisenbahnzügen vergewaltigt, auch eine Rollfähre über die Donau wurde als Tatort angegeben. Mädchen und Frauen wurden in die Autos gezwungen und in die Quartiere der Soldaten gebracht. Ein Bericht handelt sogar von einem Polizeikommissariat in Wien, aus dem ein junges Mädchen von einem sowjetischen Major entführt wurde.[10] Vielfach wurden Frauen im Beisein ihrer Ehemänner und Kinder, junge Mädchen vor den Augen ihrer Eltern vergewaltigt.

Von sexuellen Übergriffen waren Frauen jeden Alters betroffen: So wird in ärztlichen Anzeigen beispielsweise über ein neunjähriges Mädchen, das schwere innere Verletzungen aufwies, berichtet, über eine 64jährige Rentnerin, die infolge des „ausgestandenen Schreckens" bettlägrig geworden war, und über ein 18jähriges Mädchen, dessen psychisches Verhalten dem Trauma einer Vergewaltigung entsprach.

Nicht nur die österreichischen Frauen waren Opfer von Vergewaltigungen. Neben den vielen Flüchtlingsfrauen wurden immer wieder auch die befreiten Zwangsarbeiterinnen zum Opfer der sexuellen Gewalt.

Der Umgang mit Geschlechtskrankheiten

Für die vielen geschlechtskranken Frauen waren besonders die ersten Monate der Besatzungszeit äußerst unangenehm. Eine medizinische Versorgung konnte zum Teil aus Ärztemangel, zum Teil aus Mangel an geeigneten Medikamenten nicht immer sachgerecht erfolgen. Penicillin war in der sowjetisch besetzten Zone so gut wie nicht zu bekommen und wurde zudem für die Behandlung anderer Krankheiten dringend benötigt. Aber auch alternative Mittel wie wirksame Sulfonomidpräparate standen den Ärzten kaum zur Verfügung; bei vielen Frauen nahm die Krankheit einen chronischen Verlauf. Die mit der Situation oft vollkommen überforderten Ärzte überwiesen die Patientinnen in die größeren Krankenhäuser, die ihrerseits meist schon mit den Verwundeten des Krieges, den Opfern der schweren Ruhr-, Fleckfieber- und Typhusepidemien überfüllt waren. Einige Bezirke errichteten eigene Krankenabteilungen und Notspitäler, um die geschlechtskranken Frauen aufnehmen zu können. Die Behandlung dauerte mitunter viele Monate lang und die Krankheit konnte trotz langwieriger medizinischer Prozeduren oft nicht geheilt werden. Relativ hoch war die Anzahl der Frauen, die eine Behandlung abbrachen und mit positiven Befunden das Krankenhaus verließen, weil zu Hause schließlich Kinder und Arbeit auf sie warteten.

Um der gehäuft auftretenden Geschlechtskrankheiten raschest Herr zu werden, ergriffen die Behörden energische Maßnahmen. Schon im Juni 1945 erließ das Sanitätsdepartement des provisorischen Landesausschusses NÖ eine Anordnung an die Bezirkshauptmannschaften, alle übertragbaren Geschlechtskrankheiten „wöchentlich, ziffernmäßig getrennt nach Männern und Frauen und nach Krankheiten" zu melden. Im August 1945 wurde von derselben Landesstelle den Bürgermeistern aufgetragen, durch Anschläge an geeigneter Stelle den Frauen bekanntzugeben, daß sie sich nach einem erzwungenen Geschlechtsverkehr unbedingt einer ärztlichen Untersuchung zu unterziehen hätten. Eine Unterlassung der Meldung war mit einer (allerdings nicht näher bezeichneten) Strafe bedroht.

Auch die sowjetische Besatzungsmacht drängte immer wieder auf wirksame Maßnahmen gegen die Geschlechtskrankheiten. Für viele Bezirke Wiens und Niederösterreichs verlangten Kommandanten die generelle Untersuchung aller Frauen zwischen fünfzehn und vierzig Jahren.

Im allgemeinen wurden diese Anordnungen von seiten der Bezirksämter empört weitergemeldet und hatten meist die Intervention höchster Politiker und Beamter bei der Verwaltung der sowjetischen Militärkommandantur zur Folge: Das generelle Hinaufzwingen von

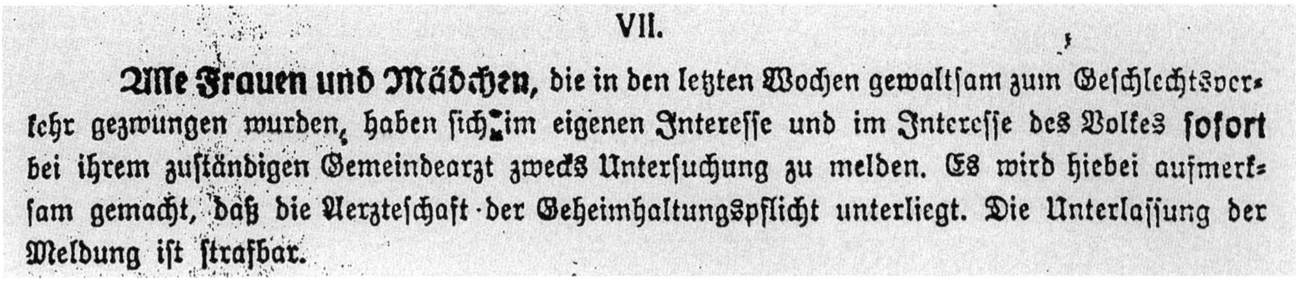
VII.

Alle Frauen und Mädchen, die in den letzten Wochen gewaltsam zum Geschlechtsverkehr gezwungen wurden, haben sich im eigenen Interesse und im Interesse des Volkes sofort bei ihrem zuständigen Gemeindearzt zwecks Untersuchung zu melden. Es wird hiebei aufmerksam gemacht, daß die Aerzteschaft der Geheimhaltungspflicht unterliegt. Die Unterlassung der Meldung ist strafbar.

Kundmachung der Bezirkshauptmannschaft Scheibbs, 12. Juni 1945

Frauen auf den gynäkologischen Stuhl entspräche nicht dem hiesigen „staatsgrundgesetzlichen Recht auf Menschenwürde“. Man sei sich des Problems der Geschlechtskrankheiten ohnehin bewußt, und seitens der österreichischen Regierung wäre der Kampf gegen die Geschlechtskrankheiten schon mit Nachdruck aufgenommen worden: Ein Gesetz zur Verhütung und Bekämpfung übertragbarer Geschlechtskrankheiten sei erlassen worden, das seitens der Alliierten Kommission gebilligt worden wäre; Merkblätter für Geschlechtskranke sowie für Ärzte seien ausgearbeitet und für die Behandlung erforderliche Medikamente sichergestellt worden. Darüber hinaus habe man die Überwachung der Prostitution besonders in Wien aktiviert.

In der Generalkommandantur verwies man meist auf übereifrige Kommandanten, die aber die Gesundheit der Truppe zu verantworten hätten – man möge verstehen. Die sowjetischen Besatzungsbehörden versicherten jedoch den österreichischen Beschwerdeführern, daß an Zwangsuntersuchung nicht gedacht werde. Allerdings sei man in größter Sorge über das hohe Ausmaß der Geschlechtskrankheiten bei den österreichischen Frauen. Die sowjetische Forderung nach Zwangsuntersuchungen von Frauen wurde dennoch in verschiedenen Varianten immer wieder laut.

Während für die Wiener Bezirke die Zwangsuntersuchungen, wenn auch nur mit Mühe, abgewendet werden konnten, wurden sie in mehreren niederösterreichischen Bezirken, Gemeinden und Ortschaften – mit Juni 1945 beginnend – durchgeführt.

Die Auseinandersetzungen zwischen den Besatzungsbehörden und den österreichischen Beamten und Politikern über die „seuchenhafte Ausbreitung“ der Geschlechtskrankheiten bei den Frauen zogen sich noch über lange Zeit hin und legen die rigiden patriarchalen Einstellungen der daran Beteiligten bloß: Sehr schnell wurden kranke Frauen in die Nähe von Prostitution gerückt und die gesetzlichen und prophylaktischen Konzepte und Maßnahmen zur Bewältigung der „Seuche“ gingen immer zu Lasten der Frauen und lauteten: anzeigen,

Das Problem der unerwünschten Schwangerschaften

In einer oft verzweifelten Situation befanden sich Frauen, die nach einer Vergewaltigung eine Schwangerschaft feststellen mußten. Ärzte fragten immer wieder bei den Sanitätsbehörden an, was in diesem Falle zu tun sei, denn die Frauen bestürmten sie um Hilfe. Ein Gerücht über ein neues Gesetz, das „die Unterbrechung von durch russisches Militär verursachten Schwangerschaften" gestattete, hatte sich unter den Frauen in Windeseile verbreitet. Dieses Gerücht bezog sich möglicherweise auf das im März 1945 vom Reichsminister des Inneren erlassene Gesetz „über die Unterbrechung von Schwangerschaften nach einer Vergewaltigung durch Angehörige der Sowjetarmee".

Die Ärzte beklagten jedenfalls die herrschende Rechtsunsicherheit in dieser Frage und verlangten Weisungen von höherer Stelle. Aus anderen Dokumenten und Erinnerungsberichten geht hervor, daß besonders in den ersten Nachkriegsmonaten Ärzte und Krankenhäuser meist auf eigene Verantwortung, oder in einigen niederösterreichischen Städten mit der Zustimmung des Bürgermeisters, Schwangerschaftsunterbrechungen vornahmen.

Die Rechtsgrundlage der Abbrüche stellt sich tatsächlich reichlich verworren dar: Zwar war der § 144 der Strafgesetzordnung im Juni 1945 wieder in Kraft getreten, nach dem Schwangerschaftsabbrüche prinzipiell verboten waren, doch ließen nicht genauer definierte Durchführungsbestimmungen eine gesetzliche Grauzone entstehen. Das Problem der von den Frauen verlangten Schwangerschaftsabbrüche dürfte so groß gewesen sein, daß eine sofortige Regelung seitens der Behörden erforderlich war. In einer Enquete im Juli 1945 von Wiener Klinikvorständen und der Ärztekammer mit Vertretern aus Politik und Verwaltung wurde letztlich festgelegt, „daß es zwar keine offizielle Erlaubnis für die Abbrüche geben könne, daß die Behörden aber nichts unternehmen würden". Auch die katholische Kirche hätte zu diesem Zeitpunkt verständnisvoll geschwiegen.[12]

Gleichwohl die Freigabe des bei Vergewaltigungen indizierten Schwangerschaftsabbruchs eine für die betroffenen Frauen sehr wirksame und hilfreiche Maßnahme darstellte, wurde diese in einer gesetzlichen Grauzone durchgeführt, die letztlich für die Beteiligten undurchschaubar blieb.[13] Für den niederösterreichischen Bereich steht fest, daß sich die behördliche Mitwirkung an den Schwangerschaftsabbrüchen keineswegs nur darauf beschränkte, nichts gegen Ärzte und Spitäler zu unternehmen. Im Zusammenspiel von anzeigepflichtigen Ärzten und der Polizei, bzw. Gendarmerie wurden die vergewaltigten Frauen von den Gesundheitsbehörden erfaßt sowie registriert; letztlich entschied der Amtsarzt und Vertreter der Ärztekammer darüber, ob eine Unterbrechung der Schwangerschaft zu genehmigen sei.

Viele Faktoren weisen darauf hin, daß hinter dieser „kriegsbedingten" Suspendierung des Abtreibungsverbotes in der sowjetisch besetzten Zone auch andere Motive als das „berechtigte Verlangen der Frauen" wirksam waren. So ist es sicherlich kein Zufall, daß die behördliche Vorgangsweise zum Schwangerschaftsabbruch in einzelnen Punkten den Durchführungsbestimmungen des nationalsozialistischen Erlasses vom März 1945 entspricht.

Frau Schauer ist eine der wenigen Frauen, die über eine eigene Vergewaltigung berichten. Auch sie mußte sich mit einer ungewollten Schwangerschaft auseinandersetzen. Ihre Erfahrungen mit den Behörden bestätigen die Vermutung, daß diese eher die Verhinderung von unerwünschten „Russenkindern" im Auge hatten, als die Situation der einzelnen Frauen. Die tiefreligiöse Frau wurde zur Schwangerschaftsunterbrechung vorgemerkt, ohne um Einwilligung gefragt worden zu sein: *De hätt'n des ganz einfach wegg'macht.*

Auch für die Frage der aus „kriegsbedingten" Vergewaltigungen stammenden Kinder gab es für Wien und Niederösterreich keine direkten und verbindlichen Richtlinien. Letztlich trugen Frauen, die sich entschieden, ihr Kind auf die Welt zu bringen, allein die Verantwortung.

[1] Bei den Erzählungen der Frauen handelt es sich um Oral-History-Quellen, die im Zuge des Projekts „Erzählte Lebensgeschichte – Frauen in Niederösterreich" erarbeitet wurden. Dieses Projekt wurde 1987–1990 in vielen Orten und Städten des Most- und Waldviertels durchgeführt. Beteiligt waren daran über 200 Frauen aus allen sozialen Schichten, die zur Zeit der Befragung zwischen 60 und 90 Jahre alt waren. Dazu ausführlich: Marianne Baumgartner, Jo des waren harte Zeiten. Das Kriegsende und die Nachkriegszeit in den lebensgeschichtlichen Erzählungen von Frauen aus dem Mostviertel. Frankfurt/Main – Zürich – Wien – New York 1994.

[2] Zum Beispiel fand sich in den Mostviertler Erzählrunden (ca. 100 Frauen) nur eine einzige Frau, die dezidiert von der eigenen Vergewaltigung berichtete.

[3] Oliver Rathkolb, Gesellschaft und Politik am Beginn der Zweiten Republik. Vertrauliche Berichte der US-Militäradministration aus Österreich 1945 in englischer Originalfassung. Wien – Köln – Graz 1985, S. 300.

[4] Ingrid Schmidt-Harzbach, Eine Woche im April. Berlin 1945. Vergewaltigung als Massenschicksal. In: Feministische Studien. „Krieg und Unfrieden", 3. Jg., Heft 2, 1984, S. 51.

[5] Wilfried Aichinger, Sowjetische Österreichpolitik. 1943–1945. Phil. Diss. Wien 1977, S. 238.

[6] Angesichts der hohen Zahlen für Wien scheint das gesamtösterreichische Ergebnis unvollständig. Dagegen kann angenommen werden, daß die niederösterreichischen Angaben eher der Realität entsprechen, da in verschiedenen Bezirken und Gemeinden schon ab Juni 1945 Zwangsuntersuchungen an Frauen durchgeführt wurden. Vgl. dazu: BH Wiener Neustadt Gr. VII–IX/4, Bericht über die Untersuchung der weiblichen Einwohnerschaft von Bad Fischau hinsichtlich venerischer Erkrankungen vom 2. Juni 1945.

[7] Maria Mesner, Die Auseinandersetzung um den Schwangerschaftsabbruch in Österreich. Zur politischen Kultur der Zweiten Republik. Unveröff. Diss., Wien 1993, S. 35.

[8] Aus der Zusammenschau aller vorliegenden Daten wurde für den niederösterreichischen Bezirk Melk errechnet, daß im Durchschnitt von hundert Frauen sechs von Vergewaltigungen betroffen waren. Eine Analyse der räumlichen Verteilung zeigt allerdings, daß für manche Dörfer die Vergewaltigungsquote bis zu 25 % der weiblichen Bevölkerung betrug.

[9] Vgl. ÖStA/AdR/BMI Abt. 2: Tagesberichte der Generaldirektion für öffentliche Sicherheit.

[10] Vgl. ÖStA/AdR V-38.636/46 Meldung anläßlich einer Streifung nach Prostituierten.

[11] ÖStA/AdR V-28469/19/46 Verwaltung der Militär Kommandantur der russischen Zone der Stadt Wien, Bekämpfung der Geschlechtskrankheiten.

[12] Vgl. Mesner, Die Auseinandersetzung um den Schwangerschaftsabbruch, S. 41.

[13] Vgl. Mesner, Die Auseinandersetzung um den Schwangerschaftsabbruch, S. 39 ff.

Zusätzlich verwendete Literatur:

Karl Fischer, Die Vier im Jeep. Katalog zur Kleinausstellung des Wiener Stadt- und Landesarchivs, Wiener Geschichtsblätter, Beiheft 1/1985

Irene Bandhauer-Schöffmann/Ela Hornung, Der Topos des sowjetischen Soldaten in lebensgeschichtlichen Interviews mit Frauen. In: Dokumentationsarchiv des österreichischen Widerstandes (Hg.), Jahrbuch 1995. Wien 1995, S. 28–44

Franz Severin Berger/Christiane Holler, Trümmerfrauen – Alltag zwischen Hamstern und Hoffen. Wien 1994

Ein amerikanischer Offizier heiratet eine Wienerin, 1945/48
Kat. Nr. 6/34

„AMI-BRÄUTE“ – UND DIE ÖSTERREICHISCHE NACHKRIEGSSEELE

Ingrid Bauer

Ein schier unerschöpfliches Gesprächsthema im Nachkriegsösterreich waren jene Tausende Österreicherinnen, die Beziehungen unterschiedlichster Art zu Besatzungssoldaten knüpften. Die Aufgeregtheit um die sogenannten „Besatzungsbräute" oder „Soldatenbräute" hat sich bis heute nicht gelegt: So sind sie im erinnernden Erzählen der Nachkriegsgeneration vielfach noch immer verpönt. Und die betroffenen Frauen selbst haben nach wie vor Angst vor übler Nachrede.

Man hat mich genannt ..., Sie wissen ja eh, wie sie uns genannt haben – Amihuren. Aber ich habe mich nie erhalten lassen, ich habe immer selbst gearbeitet, wehrt sich Ingeborg H. gegen ihre damalige Diskriminierung. *Ich habe ihn geliebt – er war ein schöner Mann, und ich war frank, frei und ledig. – As happy as could be*, notierte sie 1946 auf der Rückseite eines Erinnerungsfotos an ihre *große Liebe ohne Happy-End*. Ihren Anfang hatte diese unmittelbar bei Kriegsende genommen, als die damals Zweiundzwanzigjährige dem Soldaten in fremder Uniform zum ersten Mal begegnete.

Frauen, die Kontakte zu Besatzungssoldaten suchten, durchbrachen das traditionelle Arrangement der Geschlechter. Denn der darin abverlangte weibliche Part ist vor allem jener der Penelope – der geduldig und selbstlos Wartenden. Sie lauscht nach der Heimkehr des angeschlagenen Helden von abenteuerlichen Wirr- und Irrfahrten seinem Jammer und pflegt seine Wunden. Das galt auch nach dem Zweiten Weltkrieg. Im kulturell tief verwurzelten Frauenbild des „österreichischen Odysseus" war ein weibliches Recht auf Wahrung eigener Wünsche und Interessen nicht vorgesehen.[1] Gertrude B. – sie erlebte das Kriegsende als Vierzehnjährige – hat den Blick der „doppelt" geschlagenen Helden verinnerlicht:

Die Soldaten haben eine furchtbare Wut gehabt, die Heimkehrer. Die haben uns verteidigen wollen im Krieg, und die haben sich dann in so kurzer Zeit total mit den Amis verbandelt. Und das war für die Soldaten einfach ein Schock, daß sie eigentlich für das den Kopf hergehalten haben. [...] Ich war beim ersten Heimkehrerball, und da haben sie bei den Tischen gesprochen – das war <u>das</u> Gesprächsthema, die Ami-Huren. So haben sie nämlich nur mehr geheißen.

Die Interpretationslogik der Männergesellschaft mutet bisweilen archaisch an. Immer wieder findet sich damals das Bild vom Mann als Kämpfer und Beschützer, mit einem naturgegebenen Anrecht auf „seine österreichischen" Frauen. Wer diese Logik verletzte, wurde leicht zur Zielscheibe von aggressiver und irrationaler Kritik.

Die emotionale Aufgeladenheit dieses Kapitels der österreichischen Nachkriegsgeschichte hat mich als Historikerin inspiriert, seinen Spuren im Rahmen eines Oral History-Projektes zu folgen. Für „Leben mit den BeFreiern. Eine Geschlechtergeschichte der Besatzungszeit" habe ich vor allem in der ehemaligen amerikanischen Besatzungszone recherchiert. Sie umfaßte einige Bezirke Wiens sowie die Bundesländer Salzburg und Oberösterreich bis zur Enns. Das im Zentrum des „Goldenen Westens" gelegene Salzburg galt als heimliche Hauptstadt Österreichs. Ihre Anziehungskraft reichte – und das wird auch in diesem Beitrag bisweilen spürbar – bis nach Wien.

Meine Quellen waren – neben lebensgeschichtlichen Interviews[2] – vor allem Orts-, Gendarmerie- und Pfarrchroniken, Aufzeichnungen in Standesämtern, Tageszeitungen,

Leserbriefe usw. Mein Blick richtet sich hinter die Fassade der Polemik. Er sucht nach den eigenen Erfahrungs- und Erlebniswelten der „Soldatenbräute" und auch danach, aus welchen Projektionen und Ängsten sich die erregte Kritik an ihnen speist.

„Und es war plötzlich Musik da ..." – Über Schutzbedürfnisse und Lebenshunger

Junge Frauen zwischen zwanzig und dreißig Jahren waren jene Interviewpartnerinnen damals, die in der Folge ihre Version des Themas „Besatzungsbraut" formulieren.

Es waren schwierige Jahre. Dabei wären es gerade für ein Mädchen in meinem Alter „die schönsten Jahre" gewesen. Doch es hat nichts gegeben. Das Kochen war schwierig. Fett hat man nur so wenig bekommen, ein paar Deka. Nichts zum Anziehen. Meine Schuhe – wenn ich denke, wie ich im Labor gearbeitet habe –, links und rechts habe ich Löcher gehabt. Man hat keine Schuhe bekommen, nichts, nichts! Und dann war ja Tanzverbot, weil die Soldaten an der Front draußen waren. Gerade die „schönsten Jahre", wo es einen so freuen würde, hat es nichts gegeben.

Das ist das Resümee von Gertrude D., Jahrgang 1922, aus den Jahren des Krieges, und zwischen ihren Sätzen der Erinnerung klingt die Ahnung an, um die eigene Jugend betrogen worden zu sein. Auch ihre freundschaftlichen Beziehungsnetze wurden gewaltsam zerrissen: *Meine Bekannten, wie wir in der Tanzstunde zusammen waren, sie sind ja alle gefallen. Es war niemand mehr da. Die waren alle tot. Auch meinen Verlobten haben sie mir weggeschossen.* Die Bomben unterbrachen ihr Studium der Chemie in Wien. Sie flüchtete nach Salzburg. Dort lernte die damals 23jährige einen amerikanischen Soldaten kennen. *Es war keine Affäre, wir wollten heiraten*, umschreibt sie ihre Hoffnung, in der Unbehaustheit der Nachkriegszeit eine neue Heimat zu finden: nicht im geographischen Sinne, sondern im Sinne von Geborgenheit. Es sei eigentlich nicht gleich Liebe gewesen am Anfang, heißt es in manchen Interviews, sondern vielmehr, daß es da jemanden gab, der sich um einen kümmerte, der einen beschützte und festhielt.

Auch als Geste der Lebensbejahung schätzen die interviewten „Besatzungsbräute" heute ihre Beziehungen vielfach ein.

Die Frauen haben irgendwie, sagen wir, Nachholbedarf gehabt. Frauen, wo die Männer im Krieg waren oder zum Teil schon gefallen sind, junge Frauen. Oder sie sind vom Arbeitsdienst zurückgekommen, oder vom Einsatz als Nachrichtenhelferinnen. Und dann sind sie wieder zu Hause gewesen, und die fremden Truppen sind gekommen, und es war Musik da ... – So erklärt sich Eveline St. die Attraktivität der „Besatzungssoldaten". Sie erlebte das Kriegsende in Wattens, also in der französischen Besatzungszone, in der es kein Fraternisierungsverbot gab. Wie überall wurde auch hier in den ersten Nachkriegsjahren vieles nachgeholt und viel „vorausgelebt", so als müßte man sich das „Leben an sich" unaufhörlich bestätigen. Und die Bilder, an die der erinnerte Lebenshunger anknüpft, kommen immer wieder zum selben Punkt: *Es ist alles irgendwie so hektisch gewesen. Überall Tanzmusik, in jedem Gasthaus ist gespielt worden, die Leute haben eine Freude gehabt. Man war froh, daß der Krieg aus war, daß man wieder Kontakte gehabt hat miteinander, Mann und Frau.*

Rein statistisch gesehen waren die ersten Nachkriegsjahre Frauenjahre. 240.000 österreichische „Wehrmachtssoldaten" sind von den Fronten nicht mehr zurückgekehrt, gar nicht zu reden von den Opfern der politischen und rassischen Verfolgung. Eine halbe Million Männer befand sich in Kriegsgefangenschaft, vielfach noch Jahre nach dem Ende des Krieges. Und diejenigen, die nicht nur körperlich versehrt, sondern vor allem psychisch beschädigt und in ihrer Männlichkeit verstört heimkehrten, sind zahlenmäßig gar nicht auf den Punkt zu bringen.

Kriegsversehrter, 1946
Kat. Nr. 6/21

Diesem krassen Männermangel stand nun – wie Franz Severin Berger und Christiane Holler in ihrem Buch „Trümmerfrauen. Alltag zwischen Hamstern und Hoffen" schreiben – „ein Männerpotential gegenüber, das selbst im besten Alter war und, aus dessen Situation heraus, besonders ‚frauenhungrig'"[3]: die alliierten Besatzungstruppen. Ihre Stärke auf österreichischem Boden wird für den Herbst 1945 auf 180.000 sowjetische, 75.000 britische, 70.000 amerikanische und 40.000 französische Soldaten geschätzt.

Die Schauspielerin Anneliese Uhlig – 1945 war sie 27 Jahre alt – wurde bald nach dem Ende des Krieges in Salzburg für die US-Armee tätig: in der Abteilung „Europäische Künstler für amerikanische Truppenbetreuung". *Wie viele* fühlte auch sie sich angezogen von der Unbekümmertheit, Lockerheit und Unversehrtheit der Sieger: *Wieso sind die nur alle so unverschämt gesund, so jung, so groß und haben so herrliche Zähne? Wie oft sie grinsen!* erinnert sie sich an ihre ersten Eindrücke von damals. Und zur – wie sie in ihrer Autobiografie schreibt – *übermütigen Alberei der ersten Nachkriegsmonate* gehörte auch in ihrem Nachkriegsleben eine Beziehung zu einem Besatzungssoldaten.[4]

Nach den Jahren der „volksgemeinschaftlichen" Abschottung steht der Kontakt mit den „fremden Soldaten" auch für eine neue Offenheit, für Vielfalt, Möglichkeiten und den Wegfall des im Nationalsozialismus und im Krieg verspürten Drucks. Das erlebte Gefühl von „Öffnung" konnte auch ein Aufbrechen von Wahrnehmungsbarrieren bedeuten: *Wir haben viel gesprochen miteinander. Und die Amerikaner haben ja diese Lager besichtigt – Mauthausen. Der Ralf hat mir erzählt, daß sie da so viele Tote gesehen haben. Das war ganz neu für mich. Das habe ich nicht gewußt,* berichtet Gertrude D. von wichtigen Relativierungen ihres bisherigen weltanschaulichen Koordinatensystems, ausgelöst durch eine Beziehung mit einem GI.

Für Briten beschlagnahmtes Bad in Schönbrunn, 1945/55
Kat. Nr. 6/28

„Schokolade" – Von Überlebensprostitution und weiblicher Überlebensmoral

Hinter dem starren Klischee „Besatzungsbraut" wird also eine Vielzahl unterschiedlichster Motive greifbar. Sie reichen auch weit über jenes materielle Kalkül hinaus, das man Frauen mit Beziehungen zu Besatzungssoldaten gerne unterstellte. Die österreichische Nachkriegsseele war erfinderisch im Prägen von begrifflichen Stigmatisierungen: Soldatenliebchen, Schokoladengirls, Gold Diggers, Dollarflitscherl, Amischicksen sind nur einige der diskriminierenden Etiketten. Unterschiedslos kommen sie sowohl für Flirts, langandauernde Liebesbeziehungen, Eheschließungen als auch für Prostitution zur Anwendung. Selbst für die Besatzungsbehörden zu arbeiten, konnte zu Diskriminierung führen.[5]

Die Assoziationskette hin zu den Verführungsmitteln „Schokolade, Zigaretten, Nylonstrümpfe" wurde fast automatisch hergestellt. Und sie hatte auch einen realen Kern. Die Versorgung mit Lebensmitteln war nach dem Krieg völlig zusammengebrochen. Niemand konnte von den auf Karten ausgegebenen Hungerrationen leben. Es war existenznotwendig, zusätzliche Ressourcen zu erschließen, etwa durch Hamstern, Tausch- und Schleichhandel, oder eben durch eine Beziehung zu einem Besatzungssoldaten. *Einen Amerikaner zu haben bedeutete Geborgenheit und keinen Hunger mehr leiden zu müssen,*[6] heißt es, ganz pragmatisch, in der Ortschronik der Salzburger Gemeinde Saalfelden über diese „‚weibliche Art' der Lebensmittelbeschaffung".[7] Oft lebten ganze Familien von deren Erträgnissen. Und was die Männer, vor allem Heimkehrer, durchwegs empörte, galt vielen Frauen als Überlebenskunst:

Die Zeit war ja furchtbar. Sie müssen sich vorstellen, jahrelang nichts zu bekommen, kein Kaffee, und ... Man hat direkt danach gelechzt, auf Deutsch gesagt. Es war ja wie ein Hoffnungsblick, einen amerikanischen Soldaten kennenzulernen. Ich habe es nur verurteilt, wenn eine heute den und morgen den hatte ..., präzisiert Ingeborg H. weibliche Überlebensmoral.

Auch wenn sich die Lebensrealität vieler der sogenannten „Besatzungsbräute" ganz sicher nicht auf die Gleichung Sexualität gegen Lebensmittel reduzieren ließ, hatten die Beziehungen zu Besatzungssoldaten natürlich auch ihre materielle Basis: „Die Liebe ist durch den Magen gegangen", in einer Zeit, in der Hunger das soziale Leben so stark prägte wie in den ersten Nachkriegsjahren. Aber ist nicht materielle Macht – aufgrund der großen Unterschiede in den sozialen Lebenschancen von Männern und Frauen – auch unter „normalen" Bedingungen ein Bestandteil männlicher Attraktivität? *Er war wie ein Magnet für mich. Ein fescher Kerl, kommunikativ, zuvorkommend. Und dann haben die amerikanischen Soldaten alle Geld gehabt, die konnten dich als Frau verwöhnen,* erinnert sich Marianne E.

Seite 3 der Broschüre „American Military Police" mit Verhaltensregeln für die amerikanischen Besatzungssoldaten, 1945/55 Kat. Nr. 6/40

Angesichts dieser materiellen Potenz, mit der vorwiegend amerikanische Besatzungssoldaten ausgestattet waren, kam so mancher österreichische Heimkehrer resigniert zum Schluß: *Daß man ohne Schokolade wie ein Bettler dasteht – schade.*[8] Ein 27jähriger oberösterreichischer Werkzeugmacher verfolgte eine andere Strategie. Er versuchte sich zumindest das äußere Symbol zeitgenössisch-männlicher Anziehungskraft anzueignen: Er stahl einem schlafenden GI die Uniform, um damit, wie er bei der Einvernahme zu Protokoll gab, seine Freundin zu beeindrucken. Er wurde verhaftet und landete vor einem amerikanischen Militärgericht.[9]

„Darlings, Babys und Bettys" – Über Frauen als Beute der Sieger

Durch die Szenarien von Krieg und Besatzung zieht sich immer auch eine Spur der sexistischen Eroberung: Sie macht Frauen – mehr oder weniger gewaltsam – zur Trophäe der Sieger. Vergewaltigt wurde nach 1945 in allen österreichischen Besatzungszonen. Und imperiale Gesten der siegreichen Männlichkeit gehörten zum Alltag.

Einer dieser GI's war ein etwas rauher Spaßvogel, findet man in einer schriftlichen Lebenserinnerung aus St. Johann in Tirol notiert, das zunächst von den Amerikanern befreit und besetzt wurde. *Als ein Mädchen mit dem Fahrrad in Richtung Almdorf an ihm vorbeifuhr, erschreckte er die junge Dame – wohl weil sie sich in kein Gespräch mit ihm einlassen wollte –, indem er ihr aus seiner Pistole einen wohlgezielten, auf die Straße plazierten Schuß nachsandte.*[10]

Natürlich existierte in der Umgebung der Unterkünfte der Besatzungssoldaten sowie rund um die von ihnen frequentierten Klubs, Bars, Tanzlokale und Cafés auch jenes „Vergnügen", das überall und „selbstverständlich" zum Hinterhof des Männerbundes „Militär" gehört: nämlich jede Form von professioneller und halbprofessioneller Prostitution.

Amerikanische Soldaten mit einer Wienerin in einem Tanzcafé, 17. August 1945 Kat. Nr. 6/37

Während der Besatzungszeit von 1945 bis 1955 waren in Saalfelden ständig ca. 300 Frauen, die mit Soldaten Beziehungen unterhielten. An jenen Tagen, an denen diese ihren Sold empfingen, stieg die Zahl der „Damen" auf ca. 500 an, heißt es etwa in der Chronik dieser Gemeinde, die in der amerikanischen Zone lag. Und eine Salzburger Zeitung klagte: Wie ein *Heuschreckenschwarm* würden sich *diese Mädchen*, aus Wien und anderen Bundesländern kommend, im Dunstkreis amerikanischer Stützpunkte niederlassen, *wenn sie ihre Chance wittern.*[11] Bei der Salzburger Polizei waren an die 3000 Frauen „registriert" – allein im Jahr 1954 waren 1000 „Fräuleins" verhaftet und 576 wegen Geheimprostitution verurteilt worden.[12] Jene, die „zum Troß" gehörten und mitzogen, wenn die GI's versetzt wurden, wurden „camp followers" genannt. In allen Besatzungszonen entwickelten sich Geschlechtskrankheiten zu einem ernsten Problem. In den Zeitungen der amerikanischen Zone machte man das „weibliche Armeegefolge" immer wieder auch für knappen Wohnraum und steigende Mieten verantwortlich, *da diese „leichten Mädchen" dank ihrer Zahlungsfähigkeit und der Gewissenlosigkeit gewisser Vermieter geradezu eine Monopolstellung unter den Zimmersuchenden einnehmen und es anständigen, gewöhnlichen Sterblichen einfach unmöglich machen, mit einer erträglichen Miete unter Dach zu kommen.*[13]

Unter „Wien, Januar 1948" hielt der Schriftsteller Max Frisch in seinem Tagebuch folgende Impressionen aus einem Nachkriegskaffeehaus fest:

Amerikanische Soldaten treffen ihre Mädel. Täglich zwischen sieben und acht. Sie kommen herein, lassen die Mädchen stehen, indem sie untereinander plaudern, die Hände in den Hosentaschen, die Mützen in der Stirn. Die Mädchen wissen nicht recht, ob sie sich setzen sollen oder wie; sie wagen nicht, etwas zu bestellen. Alles andere als Kokotten von Welt. Arme kleine Bummerl, die man sich als Näherinnen denken kann, als Zimmermädchen, denen der Lohn nicht reicht wie den meisten. [...] Die Burschen, die ihre Beine von sich spreizen, in das rote Polster gelehnt, das etwas zerschlissene, sie haben schon in der Messe gegessen; sie rauchen nur noch wortlos, während die kleinen Mädchen sich stärken.[14]

Dieser doppelte Blick, der auch den männlichen Konsumenten nicht übersieht, der sich mit der Überheblichkeit des Siegers seine weibliche Beute kauft, ist selten. Meist funktionierte die traditionelle gesellschaftliche Doppelmoral, und die ganze Verachtung der

Kritiker traf die Frauen. Die *Stelldicheins dieser sattsam bekannten Damen* seien *ein Sumpf, der zum Himmel stinkt*, ist etwa die „Welser Zeitung" aufs höchste schockiert.[15] Und hämisch frohlockte das „Welser Wochenblatt" angesichts einer durch das US-Kommando gestarteten Abschiebeaktion:

Da hilft kein Weinen und kein Ami-Freund. [...] „Bräute", darunter verstehen wir jene Mädchen, die die Zahl ihrer Bräutigame auf jeweils einen beschränken, der immer das gleiche Gesicht hat, werden von den Zwangsverschickungen nicht betroffen. Aber die anderen „Darlings, Babys, Bettys" oder wie diese Flitscherln immer heißen mögen, packen in Salzburg bereits die Koffer.[16]

Daß für den „Moralverfall", den man vielfach festzustellen glaubte, ausschließlich die Frauen verantwortlich gemacht werden, ist eine Einseitigkeit, die nicht nur männlichen Denk- und Vorurteilsmustern entspringt. Hinter ihr steht meist auch das Kalkül der „Vorsicht" gegenüber den Besatzern. Niemand will es sich mit ihnen verscherzen: *Wir haben alle unsere Geschäfte mit den Amerikanern gemacht*, erinnert sich ein Interviewpartner aus der US-Besatzungszone.

Schild vor dem Restaurant Weigl in Wien XII, Dreherpark, September 1946 Kat. Nr. 6/27

„Do the Fräuleins Change Our Joe?" – Strategien gegen das Heimweh der GIs

In den vier Besatzungszonen waren die Kontakte mit der österreichischen Bevölkerung recht unterschiedlich reglementiert: Ein anfängliches Fraternisierungsverbot hatte nur das anglo-amerikanische Hauptquartier erlassen. Im Gegensatz zu den Sowjets und zu den Franzosen bewerteten Amerikaner und Briten Österreich vorerst als „besiegte" und nicht als „befreite" Nation. Non-Fraternization, Nicht-Verbrüderung, hieß, jede Annäherung an die Österreicher zu vermeiden und ihnen gegenüber keine Freundlichkeit oder gar Intimität zu zeigen. Doch das Verbot wurde von Beginn an unterlaufen, von „Siegern" wie „Besiegten".

Das öffentliche Amerika war zunächst bestürzt. *Do the Fräuleins Change Our Joe?*, fragte die US-Zeitschrift „Newsweek" im Dezember 1945. Unter dieser Schlagzeile wurde ein möglicher negativer politischer Einfluß von deutschen und österreichischen Frauen auf die in diesen ehemaligen „Feindländern" stationierten GIs diskutiert. Doch der Korrespondent der Zeitschrift beruhigt: Daß die GI's hinter den Frauen her sind, sei vor allem eine Frage von Langeweile, *nothing else*.[17]

Eine erste Bestandsaufnahme des Redaktionsteams der wöchentlichen Armeezeitschrift „Yank“, gleich in den ersten Nachkriegsmonaten, bestätigt dieses Szenario:

Die Geschäfte in Wien und Salzburg sind leer, und die Freizeitmöglichkeiten sind hier noch beschränkter als in Deutschland. Wien ist eine der traurigsten und hungrigsten Städte in Europa. Etwas mehr Essen und etwas mehr Fröhlichkeit gibt es in den kleinen österreichischen Städten, aber nicht sehr viel mehr. Die Österreicher leben von der Hoffnung, daß sie die Dinge „irgendwie“ bessern werden. Und die GI's in Österreich leben mit der Hoffnung, daß sie „irgendwie“ zurück nach Hause können.

Einige amerikanische Frauenorganisationen enthob das allerdings noch nicht von ihrer Sorge. „Bring Back Daddy“-Clubs wurden gegründet, um die „gefährdeten“ Ehemänner so schnell wie möglich wieder in den Schoß der amerikanischen Familie zurückzubringen.

Ein Großteil der in Österreich stationierten US-Besatzungstruppen waren jedoch „boys“ zwischen 18 und 22 Jahren. Sie fühlten sich, wie die Zeitschrift „Newsweek“ ironisch anmerkte, im Nachkriegsösterreich sozusagen im Exil. Abgeschnitten vom Land aus Milch und Honig, von den gewohnten Hot-Dog-Buden auf der Straße, von Milch-Shakes, Quizprogrammen, Rita Hayworth, den aktuellen Baseball-Ergebnissen und „bee-yoo-tiful Texas“.[18] Heimweh war in der Tat ein Dauerthema in der jungen amerikanischen Besatzungsarmee. Und „flowergrams to mothers“ – Grußbotschaften an die Mütter – nahmen mehr als 80 Prozent jener Sendungen ein, welche die GI's über die „Red Cross Clubs“ in Salzburg und Wien in die USA abgehen ließen.

Man hat richtig gemerkt, daß die Soldaten Kontakt zu uns gesucht haben, von sich aus, erinnert sich ein bei Kriegsende fünfzehnjähriger Nachkriegsösterreicher: *Die erste Annäherung war fast familiär. Mich hat auch ein junger GI gefragt, ob nicht meine Mutter für ihn waschen und bügeln könnte. Da ist es aber gar nicht so sehr um die Hemden gegangen. Der wollte einfach mit jemandem reden. Und dann war da natürlich auch die Suche nach den Mädchen. Das hat sich auf allen Ebenen abgespielt, von der romantischen bis zur käuflichen Liebe. Ich bin oft gefragt worden, ob ich nicht eine Schwester habe.*

Bemerkenswert ist, daß aus diesen Begegnungen der Besatzungszeit auch eine große Zahl langandauernder Beziehungen entstand – bis hin zu einigen tausend österreichisch-amerikanischen Eheschließungen.

Um ihren „boys“ den Aufenthalt in Österreich zu erleichtern, versuchte die US-Armee zudem amerikanisches Leben nach Europa zu transferieren: Bars, Tanzklubs, Shows und Unterhaltungsprogramme gehörten bald zu den fixen Bestandteilen eines für und durch die GI's boomenden Amüsierbetriebes. Desgleichen Kopien amerikanischer Drugstores, in welche die GI's ihre österreichischen Mädchen auf Eis und Soda einladen konnten. Der tägliche Konsum soll im Sommer 1946 allein in Wien 60.000 Eiskugeln betragen haben.[19] Der „Mythos Amerika“, die Verheißung der unbegrenzten Möglichkeiten, die in jeder dieser Eiskugeln enthalten war, hat viele junge Österreicherinnen ebenso fasziniert wie die Leichtigkeit und Unbeschwertheit der gleichaltrigen GI's.

„20jährige Wienerin, nicht unhübsch, möchte Amerikaner zwecks Ehe kennenlernen...“[20]

So oder ähnlich lauteten nicht wenige Heiratsannoncen im „Wiener Kurier“, der von den „United States Information Services“ in Österreich herausgegeben wurde. Zu lesen waren sie seit Anfang der 1950er Jahre, und die Inserentinnen stehen für eine neue Generation von „Besatzungsbräuten“. Bei Kriegsende waren sie vielfach noch Kinder. Jugendliche Weltoffenheit, eine Stimmung des Aufbruchs und eine Beharrlichkeit, die mehr wollte als das bloße Überleben, kennzeichnen sie.

Als junges Mädchen will man ja allerhand, erinnert sich Marianne E. an ihr Lebensgefühl von damals. Das brachte sie – ausgestattet mit Englischkenntnissen von der Hauptschule – in Kontakt mit „den Amerikanern“: *Die haben ja dann sehr viel Arbeit geboten, und bei uns war erst der Aufbau. Jetzt habe ich am Abend und am Wochenende neben der Arbeit beim Friseur in einer amerikanischen Kantine gearbeitet. Da habe ich dann mehr verdient als mein Schwager, und der war Hoch- und Tiefbauingenieur.* Das war eine materielle Rollenumkehr, die sich für die Achtzehnjährige im Nachkriegsösterreich nie hätte herstellen lassen.

Kein Wunder, daß vielen der Gedanke an „Drüben“ zur magischen Vorstellung wurde. Schon seit Jahresbeginn 1946 war das vermeintliche Honigland Amerika für Österreicherinnen auch tatsächlich erreichbar. Der US-Kongreß hatte den sogenannten „War Bride's Act“ verabschiedet. Dieses Gesetz erlaubte den GI's, Angehörige befreiter und besetzter Staaten zu heiraten und unter Umgehung der Einwanderungsquoten in die USA zu bringen.[21]

Doch die großen Zukunftspläne konnten zur bitteren Tragödie werden. *Suchen Sie Rat? – Wir wollen Ihnen helfen* – Unter dieser Kennzeile liefen bei österreichischen Frauenzeitschriften immer wieder Leserbriefe von jungen Mädchen ein, auf die es statt des erhofften Glücks nur Antworten wie diese gab: *Ihr Fall ist sehr bedauerlich. Die Freundschaft mit ausländischen Soldaten, die oft nicht ernstlich daran denken, unsere Mädchen zu heiraten, endet gewöhnlich so. Gehen Sie mit den Briefen des Mannes und seiner letzten Adresse zu Ihrem Jugendamt, das alles weitere veranlassen wird.*[22] Einige tausend österreichische Besatzungskinder haben ihre amerikanischen Väter nie kennengelernt.

[1] Vgl. dazu Ingrid Bauer, Odysseus, Penelope und die Besatzungsbraut. Anmerkungen zum Verhältnis der Geschlechter im Nachkriegsösterreich. Vortrag im Rahmen der Ringvorlesung „Die Nachkriegsentwicklung Österreichs quer-gelesen: Kontinuität oder Neubeginn 1945?" (im SS 1995 an den Universitäten Wien und Prag – Koordinatoren: Gernot Heiß und Oliver Rathkolb).

[2] Die in der Folge zitierten Interviewausschnitte entstanden im Rahmen des genannten Oral History-Projekts. Alle Interviews wurden von der Autorin selbst durchgeführt und sind – als Tonbandprotokoll oder Transkript – im Besitz der Verfasserin.

[3] Franz Severin Berger/Christine Holler, Trümmerfrauen – Alltag zwischen Hamstern und Hoffen. Wien 1994, S. 174.

[4] Anneliese Uhlig, Rosenkavaliers Kind. Eine Frau mit drei Karrieren. München 1977.

[5] Vgl. Ingrid Bauer/Monika Pelz, Die verhaßten „Ami-Huren". In: „profil" vom 9. Jänner 1995, S. 34/35; sowie Monika Pelz, „Österreich bedauert, einige seiner schönsten Frauen als Kriegsbräute an Angehörige fremder Militärmächte verloren zu haben ...". Heiratsmigrantinnen 1945–1955. In: Heinz Faßmann/Traude Horvath/Gerda Neyer (Hg.), Auswanderungen aus Österreich. Erscheint im Herbst 1995.

[6] Marktgemeinde Saalfelden (Hg.), Chronik von Saalfelden. Bd. 1, Saalfelden 1992, S. 381.

[7] Irene Bandhauer-Schöffmann/Ela Hornung, Von der Trümmerfrau auf der Erbse. Ernährungssicherung und Überlebensarbeit in der unmittelbaren Nachkriegszeit in Wien. In: L'Homme, 2. Jg., Heft 1, 1991, S. 77–105, hier: S. 103. Vgl. dazu auch Pelz, Heiratsmigrantinnen 1945–1955 (siehe Anm. 5).

[8] Leserbrief an die Pinzgauer und Pongauer Zeitung vom 8. März 1947, S. 10.

[9] Welser Zeitung vom 6. 4. 1950, S. 5. Vgl. dazu auch Johann Schoiswohl, Der US-Amerikanische Einfluß im Alltag der Nachkriegszeit. Spuren eines Akkulturationsprozesses. Eine soziokulturelle Analyse im Raum Wels – Oberösterreich. Dipl.Arb. Salzburg 1990, S. 88.

[10] Josef Wörgötter, Lebenserinnerungen, Kap. 36, S. 3. Dieses Zitat verdanke ich der Diplomarbeit von Ingrid Tschugg, „Boi da Kriag hoit auf'd aus gwesen is, is auf'd besser worn nocha". Überlebensarbeit und Geschlechterbeziehungen in Nordtirol nach dem Zweiten Weltkrieg. Dipl.Arb. Innsbruck 1995.

[11] Demokratisches Volksblatt vom 25. September 1951, S. 3.

[12] Vgl. dazu Reinhold Wagnleitner, Der kulturelle Einfluß der amerikanischen Besatzung in Salzburg. In: Salzburg und das Werden der Zweiten Republik. VI. Landes-Symposion am 4. Mai 1985. Salzburg 1985 (= Schriftenreihe des Landespressebüros, Serie „Salzburg Diskussionen" Nr. 7), S. 47–58, hier: S. 55.

[13] Demokratisches Volksblatt vom 3. 4. 1952, S. 3.

[14] Max Frisch, Tagebücher 1946–1949. Baden, Baden 1974, S. 236.

[15] Welser Zeitung 32/1949, S. 1, zitiert nach Schoiswohl, Der US-Amerikanische Einfluß im Alltag der Nachkriegszeit, S. 93.

[16] Welser Wochenblatt 38/1951, S. 3, zitiert nach Schoiswohl, Der US-Amerikanische Einfluß im Alltag der Nachkriegszeit, S. 93.

[17] Newsweek, December 24, 1945.

[18] Newsweek, December 24, 1945.

[19] „Time", July 29, 1946, p. 19/20.

[20] Wiener Kurier vom 11. Oktober 1950, S. 12 (Anzeigen-Rubrik „Heirat").

[21] Vgl. dazu Ingrid Bauer, „USA-Bräute". Österreichisch-Amerikanische Eheschließungen auf dem Salzburger Standesamt. In: Historisches Archiv der Stadt Salzburg (Hg.), Chronik der Stadt Salzburg 1945 bis 1955. Salzburg 1995. Vgl. dazu auch Elfrieda Berthiaume Shukert/Barbara Smith Scibetta, War Brides of World War II. New York 1988.

[22] Frau von heute, 2. Jg., Heft 4, 1947, S. 7.

Dorothea Neff als
„Hebamme Kepes"
in „Haben"
von Julius Hay,
Volkstheater,
24. August 1945
Kat. Nr. 8/58

„DU BLEIBST BEI MIR, JETZT UND WEITERHIN“

Das Schicksal jüdischer „U-Boote“ und ihrer HelferInnen

Brigitte Ungar-Klein

Spontan faßte die beliebte und bekannte Schauspielerin Dorothea Neff einen folgenschweren Entschluß. Lilli Wolff, eine Bekannte aus Deutschland, war von Berlin nach Wien gekommen, um von hier aus nach einer Fluchtmöglichkeit zu suchen. Alle Versuche sich zu retten schlugen fehl, und im Oktober 1941 sollte Lilli Wolff nach dem Osten deportiert werden. Gemeinsam packten die beiden Frauen die wenigen Habseligkeiten Lillis zusammen. *Das rechtlose Ausgeliefertsein dieses Menschen an eine brutale Macht griff mir ... überwältigend ans Herz. Plötzlich hörte ich eine Stimme. „Du darfst das nicht zulassen“ ... ich griff nach der Hand von Lilli. „Schluß damit, räum das Zeug weg, das ist alles unsinnig, du gehst heute abend nicht dorthin zurück, du bleibst bei mir, jetzt und weiterhin.“*[1]

War die NS-Judenpolitik in den ersten Jahren der Herrschaft in Deutschland zunächst auf Vertreibung in Form einer „freiwilligen Emigration“ ausgerichtet, dominierten nach dem „Anschluß“ Österreichs im März 1938 Terror, planmäßige Beraubung und Vertreibung. Mit Kriegsbeginn wurde für Juden, die auf Visa warteten, die Ausreise in ein anderes Land noch schwieriger, bis diese schließlich bis auf ganz wenige Ausnahmen, wie z. B. nach Shanghai, gänzlich unmöglich wurde. Gleichzeitig mit dem Ende der Ausreisemöglichkeiten begannen „Umsiedlungsaktionen“ nach dem Osten. Anfangs kündigte man die Transporttermine mittels einer Verständigungskarte an, zuviele versuchten allerdings, sich diesem Termin durch Flucht oder zumindest zeitweiliges „Untertauchen“ zu entziehen, daher kam es in weiterer Folge zu nächtlichen „Aushebungen“ ganzer Straßenzüge.[2] *In der Nacht vom 18. auf den 19. Mai 1942, es war der Geburtstag meiner Schwester, wurde meine Mutter von der SS mit allen Juden im Haus geholt. Als ich um halb 12 Uhr nachts mit noch ein paar Mädchen von der Arbeit kam und in die Novaragasse einbog, traute ich meinen Augen nicht. Menschen wurden von der SS mit Peitschen auf Lastwagen getrieben, wurden geschlagen und getreten, sie haben mehrere Häuser ausgehoben, es war ganz furchtbar. Ich habe mir den gelben Stern sofort vom Leib gerissen – denn der mußte ja fest angenäht sein – und habe zur Wohnung geschaut. Ich ging gar nicht mehr in das Haus, denn ich sah schon, daß man auch dieses nicht verschonte. Es mag vielleicht unglaublich klingen, aber ich ging die ganze Nacht wie eine Verlorene durch die Straßen, wenn ich Schritte hörte, drückte ich mich in eine Nische oder ein Haustor.*[3] Derart ziel- und planlos Umherirrende liefen natürlich leicht Gefahr, bei den an der Tagesordnung stehenden und ohne besonderen Anlaß durchgeführten Perlustrierungen und Razzien aufgegriffen zu werden. Wer nicht umgehend Unterkunft bei Freunden, Bekannten oder nichtjüdischen Familienmitgliedern fand, war praktisch chancenlos durchzukommen, viele verloren auch oft den Mut. *Meine Schwester hatte Quartier, ich wußte aber bald nicht, wo ich unterkommen sollte. [...] ich verabschiedete mich von meiner Schwester und wollte schon in die Sperlgasse gehen.*[4]

Die meisten begannen spontan und ohne jede Vorbereitung ihr Leben im Verborgenen. Nur wenige bereiteten sich bewußt auf diese Situation vor. In einem Fall entschlossen sich Eltern, ein Kind in Wien bei einem befreundeten Arzt zu lassen, das andere aber mitzunehmen. Von vornherein konnte niemand ahnen, welche Entscheidung die lebensrettende sein würde. In einem anderen Fall hatte sich ein Ehepaar durch Unverfrorenheit und Ideenreichtum zwei verschiedene Unterkünfte verschafft, in denen abwechselnd Quartier genommen wurde.[5]

Zur Zählung der überlebenden U-Boote

Die bald nach Kriegsende eingerichtete Stelle zur Registrierung der Opfer des Nazi-Terrors verzeichnete wenige Monate nach ihrem Bestand „885 von der Gestapo Gesuchte, [...] die ohne Lebensmittelkarte als ‚U-Boote' illegal" gelebt hatten.[6] Eine von der Israelitischen Kultusgemeinde Wien erstellte Liste weist eine Gesamtzahl von 378 auf.[7] Während in der ersten Zahl vermutlich auch jene Personen enthalten sind, die aus politischen Gründen im Untergrund lebten, wurden in der von der Israelitischen Kultusgemeinde ausgewiesenen Summe wahrscheinlich nur die im Matrikenamt Registrierten gezählt. Bisherige Forschungsarbeiten zu diesem Thema ergaben, daß in Österreich zwischen 600 und 700 Personen jüdischer Herkunft als U-Boote überleben konnten.[8] Wieviele Versuche, sich auf diese Weise vor den Nazi-Schergen zu retten, scheiterten, kann nur geschätzt werden, vermutlich kam auf ein überlebendes U-Boot ein Versuch, die wenigsten Aufgegriffenen überlebten. In den Tagesberichten der Gestapo wurde unter der Rubrik „Juden" immer wieder über die Festnahme „unterstandsloser Personen", die sich „der Umsiedlungsaktion" entziehen wollten, Bericht erstattet.[9] Ebenso sind diesbezügliche Hinweise in den nach 1945 durchgeführten Gerichtsverfahren gegen Beamte der Gestapo zu finden, da Bezug auf die Tatsache genommen wird, daß nach Juden, die bei der „Aushebung" nicht angetroffen worden waren, gefahndet wurde und daß Festgenommene innerhalb kürzester Zeit, manchmal sogar mit einem Sondertransport, in ein Konzentrationslager deportiert wurden.[10]

Die „Gerechten"[11]

Juden Hilfe zu gewähren, war bei Strafandrohung verboten. Die Konsequenzen im Falle einer Festnahme waren für U-Boot wie für Quartiergeber gleichermaßen schwer, mit langer Haftdauer bzw. mit Einweisung in ein Konzentrationslager mußte gerechnet werden. DDr. Ella Lingens und ihr Mann Dr. Kurt Lingens versuchten zu helfen, wo sie nur konnten. Bereits in der sogenannten „Reichskristallnacht" im November 1938 hatten sie jüdische Freunde in ihrer Wohnung versteckt, über längere Zeit nahmen sie ein junges Mädchen ohne polizeiliche Meldung auf. Als sie Freunden zur Flucht nach Ungarn verhelfen wollten, wurden sie durch einen Spitzel verraten und schließlich verhaftet. Während Dr. Kurt Lingens als Wehrmachtsangehöriger einer Strafkompanie zugeteilt wurde und nach etwa einem Jahr verwundet nach Wien zurückkehrte, wurde DDr. Ella Lingens nach vier Monaten Haft nach Auschwitz transportiert. Zwei Jahre mußte sie in diesem Grauen leben, der Gedanke an ihren kleinen Sohn war ihr Lebenselixier.[12] Ähnlich erging es Karla Glaubauf, die ihren Lebensgefährten Dipl.-Ing. Moritz Wilhelm und dessen Bruder vor der Deportation bewahren wollte. Nach einer Anzeige kam es zur Festnahme der drei Personen. Moritz und Walter Wilhelm wurden ermordet, Karla Glaubauf überlebte die Anhaltung im Konzentrationslager Ravensbrück.[13] Anna Buxbaum und ihr Sohn Peter, der als Mischling 1. Grades galt, wurden im Juni 1944 verhaftet, weil sie „Juden und andere Personen illegal Quartier" gewährt hatten.[14] Peter Buxbaum wurde mit einer Fahrradkette auf das schwerste mißhandelt und nach Auschwitz transportiert. Im

Jänner 1945 erfolgte die Überstellung nach Mauthausen, von wo er im Mai schließlich von amerikanischen Truppen befreit wurde. Seine Mutter hat Peter Buxbaum nie wieder gesehen.[15]

Auch wenn man sich der Gefahren bewußt war, U-Boote und ihre Retter dachten im Augenblick der Entscheidung wohl kaum an die Folgen. Erst nach und nach mußte man sich eine Strategie für das Überleben zurechtlegen. Am wenigsten durfte man an eine Aufdeckung glauben, im Gegenteil – Optimismus, der Glaube, es werde alles gut überstanden werden, die Hoffnung, daß es ohnehin nicht mehr lange dauern könne, bis die Nazi-Herrschaft zerbrochen sein würde, das waren die Triebfedern, die überlebenswichtig waren. *Der Arzt war eine so vollkommen vertrauenswürdige Persönlichkeit, man hat gewußt, er wird das beste aus der Situation machen. Sein Optimismus war ganz einfach ansteckend. Ich bin im September 1942 bei ihm eingezogen, und wir haben uns ja gedacht, daß bis Jahresende die Sache erledigt sein wird. Eigentlich war dieser grenzenlose Optimismus die treibende Kraft.*[16]

Waren es etwa gleich viele Frauen und Männer, die untertauchten, so ist ein Übergewicht an Helferinnen festzustellen. Männer dienten in der Wehrmacht, leisteten ihren Dienst an der Front, sofern sie nicht in kriegswichtigen Berufen tätig oder bei entsprechenden Rüstungsbetrieben unabkömmlich gestellt waren. Selten genügte ein einziger Helfer, zumeist waren mehrere nötig, um ein U-Boot durchzubringen. Abgesehen von der Unterkunft war es auch problematisch, genügend Nahrungsmittel für nichtgemeldete Personen, die natürlich keine Zuteilungskarten erhielten, aufzutreiben. Der mutigen Initiative etlicher, die mit der Ausgabe dieser Karten betraut waren, ist es zu danken, daß an Verfolgte mitunter nichtbehobene Karten abgezweigt werden konnten oder durch Manipulation bereits entwertete Marken wieder brauchbar gemacht wurden.[17] In den meisten untersuchten Fällen waren ausschließlich humanitäre Gründe für die Hilfeleistung maßgebend, oftmals bestand bereits vor 1938 ein familiäres oder freundschaftliches Naheverhältnis zwischen dem U-Boot und dem späteren Retter. *Es ging mir nicht um den politischen Hintergrund, sondern um das rein Menschliche. Es ging mir nicht in meinen Kopf hinein, warum Walter, nur weil er eine andere Religion hatte – oder besser einer Religionsgemeinschaft zugeordnet wurde, plötzlich nicht mehr als Mensch gelten sollte. Das war es in der Hauptsache, was mich gestört hat, einfach das Wort Rasse, als ob Walter ein Hund oder eine Katze wäre.*[18] Einfache Menschen, Arbeiter, kleine Angestellte, Kleingewerbetreibende, die zumeist an der untersten Einkommensgrenze und in beengten Wohnverhältnissen lebten – viele Wohnungen bestanden lediglich aus zwei, höchstens drei Räumen, zum Teil befanden sich sanitäre Anlagen außerhalb der Wohneinheit, im Stiegenhaus –, nahmen sich der Verfolgten an. Erwähnenswert scheint die Rolle der HausmeisterInnen. Sie, die für Meldelisten, Verteilung der Rationierungsmarken usw. verantwortlich waren, hatten eine nicht unbeträchtliche Macht innerhalb ihres Hauses, sahen und bemerkten demnach ziemlich rasch, wenn sich irgend etwas Ungewöhnliches in „ihrem" Haus ereignete, wenn Fremde plötzlich auftauchten, ohne daß die Hauspartei diese meldete. Nicht immer traten sie als direkte Helfer und Quartiergeber auf, als Mitwisser haben sie durch ihr Schweigen einen Anteil am Überleben etlicher U-Boote. *Mein Vater ging in die Illegalität. Anfangs konnte er bei seiner Cousine, Adele Großmann, im 1. Bezirk in der Seilergasse unterkommen. Polizeiliche Meldung hatte er natürlich keine. [...] Der Hausmeister konnte eben jetzt seine Macht zeigen.*

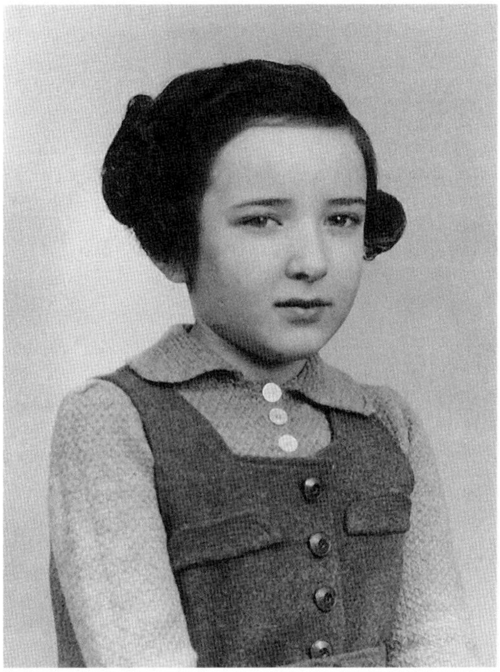

Die Schriftstellerin Elfriede Gestl, die ihre Kindheit als „U-Boot" verbrachte, als Kind, um 1945
Kat. Nr. 9/28

[...] Einmal hat er durch eine Warnung meinem Vater das Leben gerettet.[19] Direkte Hilfe erhielten Elfriede Gerstl und ihre Mutter. *Mit einem kleinen Köfferchen sind wir in das Haus, in dem wir früher gewohnt haben, und die Hausbesorgerin hat uns in einer nicht bewohnten, aber noch halb eingerichteten Wohnung untergebracht. Und zwar war da eine Atelierwohnung, wo die Nachbarn eben auch nicht da waren. Die Hausbesorgerin konnte einmal am Tag zu uns kommen und uns mit Lebensmitteln versorgen.*[20]

Neben Einzelpersonen oder Familien versuchten auch verschiedene Hilfsorganisationen, wie die „Erzbischöfliche Hilfsstelle für nichtarische Katholiken" oder die „Schwedische Mission", die sich vorwiegend um Protestanten kümmerte, den Verfolgten zu helfen. Mitarbeiter dieser Organisationen versorgten U-Boote mit Lebensmitteln, in einzelnen Fällen wurden sogar Unterkünfte, zum Teil in Klöstern, vermittelt. Diese Arbeit verlief unter äußerster Diskretion, Namen der Betroffenen wurden geheim gehalten, auch Erinnerungsaufzeichnungen nach dem Krieg geben keine genauen Auskünfte. So wird z. B. von einem Mann „Josef" berichtet, der einige Zeit auf einem Friedhof in einer Gruft versteckt gelebt hatte. Durch den Wintereinbruch mußte er aber durch die Spuren im Schnee befürchten, entdeckt zu werden. Schließlich wandte er sich an die „Hilfsstelle", die ihn in einem Kloster unterbrachte, wo er unbehelligt überleben konnte.[21]

Fehlte zwischen U-Boot und Quartiergeber ein Naheverhältnis, mußte für die Unterkunft und das Stillschweigen bezahlt werden, war man natürlich täglich in Gefahr, wieder auf die Straße gesetzt zu werden, wenn man die geforderte Summe nicht mehr aufbringen konnte oder andere Umstände einen Meinungsumschwung herbeiführten. Von wenigen Ausnahmen abgesehen, waren bei den untersuchten Fällen die materiellen Interessen jedoch selten alleiniger Grund für die Hilfestellung.[22]

Elfriede Gerstls Kinderbuch-Lektüre während ihrer Zeit als „U-Boot", um 1940/45
Kat. Nr. 9/29

Probleme des täglichen Lebens

Ein U-Boot-Schicksal ist kaum mit einem zweiten vergleichbar. Dennoch traten trotz vieler individueller Unterschiede gleichartige Probleme auf, die es im täglichen Leben für die Betroffenen zu bewältigen galt, auf die man zum Teil völlig spontan eine Lösung finden mußte. Zunächst mußte eine geeignete Unterkunft gefunden werden. Wenige U-Boote waren ständig an nur einer Adresse versteckt, die meisten wechselten zwei- bis dreimal wöchentlich in einem bestimmten Rhythmus das Quartier. Wer aber gezwungen war, auf die Straße zu gehen, war gefährdet, bei einer behördlichen Anhaltung entdeckt zu werden. Die Beschaffung einer Legitimation war daher eine wichtige Voraussetzung, wenigstens kurzfristig einer Überprüfung standzuhalten. Am ehesten konnte man sich ohne größere Schwierigkeiten einen sogenannten Postausweis ausstellen lassen. Frauen fielen in dieser Hinsicht weniger auf als Männer, diese mußten sich noch zusätzlich um eine Militärbefreiung, einen Urlaubs- oder Krankenschein oder ähnliches kümmern. Zum Teil waren diese Ausweise auf falsche Namen ausgestellt. Betroffene erzählen in ihren Erinnerungen, daß sie mit ihren Helfern trainiert hätten, auf die neuen Namen zu reagieren. Auch das „nichtjüdische“ Aussehen wird von vielen als bedeutendes Faktum angesehen, nicht auffällig gewesen zu sein und daher Überlebenschancen gehabt zu haben. Manche färbten die Haare, um besonders dunkles oder rötliches Haar, das als „rassisch bedenkliches“ Merkmal galt, zu verändern.[23] Das Beherrschen der deutschen Sprache war ebenfalls wesentlich, wer Deutsch nicht in genügendem Ausmaß konnte, mußte erfinderisch sein. Eine Frau, die Jiddisch sprach, mimte über die gesamte Zeit, in der sie im Untergrund lebte, eine Taubstumme.[24] Viele U-Boote gingen ihren Helfern im Haushalt zur Hand, einige verdingten sich an mehreren Plätzen als Reinigungsfrauen, waren mit Näharbeiten oder kleineren Reparaturen beschäftigt, Männer wie auch Frauen. Die Beschaffung von Nahrungsmitteln wurde mit zunehmender Kriegsdauer immer problematischer, wer Bekannte in landwirtschaftlichen Betrieben hatte, versuchte von dort zusätzliche Grundnahrungsprodukte aufzutreiben, auf dem Schwarzmarkt zu kaufen, war sehr teuer und kaum erschwinglich, außerdem mit großen Gefahren verbunden.

Große Sorgen bereiteten mangelnde hygienische Bedingungen und die oftmals nur in ungenügendem Ausmaß erfolgte ärztliche Betreuung. So konnte z. B. an langwierige Zahnbehandlungen nicht gedacht werden, nur im äußersten Notfall ging man auf die Suche nach einem Arzt.[25] Krankenhausaufenthalte und Operationen sind äußerst selten überliefert. Als Dorothea Neffs U-Boot, Lilli Wolff, schwer erkrankte und in das Allgemeine Krankenhaus eingewiesen werden mußte, stellte die Schauspielerin ihre Freundin als Bekannte aus Köln vor, die ausgebombt worden war. Der Name, der schließlich auf der Tafel über dem Krankenbett zu lesen war, Antonie Schmid, war der zweite Vorname Dorotheas und der Name ihres verstorbenen Gatten. *[...] dann kam ein Augenblick, der mir eine beklemmende Erkenntnis brachte: Ich stand am Bett von Lilli Wolff und las auf einer schwarzen Tafel über ihrem Kopfende meinen Namen. Plötzlich wurde mir das Risiko bewußt, das mit dieser falschen Angabe verbunden war.*[26] Dorothea Neff und ihre Freundin hatten Glück. Im Spital selbst hatte man mehr Interesse an der beliebten Schauspielerin, die Theaterkarten versprach, als an der Patientin, die bald nach der erfolgten Operation wieder entlassen werden konnte. Allerdings benötigte sie auch in weiterer Folge ärztliche Betreuung, die in den letzten Kriegsmonaten ein junger Medizinstudent, der im selben Haus wie die beiden Frauen wohnhaft war, übernahm: Erwin Ringel.

Nicht so glücklich und überaus gefährlich endete der Hilfeversuch der Wiener Gärtnerin Rosa Pscherer, die einen alten jüdischen Anwalt und dessen Frau aufgenommen hatte. Innerhalb kurzer Zeit verstarben beide. Rosa Pscherer mußte beide heimlich in der Nacht allein in ihrem Garten begraben.[27]

Angesichts dieser enormen Schwierigkeiten erforderte es wohl ein außergewöhnliches Maß an Mut, Zuversicht und Optimismus, eine Schwangerschaft durchzustehen. Unter verschiedenen Bedingungen kamen zwischen 1938 und 1945 etliche Kinder zur Welt, die wenigstens einen jüdischen Elternteil hatten, der aber verschwiegen werden mußte. In einem Fall waren beide Elternteile Juden, die seit langem im Untergrund lebten.[28]

Zur Bewegungslosigkeit verurteilt, das Ausharren in zum Teil abgedunkelten Räumen, die Unfähigkeit, völlig normale Dinge des Lebens miterleben, mitfühlen zu können, waren kaum nachvollziehbare psychische Belastungen. Je länger diese räumliche und seelische Beengtheit andauerte, umso bedrückender empfand man die Situation. Dorothea Neff sprach später von einem „nervlichen Massaker", das sie erleben mußte.[29] *Wir haben natürlich immer gefürchtet, daß mich jemand suchen kommt. [...] Es war eine Glückssache, es wär' gar nicht so schwer g'wesen, mich zu finden. Für mich wär' das natürlich furchtbar g'wesen, nicht nur, daß sie mich wahrscheinlich erschossen hätten, noja gut, wär' ich eben drangekommen, aber das Bewußtsein, daß meine Pflegeeltern und Geschwister auch noch hätten mitgehen müssen, das wär' die größte Belastung in meinen letzten Lebensminuten g'wesen. Die Angst, man hat ja unter ständiger Angst gelebt. Ich bin oft in der Nacht wach geworden, in Schweiß gebadet, da hat mir geträumt, ich höre Militärstiefel [...]. Man hat ja nicht gewußt, wie es ausgehen wird. Was hätt' ich gemacht, wenn die Nationalsozialisten gesiegt hätten, ich hätt' ja überhaupt keine Lebensmöglichkeit g'habt. Ich hab' g'sagt, der Tag, an dem die siegen, das wär' der Tag g'wesen, wo ich mich umbringen hätt' müssen. Weil dann wär's aus g'wesen. Dann hätt' ich ja keine Hoffnung g'habt. Das Verstecken geschah nur aus dem Glauben, es wird bald vorbei sein. Wenn die wirklich gesiegt hätten, wär's aus g'wesen, ich hätt' ja nicht ewig versteckt sein können.*[30]

Luftangriffe – Schritte zur Befreiung

„Kuckuck!" – Jede Vorwarnung vor einem zu erwartenden Luftangriff schien ein Schritt näher zur Befreiung zu sein. Dennoch wurden die Bomben, die Zerstörungen und Verwüstungen, die Opfer unter der Bevölkerung von U-Booten durchaus unterschiedlich empfunden. In den Luftschutzkellern waren eigene Warte eingesetzt, die alle zur Ausweisleistung aufforderten. Daher zogen es viele U-Boote vor, entweder in ihren Verstecken zu verharren oder die Angriffe im Freien abzuwarten.[31] *Wie die Bombenangriffe auf Wien angefangen haben, ist es ganz schlimm geworden. Das war immer ein Problem! Ich konnte ja nicht gleich raus, wenn Alarm war. Wir mußten warten in dem Getobe und Getöse. Rundherum sind alle in die Keller gelaufen, wenn die Sirenen losgeheult haben. Die Bomben sind schon geflogen, kein Mensch war mehr auf der Straße, bis wir raus sind aus der Wohnung, ganz vermummt. Wir haben uns im Graben beim Hungerberg hingekauert. [...] ich weiß noch, daß ich einen Weidling aufgesetzt hab' gegen die herumfliegenden Splitter.*[32] Oftmals stand aber auch der Gedanke im Vordergrund, daß einem eigentlich nichts geschehen könnte, einige U-Boote reagierten auf die Ängste der vor den Bomben Flüchtenden mit gewisser Schadenfreude: Sie, die nicht gezögert hatten, ihre Nachbarn zu denunzieren, die der Nazi-Propaganda mehr als eifrig gefolgt waren, die bis zuletzt für den „Endsieg" geschrien hatten, flüchteten voll Angst und Panik vor den Konsequenzen. *Nach einem Bombenangriff sind wir herumge-*

gangen und haben geschaut, was alles kaputt gegangen ist. Es hat uns nicht leid getan. Warum sollte es?[33]

In Wien wurde Bezirk für Bezirk, Haus für Haus von der heranrückenden Roten Armee befreit. Bis zuletzt aber hinterließen die abziehenden Deutschen Grauen und Schrekken. Vor allem im 2. Bezirk wurde in zahlreichen Häusern und Kellern noch nach Juden geforscht. In der Förstergasse 7 richteten die Nazi-Horden am 11. April ein Massaker an: neun Menschen, die durch nichtjüdische Partner oder andere Gründe relativ geschützt während der ganzen Zeit offiziell in Wien gelebt und die sich vor den Kriegshandlungen im Keller versteckt gehalten hatten, wurden ermordet. *Als dann schon die Russen da waren, bat mich Frau Berger, ich solle nach ihrer Schwester, die mit einem Juden verheiratet war, schauen. Familie Berger wohnte im 3. Bezirk in der Marxergasse, nicht weit von der Inneren Stadt entfernt. Sie traute sich aber nicht auf die Straße, so ging ich in den 2. Bezirk und erfuhr, daß die Nazis noch im letzten Augenblick etliche Juden ermordet hatten. Leider war es auch hier so passiert. Zwar war die Frau keine Jüdin gewesen, aber sie hatte sich geweigert, ihren Mann allein zu lassen. Mir blieb dann die traurige Pflicht, heimzugehen und es der Schwester zu sagen. Das fiel mir nicht leicht.*[34]

Gedenktafel am Haus Wien II, Förstergasse 7, zur Erinnerung an neun vor diesem Haus am 12. April 1945 von der SS ermordete Juden und Jüdinnen Kat. Nr. 1/19

„Auftauchen“, tief durchatmen, Angehörige suchen, die ersten warmen Sonnenstrahlen der Frühlingssonne genießen, das waren die ersten natürlichen Reaktionen der U-Boote nach Kriegsende. Viele U-Boote konnten nun für ihre Retter zur Hilfe werden. Vor den „Russen“ hatte man die meiste Angst – zuviele Schreckensberichte hatte man über die Soldaten der Sowjetarmee gehört. Sorge mischte sich daher in die Freude über das Kriegsende. *In den nächsten Tagen verwandelte sich die Euphorie in Entsetzen über das Chaos. Die Russen plünderten. Auch Dorotheas Wohnung wurde durchsucht. Es bot sich ein Bild der Verwüstung. Schubladen waren herausgerissen worden. Ihre Habseligkeiten lagen verstreut am Boden. [...] Lilli sagte: „Jetzt kann uns der Judenstern nur mehr nützlich sein.“ Sie steckte ihn wieder auf ihren Mantel. [...] Ein russischer Soldat schrie Unverständliches. [...] er sprach sie auf Hebräisch an, in befehlendem Tonfall. Lilli antwortete ihm ruhig. Er hörte zu und verließ nach wenigen Minuten wortlos die Wohnung. „Was hast du denn zu ihm gesagt?“ [...] „Das jüdische Glaubensbekenntnis.“ [...] Eine halbe Stunde später kam der Russe zurück. Er trug eine Kiste voll mit Lebkuchen, Schokolade, Ölsardinen, Erbsen und Kaffee.*[35] Ähnliche Situationen werden in zahlreichen Zeitzeugenberichten geschildert. Das Vorzeigen des „Gelben Sterns“ erwies sich nun zum ersten Mal als durchaus positiv, er war eine Art Passierschein geworden.

Irma Eisner, die in Wien und Niederösterreich im Untergrund überlebt hatte, machte aus Begeisterung über ihre Befreiung einmal „120 Palatschinken“ für sowjetische Soldaten. *Ja, vor lauter Freude habe ich das gemacht. Es waren schon ältere Männer, die waren sehr nett, ich habe mich mit ihnen wunderbar verstanden.*[36] Noch deutlicher drückt Vilma Neuwirth auch heute noch ihre Empfindungen aus: *Wenn die Russen zwei Monate später gekommen wären, weiß ich nicht, wo wir gewesen wären. [... man hört immer], was die Russen aufgeführt haben, als sie nach Österreich gekommen sind. Ich sage aber – mich haben die Russen befreit. Mir haben sie das Leben gerettet, das mir die Österreicher haben nehmen wollen. So schaut es nämlich aus.*[37]

Leben nach dem „Auftauchen"

Für zahlreiche U-Boote begannen nach der Befreiung mühsame Behördenwege, neue Papiere mußten beschafft, eine neue, nun offizielle Unterkunft gefunden werden, was angesichts der furchtbaren Bombenschäden nicht gerade einfach war. Schulpflichtige Kinder und Jugendliche mußten innerhalb kürzester Zeit versäumten Lehrstoff nachholen, um altersgemäß eingeschult werden zu können, ältere erhielten wie eingezogen gewesene Soldaten die Möglichkeit, verkürzte Maturalehrgänge zu absolvieren. Die unter falschen Namen registrierten Kinder mußten neue, nun richtige Geburtsurkunden erhalten. Adele Brüll, die ihren Lebensgefährten und dessen Mutter in einem Keller im 5. Bezirk durchbringen konnte, hatte zwischen 1939 und 1944 drei Kinder geboren. Als Väter hatte sie jeweils falsche Personen angegeben, deren Daten unüberprüfbar gewesen waren. Nun mußte der tatsächliche Vater seine Kinder anerkennen lassen, es wurde geheiratet, ein „normales" Leben hat diese Familie aber nie mehr wieder führen können. Zu schwer waren die physischen und psychischen Belastungen gewesen. Auch die Kinder mußten sich noch Jahre später in ärztliche Behandlung begeben, um ihre frühesten Kindheitserinnerungen zu verarbeiten. Fast alle U-Boote hatten Schwierigkeiten, sich in ein normales Leben, sich wieder in die Gesellschaft einzuordnen. Dinge des täglichen Lebens verursachten Hemmungen, Kinder hatten verlernt laut zu sprechen oder normal zu gehen. Unerwartete Geräusche, Klopfen an der Tür ließen diese Menschen in Panik ausbrechen.

Die österreichischen Behörden sahen sich allerdings lange Zeit außerstande, dieser Opfergruppe zu helfen, mehrmals wurden U-Boote abgewiesen, wenn sie um eine Entschädigung ansuchten. *Es ist richtig, daß ich nicht in Haft gewesen bin, aber ich habe in der Hitler-Ära als „U-Boot" vielleicht mehr mitgemacht, wie wenn ich in Haft gewesen wäre, und habe neben dem seelischen und körperlichen Leiden auch alles Hab und Gut verloren. [...] Wir mußten als „U-Boot" in einer elenden Kellerwohnung untertauchen, weil es uns sonst wohl auch so gegangen wäre, wie 48 von meinen Verwandten, die alle vergast wurden!*[38] Die Opfergesetzgebung anerkannte erst nach ausgesprochen peinlichen und langwierigen Diskussionen das „Leben im Verborgenen" als eigenen zu entschädigenden Verfolgungstatbestand.[39] Allerdings genügte es nicht, in Angst und Schrecken vor Entdeckung gelebt zu haben. Zusätzlich waren zunächst einmal „menschenunwürdige Bedingungen" nachzuweisen, unter denen man gelebt hatte. Von Fall zu Fall hatten die Behörden zu beurteilen, inwieweit die gesetzlichen Vorgaben erfüllt waren. Die Definition, die Auslegung dieser „menschenunwürdigen Bedingungen" zeigt

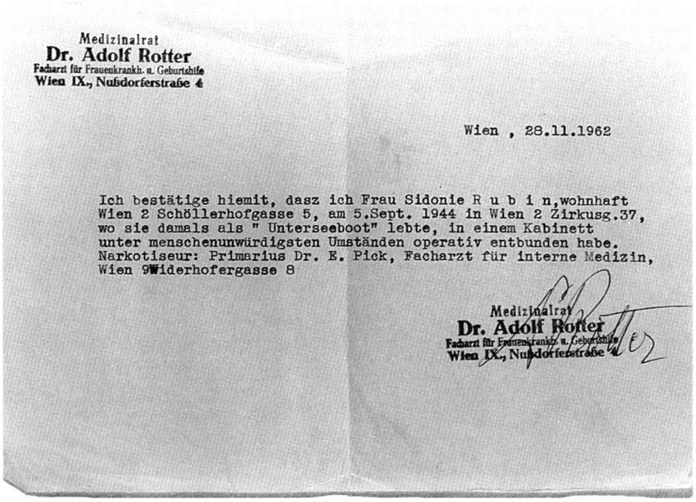

Medizinalrat
Dr. Adolf Rotter
Facharzt für Frauenkrankh. u. Geburtshilfe
Wien IX., Nußdorferstraße 4

Wien , 28.11.1962

Ich bestätige hiemit, dasz ich Frau Sidonie R u b i n,wohnhaft Wien 2 Schöllerhofgasse 5, am 5.Sept. 1944 in Wien 2 Zirkusg.37, wo sie damals als " Unterseeboot" lebte, in einem Kabinett unter menschenunwürdigsten Umständen operativ entbunden habe. Narkotiseur: Primarius Dr. E. Pick, Facharzt für interne Medizin, Wien 9Widerhofergasse 8

Medizinalrat
Dr. Adolf Rotter
Facharzt für Frauenkrankh. u. Geburtshilfe
Wien IX., Nußdorferstraße 4

Bestätigung eines Arztes über eine am 5. September 1944 an einer als „U-Boot" lebenden Frau vorgenommene Entbindung, 28. November 1962 Kat. Nr. 9/24

einmal mehr, wie engherzig Österreich mit den Opfern verfuhr. *Da ein Leben im Verborgenen schon an sich menschenunwürdig ist, § 14 Abs. 2 Lit. c OFG. aber ausdrücklich ein Leben im Verborgenen unter menschenunwürdigen Bedingungen erfordert, muß mit letzterem etwas gemeint sein, was über die dem Leben im Verborgenen notwendig innewohnende Menschenunwürdigkeit hinausging. Als menschenunwürdige Bedingungen sind darnach menschenunwürdige äußere Umstände anzusehen, denen der Verfolgte bei seinem Leben im Verborgenen unterworfen war. [...] liegen jedenfalls vor, wenn der Verfolgte während des Lebens im Verborgenen auf oder unter der Stufe eines Häftlings leben mußte oder wenn andere besonders einschneidende Daseinserschwerungen vorlagen. So wenn nach dem Verfolgten intensiv geforscht wurde und er sich deshalb in Verstecken aufhalten und oft die Flucht ergreifen mußte [...]. Hingegen ist die Unmöglichkeit, an den allgemeinen Errungenschaften der Kultur und Zivilisation infolge des Lebens im Verborgenen teilzunehmen, ebensowenig menschenunwürdig, wie die Unmöglichkeit freien Verkehrs mit der Umwelt und freier Bestimmung des Aufenthaltsortes, da dies notwendig zum Leben im Verborgenen gehört.*[40] Erst 1970 wurde mit der 21. Novelle zum Opferfürsorgegesetz für Personen, die innerhalb der österreichischen Staatsgrenzen versteckt gelebt hatten, hier eine Verbesserung erzielt. [41] Dennoch fochten viele Betroffene jahrelang einen für die Behörden beschämenden Kampf um ihre Anerkennung. Gerade bei sogenannten Mischlingen oder Fällen, die aufgrund der individuellen Situation von der Norm abwichen, zierten sich die Behörden mit einer äußerst bedenklichen sprachlichen Argumentation: *[...] seine Abstammung war den NS-Behörden nicht bekannt. Er war daher von Verfolgungen aus den Gründen der Abstammung nicht bedroht und bestand für ihn daher auch keine Veranlassung, ein Leben im Verborgenen zu führen. [...] ist zu bemerken, daß sogenannte Mischlinge ersten Grades in der NS-Zeit zwar gewissen Beschränkungen in der Ausbildung und beruflichen Tätigkeit unterworfen waren, von Deportationen, die ein Leben im Verborgenen erforderlich gemacht hätten, grundsätzlich aber ausgenommen waren.*[42]

Sidonie Rubin mit ihrem im Versteck geborenen Kind, nach 1945 Kat. Nr. 9/24

Es war zwar „zu Ende", aber es war noch lange nicht „alles vorbei". Das empfanden – und empfinden – die meisten Verfolgten des NS-Terrors. Für viele wird es wohl niemals wirklich vorbei sein. *Dieses Leben im Verborgenen hat schon sehr entscheidend auf mein weiteres Leben gewirkt. [...] Das ist mir schon oft gesagt worden, daß ich das doch schriftstellerisch bearbeiten sollte. Das ist ja sehr unangenehm und selbstquälerisch, sich überhaupt an diese Zeit, an die ganze Situation zu erinnern. [...] Aber ich hab' es in einigen Fällen aufgeschrieben, aber nicht so ausführlich, wie ich könnte. Ich glaube, die Opfer haben als einzige das Recht zu vergessen.*[43]

1 Peter Kunze, Dorothea Neff. Mut zum Leben. Wien 1983, S. 94.
Im Rahmen dieses Beitrages können nur einige Aspekte behandelt werden. Zusammenfassende Aufsätze und Darstellungen zu diesem Thema siehe auch: Brigitte Ungar-Klein, Bei Freunden untergetaucht – U-Boot in Wien. In: Kurt Schmid/Robert Streibel, Der Pogrom 1938. Wien 1990, S. 87–92, und Dokumentationsarchiv des österreichischen Widerstandes (Hg.), Jüdische Schicksale. Berichte von Verfolgten. Wien 1992, S. 604–670.

2 Die Konzentration der jüdischen Bevölkerung auf einige wenige Bezirke Wiens, vor allem im 1., 2., 9. und 20. Bezirk gab es reine „Judenhäuser", und die nächtliche Ausgangssperre schufen die Voraussetzungen für diese Aktionen.

3 Brief von Rosalia Ista an Prof. Erika Weinzierl, 1982. Rosalia Ista war im 7. Bezirk zur Schichtarbeit zwischen 3 Uhr nachmittags und 11 Uhr nachts verpflichtet.

4 Im Schulgebäude Kleine Sperlgasse 2a war ein Sammellager für zum Transport nach dem Osten bestimmte Juden eingerichtet.
Interview mit Rosalia Ista – Privatsammlung Brigitte Ungar-Klein – Rosalia Ista konnte aber schließlich doch noch bei einer Freundin Unterschlupf finden und überlebte in Wien, wie auch ihre Schwester.

5 Jüdische Schicksale, S. 610, 624 f.

6 Die Verwaltung der Bundeshauptstadt Wien 1945–47. Verwaltungsbericht hrsg. vom Magistrat der Bundeshauptstadt Wien. Wien 1949, Bd. 1, S. 162.

7 Nachlaß Albert Loewy. Karton Israelitische Kultusgemeinde. Institut für Zeitgeschichte der Universität Wien.

[8] C. Gwyn Moser, Jewish U-Boote in Austria. 1938–45. In: Simon Wiesenthal Center, Annual Volume 2, 1985. Die für die Zählung maßgebenden Quellen sind: Bestände der Zentralregistrierung für die Opfer des NS-Terrors (Wiener Stadt- und Landesarchiv), Akten des KZ-Verbandes (DÖW) und Dokumente des Sozialministeriums, Abteilung Opferfürsorge (DÖW). Eine weitergehende Zählung, die u. a. zusätzlich die Mitgliederkartei des 1945 von Dr. Hugo Glaser gegründeten U-Boot-Verbandes und die Tagesberichte der Gestapo miteinbeziehen wird, ist von der Verfasserin im Rahmen einer Dissertation zu diesem Thema in Arbeit. Personen, die mit Hilfe gefälschter Personaldokumente als „Arier" relativ unbehelligt lebten und arbeiteten, werden dann ebenfalls berücksichtigt werden, sofern sie in den Quellen aufscheinen oder durch persönliche Informationen der Verfasserin bekannt wurden.

[9] Die – leider nicht vollständig erhaltenen – Tagesberichte der Gestapo sind im DÖW einsehbar. Mehr als 500 Fehlversuche konnten aufgrund dieser Aufzeichnung registriert werden. Die Auswertung der Kartei der Deportierten in der Israelitischen Kultusgemeinde Wien im Rahmen des Forschungsprojektes „Österreichische Holocaustopfer" kann hier möglicherweise ein noch genaueres Bild geben.

[10] Siehe z. B. DÖW 19.929.

[11] Mit dem am 19. August 1953 von der Knesset, dem israelischen Parlament, verabschiedeten „Gesetz zum Andenken an die Märtyrer und Helden" wurde einerseits die Einrichtung einer Gedenkstätte für die Opfer des Holocaust, Yad Vashem, beschlossen, anderseits sollten Menschen, die Juden geholfen und damit ihr eigenes Leben aufs Spiel gesetzt haben, ausgezeichnet werden. Auf Antrag werden diese „Gerechten der Völker" geehrt. Mehr als 60 ÖsterreicherInnen erhielten bisher für unterschiedliche Hilfestellungen diese Ehrung. Für Erika Weinzierl waren es „Zu wenig Gerechte".

[12] Jüdische Schicksale, S. 632 ff.

[13] Jüdische Schicksale, S. 628 f.

[14] DÖW E 21.290.

[15] DÖW – Sammlung Zeitzeugen Nr. 374.

[16] Jüdische Schicksale, S. 611.
In den meisten Fällen wurde die Entscheidung unterzutauchen zwischen Herbst 1941 und Herbst 1942 getroffen. In diesem Zeitraum wurden die großangelegten Deportationen durchgeführt.

[17] Jüdische Schicksale, S. 634, 640.

[18] Jüdische Schicksale, S. 642.

[19] Jüdische Schicksale, S. 648.

[20] Jüdische Schicksale, S. 645.

[21] P. Ludger Born SJ, Die Erzbischöfliche Hilfsstelle für nichtarische Katholiken in Wien, hrsg. v. P. Lothar Groppe SJ, Wien 1978, S. 56.

[22] Sidonie und Josef Rubin-Bittmann lebten längere Zeit bei einem Hausmeisterehepaar im 2. Bezirk in der Ferdinandstraße. Der kleine, fensterlose Raum wurde gegen Bezahlung vergeben. Auch nach Ende des Krieges wurde das Ehepaar von Familie Rubin-Bittmann finanziell unterstützt. Siehe: Jüdische Schicksale, S. 651 f.

[23] Erika Weinzierl, Zu wenig Gerechte. Österreicher und Judenverfolgung 1938–1945. Wien – Graz, 2. Aufl. 1985, S. 154.

[24] Jüdische Schicksale, S. 622.

[25] Siehe u. a. Jüdische Schicksale, S. 641, 646, 660.

[26] Peter Kunze, Dorothea Neff, S. 102 f.

[27] Erika Weinzierl, Zu wenig Gerechte, S. 163.

[28] Jüdische Schicksale, S. 664–670, S. 647–653.

[29] „Du bleibst bei mir." In: Kurier, 5. März 1979.

[30] Jüdische Schicksale, S. 655.

[31] Bei der Vielzahl an Opfern ist anzunehmen, daß sich darunter auch U-Boote und Helfer befanden, diese wurden jedoch kaum aktenkundig. Hans Posiles, der in Baden bei Wien bei Maria Fasching Aufnahme gefunden hatte, kam gemeinsam mit seiner Helferin in den letzten Kriegstagen ums Leben. Beide hatten keine Ausweispapiere, durch Angehörige wurde ihr Schicksal bekannt. Maria Fasching wurde posthum durch Yad Vashem ausgezeichnet.

[32] Jüdische Schicksale, S. 662 f.

[33] Interview Ruth G. – Privatsammlung Brigitte Ungar-Klein.

[34] Gespräch mit Herma Braun am 9. Juli 1995. Herma Braun hatte seit dem Sommer 1942 als U-Boot an mehreren Adressen gelebt. Siehe auch: Jüdische Schicksale, S. 617–621.

[35] Peter Kunze, Dorothea Neff. S. 118.

[36] Interview Irma Eisner – Privatsammlung Brigitte Ungar-Klein.

[37] Interview Vilma Neuwirth – Privatsammlung Brigitte Ungar-Klein.

[38] Henriette Ehlers, Berufungsschreiben vom 1. August 1953 an MA 12 – E 250/52 – Privatsammlung Brigitte Ungar-Klein. Das Verfahren zog sich über Jahre. Mit 19. Dezember 1956 erging erneut ein abschlägiger Bescheid mit dem Hinweis auf die damals geltenden Bestimmungen.

[39] 12. Novelle des Opferfürsorgegesetzes vom 22. März 1961.

[40] Opferfürsorge Wien, Bescheid des Bundesministeriums für Soziale Verwaltung, Zl. IV-90.794-31/67 aus 1967.

[41] 21. Novelle des OFG vom 11. November 1970. Mit der 22. Novelle des OFG vom 26. April 1972 wurde dieser Passus auch für jene U-Boote beseitigt, die im Ausland überlebt hatten.

[42] Bundesministerium für Soziale Verwaltung. Zl. 240.094/7-5/1980. Bescheid vom 18. September 1980. – Privatsammlung Brigitte Ungar-Klein. Der Berufungswerber wurde 1939 geboren. Seine Mutter hielt den Vater als U-Boot verborgen. „Grundsätzlich" – um diese Diktion beizubehalten – muß festgehalten werden, daß auch sogenannte Mischlinge oder Geltungsjuden sowie Juden in Mischehen ebenfalls zum gefährdeten Personenkreis gezählt werden müssen. Bei der geringsten Verfehlung – Nichttragen des „Gelben Sterns", Besuch eines Cafés oder Gasthauses, politische Betätigung usw. – liefen sie ebenfalls Gefahr, deportiert zu werden.

[43] Jüdische Schicksale, S. 683.

Hilde Spiel

UNWILLKOMMEN?

Zur Rückkehr von Emigrantinnen und Überlebenden aus den Konzentrations- und Vernichtungslagern

Helga Embacher

Es hat seit 1945 keinen Tag gegeben, an dem ich nicht an Auschwitz gedacht hätte.[1]

Opfer? Die gab es nicht, Österreich war ja bekanntlich das erste Opfer Hitlers gewesen. Der Herr Karl, der es sich immer gerichtet hatte, unter Hitler, nach Hitler, der Herr Karl ist überall.[2]

Wie die Kunsthistorikerin Hilde Zaloscer zynisch bemerkte, konstituierte sich das Österreich der Nachkriegsjahre im Bewußtsein weiter Teile der österreichischen Bevölkerung aus unzähligen Opfern. Niemand wollte sich mit der Vergangenheit auseinandersetzen, überall gab es dieses *Sich-nicht-Erinnern, dieses Darübergleiten, das Verharmlosen, die Tendenz zum Alltag überzugehen.*[3] Bombardierungen, Wohnungsnot, Hunger, Kälte, die Angst vor Vergewaltigungen und die Trauer um die vermißten und gefallenen Männer erlaubten kein Mitgefühl für das Leid der 1938 deportierten und vertriebenen Mitmenschen.

Überlebende aus den Konzentrations- und Vernichtungslagern und RemigrantInnen – insgesamt nur einige tausend[4] – verwiesen durch **ihre** Geschichte und Erinnerung auf die „Halbwahrheit der Opfertheorie".[5] Für sie hatte die Katastrophe viel früher begonnen und sie erlebten Österreicher sowie Österreicherinnen auch als begeisterte NationalsozialistInnen, als AntisemitInnen, als „Ariseure" und mitunter als KZ-Wächter. Während des Krieges standen sie auf seiten der Alliierten, während sich die Hiergebliebenen mit der Deutschen Wehrmacht identifizierten. Ihr Erscheinen nach dem Krieg stellte daher die österreichische Geschichtsinterpretation vom „ersten Opfer des Nationalsozialismus" in Frage und löste bei all denen, die doch kein so reines Gewissen hatten, Schuldgefühle aus. – *Das ist einer der Gründe, warum wir zuviel waren, die wir gekommen sind, denn plötzlich haben sich andere Leiden angemeldet,* analysierte die Auschwitz-Überlebende Mali Fritz die Situation.[6]

RemigrantInnen galten auch als Konkurrenten am Arbeits- und Wohnungsmarkt, und mit den 1952 beginnenden „Wiedergutmachungs"-Verhandlungen fand das antisemitische Vorurteil von den „reichen Emigranten", die Österreich aushungern wollen und hier auch noch steuerfrei leben würden, weite Verbreitung.[7] Wiederholt wurden Vertriebene beschuldigt, im Ausland gut gelebt und keine Bomben gespürt zu haben, während die Österreicher gehungert hätten. – *Die Frau Doktor haben gut daran getan, daß sie fort sind. Allein die Luftangriffe – dreimal haben sie die ganze Stadt in Brand gesteckt*[8] – mit diesen Worten wurde die aus England zurückgekehrte Schriftstellerin Hilde Spiel empfangen. Auch die Schriftstellerin Elisabeth Freundlich – sie kehrte mit ihrem Ehemann Günter Anders aus den USA zurück – fühlte sich nicht willkommen. – *Die Kommentare, die man aus der Bevölkerung zu hören bekam, lauteten etwa: „Wie der piekfein gekleidet ist, nicht so in Lumpen wie wir. Der hat es draußen zu etwas gebracht, sich ein Vermögen erworben, kommt nur, um uns in unserem Elend zu sehen, will womöglich seine alte Wohnung wieder haben. Wir haben diese Zeit unter Bomben verbracht!"*[9]

Selbst jene, die mit Illusionen und mit dem Wunsch, sich am Wiederaufbau eines neuen Österreich zu beteiligen, zurückgekehrt waren, mußten letztendlich akzeptieren, daß zwischen Hiergebliebenen und Vertriebenen kein Diskurs möglich war. – *Tatsächlich hat sich die Kluft zwischen den Hiergebliebenen – und damit waren auch solche gemeint, die ein reines Gewissen haben dürfen – und denen, die man davongejagt hat, nie wieder ganz geschlossen,*[10] schrieb Elisabeth Freundlich. KZ-Erfahrungen, aber auch die 1938 erfolgte Vertreibung aus Österreich ließen bei den Betroffenen lebenslang ihre Spuren zurück. Vertriebene, die selbst „nur" zur Flucht gezwungen wurden, hatten oft eine große Scheu, über ihr Schicksal zu sprechen, da ihnen im Vergleich zu den KZ-Opfern *eigentlich nichts passiert ist.*[11] Zudem fühlten sich viele schuldig, der Verfolgung entkommen zu sein, während andere ermordet worden waren. Erst in den letzten Jahren werden auch in Österreich allmählich die Spätfolgen (auch für die zweite und dritte Generation) von KZ-Haft und Vertreibung akzeptiert.[12]

Remigrantinnen und KZ-Rückkehrerinnen sind mit ihren Geschichten und Problemen kaum an die Öffentlichkeit getreten, auch Wissenschaftlerinnen haben diesen Frauen nur wenig Interesse entgegengebracht.[13] – *Die Kriege gehören den Männern, daher auch die Kriegserinnerungen. Und der Faschismus schon gar, ob man nun für oder gegen ihn gewesen ist: reine Männersache. Außerdem: Frauen haben keine Vergangenheit. Oder haben keine zu haben. Ist unfein, fast unanständig,* schrieb Ruth Klüger in ihrem vieldiskutierten Buch „weiter leben".[14] Während einige politisch verfolgte Frauen als Politikerinnen und Zeitzeuginnen aktiv wurden, wissen wir kaum etwas über das Schicksal katholischer Frauen, über traditionell lebende Jüdinnen,[15] über Zigeunerinnen,[16] über Bibelforscherinnen, über Frauen, die Juden, Partisanen oder Deserteure versteckt, Zwangsarbeiter unterstützt, mitunter sogar geliebt hatten, oder über Frauen, die als sogenannte „Arbeitsscheue" oder Prostituierte ins KZ gesteckt wurden. Vor allem letztere galten auch innerhalb der Überlebenden oft als moralisch minderwertige Menschen. Sie fanden in der Nachkriegsgesellschaft keine Fürsprecher und hatten selbst eine große Scheu, über ihr Schicksal zu sprechen.[17] Während politisch Verfolgte sowie später auch Juden und Jüdinnen Anspruch auf Opferfürsorge erhielten, blieben die meisten anderen Opfer davon ausgeschlossen, ihre Diskriminierung setzte sich auch nach 1945 fort.[18] Als die Ärztin Ella Lingens nach ihrer Rückkehr aus Auschwitz eine Amtsbescheinigung beantragen wollte, wurde ihr diese zuerst verweigert, denn *Juden verstecken, das ist eine private Angelegenheit, das ist nicht Widerstand.*[19]

1938 wurde nicht nur die „männliche Vernunft" aus Österreich vertrieben, auch zahlreiche Künstlerinnen, Wissenschaftlerinnen und Politikerinnen mußten Österreich verlassen oder wurden in Konzentrationslagern ermordet.[20] Während der durch die Vertreibung bedeutender Männer erlittene gesellschaftliche Verlust allmählich ins Bewußtsein rückte, wurden Frauen weiterhin übersehen, ihre Arbeiten unterbewertet oder auch männlichen Kollegen zugeordnet.[21] Erst in den letzten Jahren erweckte die Problematik des „weiblichen Exils" das Interesse von einigen Wissenschaftlerinnen und zunehmend traten auch betroffene Frauen mit Biographien selbst an die Öffentlichkeit.

Der Weg zurück ins Leben

Viele Häftlinge konnten sich über die langersehnte Freiheit nicht mehr freuen, sie wollten nur essen, Ruhe und in einem sauberen Bett schlafen. Relativ viele starben noch kurz nach der Befreiung an Entkräftung oder an den Folgen falscher Ernährung. Wer hingegen noch genügend Kraft aufbringen konnte, wollte so schnell wie möglich nach Wien zurück, um nach Verwandten und Freunden zu suchen. Der Gedanke an das Wiedersehen mit nahestehenden Menschen, mit Freunden, mit zurückgelassenen Partnern oder Kindern konnte zum Überleben beigetragen haben.

Die österreichische Regierung zeigte wenig Bemühen um die Rückholung der ehemaligen Häftlinge. Frauen marschierten zu Fuß, zumeist in Gruppen, teilweise mußten sie sich noch durch Kriegsgebiet wagen, manchmal fanden sie streckenweise auf Pferdewagen oder in überfüllten Zügen eine Mitfahrgelegenheit.[22] Frauen mußten auch vor ihren Befreiern auf der Hut sein, denn diese konnten sich als Vergewaltiger entpuppen. Wie Ruth Klüger schrieb, hörte sie *von jüdischen Frauen, die sich nur mit knapper Not vor den Vergewaltigungsversuchen ihrer russischen Befreier retteten, woraus sich unschwer schließen ließ, daß andere Frauen Pech hatten und am Ende ihrer KZ-Existenz auch dieses weitere Trauma erduldeten.*[23] Auch nach der Befreiung lebte der uralte Ritus von Sexualität und Krieg fort.

Je näher die Heimat rückte, um so größer wurde auch die Sorge vor dem Ungewissen, das auf sie wartete, die Angst vor Enttäuschungen und traurigen Nachrichten. Antonia Bruha schilderte mit sehr eindrucksvollen Worten ihre Ankunft in Wien: *Mit bebenden Herzen fuhren wir über die Simmeringer Hauptstraße, an zerstörten, zerbombten Häuserfronten vorüber. [...] Ich hielt die Augen geschlossen, ich wollte meine geliebte Heimatstadt nicht so zerstört sehen, ich wollte in mir die Frage nicht aufkommen lassen, ob ich meine Eltern, meinen Mann und mein Kind noch lebend vorfinden würde, ich zitterte vor Angst und preßte meine Fingernägel in die Handballen.*[24]

Antonia Bruha konnte ihren Mann und ihr Kind nach einer langen Trennung wieder in die Arme schließen, während ihre Freundin Hermine Jursa noch während ihrer Haft in Ravensbrück die amtliche Verständigung erhalten hatte, daß ihre Ehe auf Wunsch des Mannes geschieden wurde. Durch die Scheidung verlor sie ihre Wohnung, und sie mußte nach ihrer Rückkehr vorerst notdürftig in einem Heimkehrerhaus Zuflucht suchen.[25] Auch für RemigrantInnen bedeutete jedes Wiedersehen mit vertrauten Menschen nicht nur Freude, sondern auch Trauer und Schmerz über die Nachricht von den vielen ermordeten und auch gefallenen Freunden und Freundinnen. Vor allem viele Jüdinnen und auch Zigeunerinnen mußten oft von der Ermordung ihrer gesamten Familien erfahren. Alleinsein gehörte von nun an zu ihrem Schicksal.

Nach langen Märschen in Österreich angekommen, wurde KZ-Überlebenden bald zu Bewußtsein gebracht, daß sie in ihrer Heimat nicht willkommen waren, daß ihnen ein negatives Image anhaftete.[26] „KZler" galten in weiten Kreisen der Bevölkerung als Kriminelle, Juden und Jüdinnen stießen zudem noch auf Antisemitismus; manche scheuten nicht einmal davor zurück, Überlebende als *Hitlers Unvollendete* zu bezeichnen.[27] Jüdische Überlebende mußten für die Anerkennung als Opfer sowie für die Aufnahme in den bereits Ende 1945 von politisch Verfolgten gegründeten KZ-Verband kämpfen, Zigeunern und Zigeunerinnen und sämtlichen anderen Häftlingsgruppen blieb die Unterstützung teilweise bis heute verwehrt.[28]

Gestapo-Fotos von Antonia Bruha, Oktober 1941 Kat. Nr. 9/31

Vom Verlust der Weiblichkeit

Frauen wurden in den Konzentrations- und Vernichtungslagern nicht nur ihrer menschlichen Würde, sondern auch ihres Frau-Seins beraubt. Wiederholt beschrieben sie den Schock über den Verlust ihrer Weiblichkeit, aber auch das Bemühen um die Aufrechterhaltung von weiblicher Identität unter Extrembedingungen.[29] Vor allem das Abrasieren der Haare erlebten sie als besondere Demütigung, als Entsexualisierung. Während alle Jüdinnen geschoren werden mußten, durften andere Frauen die Haare behalten, sofern sie keine Läuse hatten. – *Wir sahen aus wie Affen. Es waren so schöne Frauen unter uns, mit dem Haar war alles dahin,* schrieb Grete Salus über den Verlust der Haare.[30]

Zumindest in Auschwitz-Birkenau setzte bei fast allen Frauen die Menstruation aus, was angesichts der Bedingungen im KZ nicht nur als Erleichterung erlebt wurde. – *Es tut weh, die unreinen Tage nicht mehr zu haben, man fühlt sich nicht mehr als Frau, man gehört schon zu den Alten,* schrieb Fania Fenelon in ihrem bekannten Buch über das Mädchenorchester von Auschwitz.[31] Einige Frauen berichteten, daß bei ihnen die Menstruation nach einer Verbesserung der Lagerbedingungen wieder eingesetzt hatte, bei anderen kam sie am Heimweg, bei anderen einige Monate, oft erst ein Jahr später. Viele litten an Unterleibserkrankungen, an chronischen Eierstockentzündungen, manche wurden für immer unfruchtbar.[32]

Auch die abgemagerten Körper und die durch die Extrembedingungen erfolgte Alterung machten Frauen nach der Befreiung zu schaffen. – *„Na Muttchen, setzt euch mal zu mir." Hab ich mir gedacht: „Gut schau ich aus,"*[33] schilderte die Wienerin Anna Sussman eine ihr unangenehme Episode. Auch Simha Nahor – sie stammte aus Wien und wanderte nach dem Krieg nach Israel aus – war sich nach ihrer Befreiung bewußt, daß sie *einen fürchterlichen Anblick darstellen mußte,* daß sie einem *normalen Menschen wie ein Wesen aus einer anderen Welt vorkommen muß.*[34]

Antonia Bruha schilderte sehr berührend die Ablehnung, die ihr ihre Tochter aufgrund ihres Äußeren entgegenbrachte: *„Schau, deine Mutti ist gekommen", sagte mein Mann, mit den Tränen kämpfend. „Nein, nein", schrie das Kind und versteckte sich hinter der Tante, wie es seine Pflegemutter nannte. Weinend flüsterte es hinter ihrem Rücken: „Meine Mutti ist die auf dem Bild, an der Wand, diese häßliche Frau ist nicht meine Mutti!" Immer habe ich mir vorgestellt, wie schön es sein wird, wenn ich überlebe, wie ich mein Kind umarmen und an* *mich drücken werde. Das wirkliche Wiedersehen entsprach dieser meiner Vorstellung keineswegs. [...] Die unsagbare Seligkeit, die ich empfand, als meine Tochter nach einer mir ewig scheinenden Zeit das erstemal ihre Arme um meinen Hals legte, sich an mich schmiegte und mit zitterndem Stimmchen sagte: „Mutti, ich hab dich lieb!"*[35]

Bewältigungsversuche

Um nicht mehr allein zu sein, heirateten viele Frauen bald nach der Befreiung. Die Partner mußten häufig die ermordete Familie und Verwandtschaft ersetzen, ein verständliches, doch nicht erfüllbares Verlangen, woran auch Ehen wieder zugrundegingen. Viele Frauen wollten auch sofort Kinder zur Welt bringen; als Beweis dafür, daß ihnen ihre Weiblichkeit und ihre Mutterrolle[36] doch nicht genommen werden konnte, aber auch als Zeichen des Sieges über die mordende SS. Wie wissenschaftliche Untersuchungen zeigen, wurde nicht nur die zweite, sondern auch die dritte Generation von den – oft auch den Kindern verschwiegenen – KZ-Erfahrungen der Eltern und Großeltern schwer belastet.[37] – *Ich habe immer das Gefühl gehabt, daß die Kinder von Widerstandskämpfern, von Verfolgten, von KZlern ganz schön schwer an ihren Eltern zu tragen haben,* meinte Mali Fritz.[38] Eine Interviewpartnerin berichtete, daß ihr Sohn an denselben Schlafstörungen wie sie zu leiden habe. Ihre kurz nach dem Krieg geborene Tochter würde ihr Vorwürfe machen, zu kurz nach dem KZ geboren worden zu sein. Obwohl ihre Eltern sehr assimiliert lebten und dem Zionismus fernstanden, zog die Tochter nach der Matura nach Israel.[39]

Die Freude über die Befreiung konnte oft nur kurz genossen werden, auch das Leben nach dem Überleben mußte gelernt sein. Manche versuchten, das Erlebte durch Erzählungen oder durch Schreiben zu bewältigen. Doch im Nachkriegsösterreich wollte sich kaum jemand mit diesen schrecklichen Geschichten belasten, einzelne Mahner und Mahnerinnen blieben ungehört. – *Ein Tuch des Schweigens wurde über die unmittelbare Vergangenheit gebreitet, [...] Literatur über Konzentrationslager und Berichte über persönliche Erlebnisse waren passé,* schrieb Simon Wiesenthal im Nachwort zu Lucie Begovs Buch über ihre Erfahrungen in Auschwitz. Obwohl sie das Manuskript bald nach ihrer Befreiung fertiggestellt hatte, konnte das wichtige Buch erst 1983 publiziert werden. Was besonders schmerzte war,

Rosa Jochmann und Rudolfine Muhr bei der Gründung der Österreichischen Lagergemeinschaft Ravensbrück, 24. Mai 1947
Kat. Nr. 9/32

daß man am Schicksal der KZ-Opfer nicht nur keine Anteilnahme zeigte, sondern auch ihre Erzählungen in Zweifel stellte, das Unglaubliche nicht glauben wollte. – *Die wenigen Überlebenden konnten – wieder nach Österreich zurückgekehrt – in offiziellen Ämtern auch zu hören bekommen: so schlimm wird es schon nicht gewesen sein, sonst wären sie ja nicht mehr da. [...] auch überleben muß man dann noch durchstehen.*[40]

Auch Frauen versuchten, das erlebte Grauen durch politische Arbeit zu bewältigen. Politisch Verfolgte (häufig jüdischer Herkunft) fanden in „ihrer" Partei, in der KPÖ oder SPÖ, einen Familienersatz, eine wichtige gesellschaftliche Aufgabe und somit eine Perspektive für die Zukunft. Antonie Lehr – sie wurde als kommunistische Widerstandskämpferin verhaftet und überlebte Auschwitz sowie Ravensbrück – kam mit *großem Elan* und großen *Illusionen* zurück. – *Wir haben geglaubt, jetzt muß es uns gelingen, ein neues, ganz anderes Österreich aufzubauen. Am nächsten Tag nach meiner Ankunft habe ich schon zu arbeiten begonnen.*[41] Oder die Sozialistin Rosa Jochmann kehrte in die SPÖ zurück, wo sie unermüdlich als Mahnerin gegen Krieg und Faschismus auftrat.[42]

Um weiterleben zu können, versuchten viele die Lagererfahrungen so schnell wie möglich zu verdrängen. Nachts aber wurden sie von grausamen Träumen eingeholt, ein Schäferhund oder ein rauchender Kamin, in den Nachkriegsjahren Symbol für den Wiederaufbau, versetzte sie in das Lager zurück.[43] Unpolitische Frauen, sogenannte „Polenliebchen" oder Frauen, die für ihr menschliches Handeln mit KZ-Haft büßen mußten, konnten oft auch nach ihrer Rückkehr keine Erklärung für ihr Schicksal finden.[44] Auch ihnen bot die Gesellschaft wenig Hilfe zur Aufarbeitung ihres Traumas. Vor allem im Verhalten gegenüber Frauen, die Beziehungen zu Zwangsarbeitern hatten, lebte der alte Rassismus weiterhin fort. Manche Frauen suchten daher die Schuld bei sich selbst und schwiegen. Was bei vielen zurückblieb, war eine ständige Angst. – *Ich habe Angst vor Menschen – ich habe vor nichts solche Angst wie vor Menschen. Wie gut und wie böse sie werden können, dafür gibt es kein Maß, keine Basis, keine Sicherheit. [...] Ich habe Angst – ich habe Angst vor der Zukunft, denn daß dies alles geschehen konnte, daß es andere zuließen, zulassen mußten, eröffnet unheimliche Perspektiven.*[45]

Remigrantinnen

Mehr als 130.000 Österreicher und Österreicherinnen – zur überwiegenden Mehrheit Juden und Jüdinnen bzw. Menschen, die aufgrund der „Nürnberger Gesetze" als Juden der Verfolgung ausgesetzt waren – konnten der nationalsozialistischen Vernichtungspolitik durch eine Flucht ins Ausland entkommen, 65.000 wurden in Konzentrations- und Vernichtungslagern ermordet.[46] Nach der Shoah kehrten nur mehr einige tausend nach Österreich, großteils nach Wien, zurück. Von einigen wenigen Ausnahmen abgesehen, hat sich in Österreich niemand um die Rückholung der Vertriebenen bemüht.

Nur ein kleiner Teil kam für einen Neuanfang. Viele Remigranten waren alt, krank oder scheiterten an den Bedingungen im jeweiligen Exilland. Relativ viele ÖsterreicherInnen kehrten aus Shanghai zurück, einem aufgrund seines für Europäer unerträglichen Klimas und der unsicheren politischen Verhältnisse sehr schwierigen Exilland. Die Wienerin Franziska Tau-

Ankunft von Remigranten aus Shanghai am Aspanger Bahnhof, 12. April 1949 Kat. Nr. 9/1

sig schilderte in ihrer Biographie das mühsame Leben in Shanghai. Während ihr Mann an der Emigration völlig scheiterte – er verzweifelte am Verurteiltsein zum Nichtstun, an seiner Hilflosigkeit und war vom ersten Tag an krank –, entwickelte sie sich zu einer selbstbewußten Frau. Es gelang ihr, ein Restaurant zu eröffnen, wo sie selbstgebackene Wiener Mehlspeisen verkaufte und damit das Überleben ermöglichte. Ihr Mann starb noch in Shanghai, sie kehrte nach Wien zurück, um ihren Sohn zu treffen, der in England überlebt hatte.[47]

Auch Palästina/Israel erwies sich als schwieriges Exilland. Viele deutsche und österreichische Juden scheiterten vor allem am Erlernen der hebräischen Sprache. Die begeisterte Schauspielerin Stella Kadmon wollte nach dem Krieg so schnell wie möglich zurück, um wieder am Theater zu arbeiten. In Israel konnte sie ihren Beruf nicht mehr ausüben und verdiente ihren Lebensunterhalt als Masseurin. Vor 1938 hatte sie das bekannte politische Theater „Lieber Augustin" geleitet, nach 1945 gelang es ihr mit vielen Schwierigkeiten, wieder ein eigenes Theater aufzubauen. Während andere Bühnen kritische Schriftsteller noch boykottierten, erlebten im Theater der Courage Bertolt Brecht oder Jean-Paul Sartre Österreichpremieren.[48]

Während Stella Kadmon ihre Rückkehr als geglückt bezeichnete und auf eine erfolgreiche Karriere zurückblicken durfte, fühlte sich die Kunsthistorikerin Hilde Zaloscer nach wie vor unerwünscht in Österreich und sie sprach vom *Schock der Re-Emigration. – So bin ich nicht an der Emigration nach Afrika zerbrochen – obwohl oft schwer zu ertragen, war sie doch auch bereichernd. Gebrochen hat mich die Re-Emigration nach Wien.*[49]

Hilde Zaloscer kehrte erstmals 1947 nach Wien zurück. Da hier noch ein Rest ihrer Familie lebte, wollte sie sich in Österreich eine berufliche Karriere aufbauen. Zutiefst enttäuscht von Österreichs unsensiblem Umgang mit seiner Vergangenheit reiste sie 1947 wieder in ihr früheres Exilland Ägypten zurück. Dort wurde ihr an der Universität Alexandria die Stelle einer Professorin angeboten. Als Folge des Sechstagekrieges mußte sie als Jüdin 1967 wieder einmal *ohne einen roten Heller* die Flucht antreten. Ein weiteres Mal wagte sie die Rückkehr nach Österreich, doch erneut erlebte sie zahlreiche menschliche Enttäuschungen. Auch als Wissenschaftlerin ist es ihr nicht gelungen, eine Arbeit zu finden, mit 65 Jahren lebte sie als *Freelancerin*, von *der Hand in den Mund, meist von Margarinebroten.* Wie sie in einem Vortrag ausführte, hielt sie damals nur die Berufung an die Carleton University in Kanada von einem Selbstmord ab. Als Siebzigjährige ließ sie sich 1974 wieder in Wien nieder.[50]

Vertriebene Künstlerinnen und Akademikerinnen sind in Österreich bald in Vergessenheit geraten, die wenigen zurückgekehrten konnten nur schwer Fuß fassen. – *Hätte ich gewußt, mit welchen Schwierigkeiten ich nach meiner Rückkehr zu kämpfen haben würde,*

Elisabeth Freundlich
Kat. Nr. 9/2

vielleicht hätte ich nicht den Mut aufgebracht, diesen Schritt zu tun, schrieb Elisabeth Freundlich. Im Handgepäck führte sie den Roman „Der Seelenvogel" und zwei Erzählungen mit, doch die Anerkennung als Schriftstellerin blieb ihr in Österreich lange versagt. Erst 1986, zu ihrem 80. Geburtstag, konnte der Roman erscheinen.[51] Im Rückblick konnte Elisabeth Freundlich ihrer Rückkehr auch etwas Positives abgewinnen; sie war stolz auf sich, diejenige geblieben zu sein, zu der sie sich durch die Emigrationserfahrungen entwickelt hat: eine politisch bewußte, aber unabhängige Schriftstellerin.[52]

Auch die bekannte Architektin und kommunistische Widerstandskämpferin Grete Schütte-Lihotzky wurde nach ihrer Rückkehr aus dem Gefängnis kaum mit öffentlichen Aufträgen (lediglich zwei Kindergärten) bedacht. Sie studierte als erste Frau an der Wiener Kunstgewerbeschule Architektur und gilt als die Erfinderin der „Frankfurter Küche", einer modernen, nach rationalen, für die Frau arbeitssparenden Kriterien entworfenen Küche.[53]

Dem Mann zuliebe zurück

Trotz aller Tragik konnte die Vertreibung Frauen auch zu einer gewissen Emanzipation verhelfen. Sie zeigten sich unermüdlich beim Organisieren von Einreisepapieren, ermöglichten ihren Männern damit oft noch im letzten Moment das Entkommen aus dem Konzentrationslager oder nahmen bereitwillig unqualifizierte Arbeiten an. All dies führte nicht selten zu einer Umkehr der herkömmlichen Geschlechterrollen; Frauen entwickelten neue Stärken und arbeitslose, völlig desorientierte Männer konnten sich für sie auch als eine schwere Last erweisen. Dennoch waren Frauen schnell wieder bereit, ihre neu erworbene Selbständigkeit aufzugeben und sich den Interessen des Mannes unterzuordnen.[54] Anna Rattner beschrieb ihre Jahre in Israel sogar als die *sieben fetten Jahre.* Dank ihres unermüdlichen Einsatzes und ihres Erfindergeistes war es ihr gelungen, ein Modegeschäft mit verspielter „Wiener Mode" zu eröffnen. Sie erlebte in Israel einen sozialen Aufstieg, von der Verkäuferin zur Chefin. Zurückgekehrt ist sie, weil ihr Mann es so wollte, weil er in Israel keine Arbeit finden konnte und daran verzweifelte. – *Es ist ein großes Problem, wenn in der Ehe die Rollen umgekehrt sind, wenn der Mann nicht mehr der Chef ist.*[55] Eine Bewohnerin des jüdischen Altersheimes in Wien schilderte ihr Exil in Shanghai und in den USA, wo sie eigentlich sehr zufrieden war, während ihr Mann, ein überzeugter Wiener, zurück wollte: *Ich wäre recht gerne in Amerika geblieben! Aber Debatten gab es in unserer Ehe keine. Mein Mann hat es so haben wollen und so kamen wir bald nach dem Krieg zurück.*[56] Auch F. Fischer, sie kam aus Polen nach Wien, um an der Kunstgewerbeschule zu studieren, hat sich in London wohler gefühlt als in Wien. In Wien konnte sie sich nicht mehr eingewöhnen, es war gespenstisch für sie, unter Mördern zu leben. Sie folgte ihrem Mann, der von der Straßenbahndirektion zurückgerufen wurde und sich nach einem geordneten Leben sehnte. – *Mein Mann wollte zurück. Das ist, wenn man verheira-*

tet ist, und noch dazu blöd ist und sich nicht widersetzt. [...] Es ist so schwer, es wäre, obwohl wir sehr glücklich waren, fast so weit gekommen, daß wir uns getrennt hätten. Ihr eigenes Leben sieht sie als gescheitert, sie hatte sich viel mehr vorgenommen und fühlte sich *um ihr Leben betrogen.*[57]

Zurück in die Partei

Kommunistinnen und auch Sozialistinnen hatten sich immer geweigert, die Vertreibung als etwas Endgültiges hinzunehmen. – *Der Blick war immer ins Land gerichtet. Wir waren eingestellt auf Österreich, nicht auf ein langes Warten in der Emigration,* so die kommunistische Widerstandskämpferin Gerti Schindel.[58] Auch für Frauen konnte die politische Zugehörigkeit ein wesentliches Moment für die Rückkehr nach Österreich bilden. Aus England, Frankreich, Belgien und der Sowjetunion kehrten Mitglieder der vorwiegend kommunistischen Widerstandsgruppen und Exilorganisationen, unter ihnen auch zahlreiche Frauen, zurück. Vor allem nach der Verhaftung vieler Männer hatten Frauen im Widerstand bedeutende Funktionen eingenommen, in England warben sie für ein „freies Österreich". Sozialistinnen und Kommunistinnen waren schon 1934 aus Österreich geflüchtet, andere Frauen stießen erst durch die nationalsozialistische Verfolgung zu Exilorganisationen. Das von den Kommunisten dominierte „Free Austrian Movement" bot vor allem in England vielen Vertriebenen eine Art von Restheimat. Politische Veranstaltungen, aber auch Liederabende in einer „österreichischen Atmosphäre" konnten über das Heimweh hinweghelfen. Selbst unpolitische Menschen entwickelten oft eine Sympathie für den Kommunismus.[59] In Frankreich und Belgien trafen sich Frauen mit Soldaten der Deutschen Wehrmacht, die sie in einer äußerst wagemutigen Art und Weise zum Desertieren überzeugen mußten.[60] Diese sogenannte „Mädelarbeit" erwies sich als eine äußerst gefährliche Aufgabe. Frauen wurden dabei verhaftet und mußten ihren Einsatz mit Auschwitz bezahlen.[61] Nach der Niederschlagung der Demokratie in Österreich hatten sich Österreicherinnen auch den Spanienkämpfern angeschlossen. Zumeist als Krankenschwestern wollten sie einen Beitrag zur Bekämpfung des spanischen Faschismus leisten. Frauen verließen das austrofaschistische Österreich auch aus *Ekel vor den Hahnenfedern am Hut* und aus Angst, von der *Fäulnis des Systems* befallen zu werden, wie es die Schriftstellerin Hilde Spiel ausdrückte.[62] Vor allem Juden und Jüdinnen, die linken Parteien angehörten, standen im Austrofaschismus wenig Karrieremöglichkeiten offen, verheiratete Frauen waren zudem vom 1933 erlassenen „Doppelverdienergesetz" betroffen.[63] Eugenia Quittner konnte nach Abschluß ihres Studiums der Staatswissenschaften keine adäquate Arbeit finden. Als überzeugte Kommunistin emigrierte sie mit ihrem Mann Franz Quittner, einem bekannten Physiker, in die Sowjetunion, damals für sie *eine Reise ins Paradies, in das Land unserer Sehnsüchte, unserer Träume.*[64] Auch die Kommunistin Rosa Puhm wanderte in die Sowjetunion aus, um sich am Aufbau des Sozialismus zu beteiligen. Beide Frauen konnten mit ihren Kindern 1946 mit Hilfe der KPÖ nach Wien zurückkehren, ihre Männer wurden Opfer der „stalinistischen Säuberungen".[65] Dennoch brauchte sie noch viele Jahre, um sich von der Kommunistischen Partei endgültig zu lösen, um den Verlust ihrer politischen Heimat zu riskieren.

Während der Großteil der Vertriebenen einer Rückkehr nach Österreich, in ein Land, das sie gedemütigt und hinausgeschmissen hatte, ablehnend gegenüberstand, ja sogar als „Charakterschwäche"[66] betrachtete, kehrten relativ viele politisch Verfolgte, zumeist jüdischer Herkunft, nach Österreich zurück. Im Unterschied zu „nur rassisch Verfolgten" fühlten sich politisch Verfolgte als Teil der Arbeiterbewegung, und ihr Glaube an die Menschheit wurde durch das Aufgefangensein in einer politischen Organisation nicht völlig erschüttert.[67] Zurückgekehrt waren sie daher vor allem in „ihre" Partei, in das „Rote Wien", voll von Hoffnung, an persönliche Beziehungen und an politische Erfahrungen aus ihrer Tätigkeit vor 1938 anknüpfen zu können. – *Vielleicht war es bei mir deswegen anders, weil ich in der Partei ein zweites Heim gehabt hatte, weil der Sozialismus starke Verwandtschaftsbande schafft. [...] Eine große Familie saß beisammen: erinnerte sich, besprach sich, plante. Und ich war wieder ein Mitglied dieser Familie,* beschrieb die Sozialistin Stella Klein-Löw ihre Rückkehr. Sie hätte sich geschämt, gerade jetzt *Österreich, den Sozialismus in Stich zu lassen.*[68] Stella Klein-Löw machte Karriere als Mittelschulprofessorin und Politikerin, von 1955 bis 1970 wirkte sie als Nationalratsabgeordnete. In dieser Funktion folgte sie Marianne Pollak, die mit ihrem Ehemann Oscar Pollak zu den wenigen Vertriebenen zählte, die von der SPÖ zurückgerufen wurden. Oscar Pollak wurde zum Chefredakteur der „Arbeiterzeitung", Marianne Pollak zur Chefredakteurin der sozialdemokratischen Wochenzeitschrift „Die Frau" ernannt. Marianne Pollak verübte 1963 nach dem Tod ihres Mannes Selbstmord.[69]

Obwohl auch viele politisch Verfolgte noch persönlich den aggressiven Antisemitismus der österreichischen Bevölkerung und die Euphorie über den „Anschluß" erlebt hatten, waren sie bereit, Österreich als „Opfer des deutschen Faschismus" zu sehen, die eigene Opferrolle auf die der ganzen Nation zu übertragen. Trotz Shoah maßen sie ihrer jüdischen Herkunft wenig Bedeutung bei und verstanden sich primär als Sozialistinnen und Kommunistinnen. Sie wollten sich bewußt am Wiederaufbau eines neuen – vielleicht auch kommunistischen oder sozialistischen – Österreich beteiligen. Doch die Konfrontation mit den Realitäten des Nachkriegsösterreich bereitete vor allem Kommunistinnen bittere Enttäuschungen; die Österreicher fühlten sich als besetzt und keineswegs als befreit, und spätestens 1948, mit Beginn des Kalten Krieges wurde der österreichische Widerstand totgeschwiegen. Zudem war die KPÖ bereits nach den ersten Wahlen zur politischen Bedeutungslosigkeit herabgesunken. 1968 trat ein Großteil der jüdischen Remigrantinnen und KZ-Überlebenden aus der KPÖ aus bzw. wurde ausgeschlossen.

Selbst Frauen, die im Widerstand oder in der Emigration ihr Leben riskiert hatten, wurden nach 1945 mit keinen bedeutenden politischen Funktionen bedacht, zumeist ließen sie sich in den „Frauenbereich" abschieben und fühlten sich für „soziale Fragen" zuständig. Frauen kehrten offensichtlich mit weniger Erwartungen zurück als ihre Genossen, die sich für ihren Einsatz häufig eine Belohnung erhofft hatten. Nach der Verfolgung, dem ständigen Leben in Verstecken, sehnten sich viele Frauen nach einem normalen Leben, einer Familie mit Kindern. In gewissen Exilländern wäre das Leben mit Kleinkindern zu gefährlich, ja fast unmöglich gewesen, in England verordnete die Kommunistische Partei ihren aktiven Mitgliedern ein „Kinderverbot",[70] woran sich allerdings nicht alle gehalten haben.

Auch nach 1945 mußten Frauen zugunsten ihrer Familie auf eigene Bedürfnisse verzichten. Träume von einem Studium, manchmal bereits vor 1938 erfolgversprechend begonnen, blieben aus familiären, aber auch aus finanziellen Gründen häufig unerfüllt. – *Wir haben beide den Wunsch gehabt, zu studieren und dann Kinder. Letztendlich hat mein Mann zwei Doktortitel erworben und ich habe zwei Kinder großgezogen,* bemerkte Gundl Herrnstadt etwas zynisch.[71]

Das Ende aller Illusionen?

Wie viele KZ-Überlebende versuchten auch Remigrantinnen ihre Erfahrungen und Enttäuschungen zu verdrängen, mit Illusionen zu leben, unangenehme Begegnungen zu vermeiden. Die Diskussionen während der „Waldheim-Affäre" und der wieder offen zutagegetretene Antisemitismus setzten vielen Illusionen ein Ende und fügten unvernarbten Wunden neue Schmerzen hinzu. Als besonders tragisch erwies sich die Situation für politisch Verfolgte, die zwar mit der KPÖ gebrochen hatten, jedoch noch immer an einen humanen Kommunismus oder Sozialismus glaubten. Sie litten nicht nur am Aufbrechen eines nicht mehr für möglich gehaltenen Antisemitismus, sondern zeigten sich auch vom Zusammenbruch des politischen Systems in Osteuropa schwer getroffen. – *Ich habe das Gefühl, mein ganzes Leben war umsonst, ich habe für etwas Falsches gekämpft,*[72] drückte es eine Interviewpartnerin aus. Enttäuscht von der politischen Entwicklung in Österreich und von den vielen Fehlern „ihrer" Parteien, betrachten Remigrantinnen ihre Rückkehr, manche ihr ganzes Leben, als gescheitert. Daneben finden sich aber auch Remigrantinnen, die betonen, trotz allem ihre Rückkehr nicht bereut zu haben und sich kein anderes Land als Heimat vorstellen zu können. KZ-Überlebende und Remigrantinnen möchten auch nicht immer auf die Rolle eines ewigen Opfers reduziert werden. Gerade viele Frauen weisen ein sehr starkes Selbstwertgefühl auf, auch deshalb, weil sie über die Umstände gesiegt haben.

1 Dagmar Ostermann, in: Der Standard, 17. 7. 1995, S. 4.
2 Hilde Zaloscer, Eine Heimkehr gibt es nicht. Ein österreichisches curriculum vitae. Wien 1988, S. 178.
3 Ebd., S. 117.
4 Friederike Wilder-Okladek, The Return Movement of Jews to Austria after the Second World War. With special considerations of the return from Israel. The Hague, 1970.
Ende 1945 waren bei der Israelitischen Kultusgemeinde Wien 822 männliche KZ-Überlebende und 905 weibliche KZ-Überlebende gemeldet, 1952 insgesamt nur mehr 970. Exakte Zahlenangaben über die Rückkehr von Vertriebenen und KZ-Überlebenden können schwer genannt werden, da nicht alle der Kultusgemeinde angehörten. Viele hatten auch nach dem Überleben eine Scheu vor Ämtern oder andere kamen nur zurück, um ein weiteres Mal zu emigrieren.
5 Ernst Hanisch, Der lange Schatten des Staates. Österreichische Gesellschaftsgeschichte im 20. Jahrhundert. Wien 1994, S. 399.
6 Diskussionsbeitrag von Mali Fritz beim Zeitzeugenseminar, April 1988, St. Virgil/Salzburg, Kassettenaufnahme.
7 Helga Embacher, Neubeginn ohne Illusionen. Juden in Österreich nach 1945. Wien 1995.
8 Hilde Spiel, Rückkehr nach Wien. Frankfurt/Main – Berlin 1989, S. 78.
9 Elisabeth Freundlich, in: Friedrich Stadler (Hg.), Vertriebene Vernunft II. Emigration und Exil österreichischer Wissenschaft. Wien – München 1988, S. 526.
10 Elisabeth Freundlich, Die fahrenden Jahre. Erinnerungen. Salzburg 1992, S. 133. Dazu siehe auch Lola Blonder/Anna Rattner, 1938 – Zuflucht Palästina. Bearbeitet und eingeleitet von Helga Embacher. Wien – Salzburg 1989.
11 Dorit B. Whiteman, Die Entwurzelten. Jüdische Lebensgeschichten nach der Flucht 1933 bis heute. Wien – Köln – Weimar 1995.
12 Erst 1994 wurde in Wien „Amcha-Austria“, ein Zentrum für Holocaust-Opfer, eröffnet. Vgl. Die Gemeinde, April 1995/Nissan 5755, S. 4.
13 Als wesentliche Arbeiten über österreichische Frauen im Widerstand und KZ siehe: Karin Berger/Elisabeth Holzinger/Lotte Podgornik/Lisbeth N. Trallori (Hg.), Der Himmel ist blau. Kann sein. Frauen im Widerstand. Österreich 1938–1945. Wien 1985; dies., Ich geb Dir einen Mantel, daß Du ihn noch in Freiheit tragen kannst. Wien 1987; Erika Weinzierl, Österreichische Frauen in Nationalsozialistischen Konzentrationslagern. In: Dachauer Hefte, 3. Jg., November 1987.
14 Ruth Klüger, weiter leben. Eine Jugend. Göttingen 1992, S. 10.
15 Lucie Begov, Mit meinen Augen – Botschaft einer Auschwitzüberlebenden. Gerlingen 1983. Begov verstand sich als religiöse Jüdin und wollte vor allem auch in ihrer Funktion als Generalsekretärin der „Aktion gegen den Antisemitismus“ vor Antisemitismus warnen.
16 Ceija Stojka, Wir leben im Verborgenen. Wien 1988.
17 Mira Lobe, Die Lüge. In: Christa Gürtler/Sigrid Schmid (Hg.), Die bessere Hälfte. Österreichische Literatur von Frauen seit 1848. Salzburg 1995, S. 295. Lobe beschrieb ein junges Mädchen, das selbst in Israel nicht wagte, über ihr Schicksal als Zwangsprostituierte zu sprechen.
18 Brigitte Bailer, Der NS-Opfer-Fonds. Enttäuschte Hoffnungen der Betroffenen. In: Informationen der Gesellschaft für politische Aufklärung, Nr. 45, Juni 1995, S. 7 ff.
19 Ella Lingens, in: Dokumentationsarchiv des österreichischen Widerstandes (Hg.), Jüdische Schicksale. Berichte von Verfolgten. Wien 1992, S. 634.
20 Helga Embacher, Außenseiterinnen: bürgerlich, jüdisch, intellektuell – links. In: L'Homme, 2. Jg., Heft 2, 1991; Edith Prost, Emigration und Exil österreichischer Wissenschaftlerinnen. In: Friedrich Stadler (Hg.),

Vertriebene Vernunft I. Emigration und Exil österreichischer Wissenschaft 1930–1940. Wien – München 1987.

21 Edith Prost, Vertriebene Frauen. In: Stadler, Vertriebene Vernunft II, S. 1079.

22 Berger u. a., Ich geb Dir einen Mantel, S. 309.

23 Klüger, weiter leben, S. 189.

24 Antonia Bruha, Ich war keine Heldin. Wien – München – Zürich 1984, S. 130.

25 Hermine Jursa/Mali Fritz, Es lebe das Leben. Tage nach Ravensbrück. Wien 1983, S. 73. Berger u. a., Ich geb Dir einen Mantel, S. 271.

26 Jursa/Fritz, Es lebe das Leben, S. 108.

27 Embacher, Neubeginn ohne Illusionen.

28 Brigitte Bailer, Wiedergutmachung kein Thema. Österreich und die Opfer des Nationalsozialismus. Wien 1993.

29 Helga Embacher, Überlebensstrategien von Frauen in Konzentrations- und Vernichtungslagern. Referat, gehalten beim Internationalen Mauthausen-Symposion im Alten Rathaus in Wien, 3.–5. Mai 1995.

30 Grete Salus, Eine Frau erzählt. Bonn 1958, S. 20.

31 Fania Fenelon, Das Mädchenorchester in Auschwitz. München 1981, S. 108. Siehe auch Judith Magyar Isaacson, Befreiung in Leipzig. Erinnerungen einer ungarischen Jüdin. Witzenhausen 1990, S. 102.

32 Berger, Ich geb Dir einen Mantel, S. 312. Lisa Scheuer, Vom Tode, der nicht stattfand. Theresienstadt, Auschwitz, Freiberg, Mauthausen. Eine Frau überlebt. Hamburg 1983, S. 40.

33 Dokumentationsarchiv des österreichischen Widerstandes (Hg.), Erzählte Geschichte. Berichte von Widerstandskämpfern und Verfolgten. Bd. 1, Wien – München o. J., S. 307.

34 Simha Naor, Krankengymnastin in Auschwitz. Aufzeichnungen des Häftlings Nr. 80574. Freiburg – Basel – Wien 1986, S. 65.

35 Bruha, Ich war keine Heldin, S. 131 ff.

36 Jüdische Frauen mit Kindern unter 16 Jahren waren für das Gas bestimmt, und auch die Geburt eines Kindes bedeutete zumeist den Tod. Vgl. Hermann Langbein, Menschen in Auschwitz, Frankfurt/Main – Berlin – Wien 1980, S. 268 ff.

37 Martin S. Bergmann/Milton E. Jucovy/Judith Kestenberg (Hg.), Kinder der Opfer, Kinder der Täter. Psychoanalyse und Holocaust. Frankfurt/Main 1995.

38 Berger u. a., Ich geb Dir einen Mantel, S. 274.

39 Interview mit H. S., Wien 1986.

40 Jursa/Fritz, Es lebe das Leben, S. 102.

41 Antonie Lehr, in: Erzählte Geschichte, Bd. 1, S. 313.

42 Maria Sporrer/Herbert Steiner, Rosa Jochmann. Zeitzeugin. Wien – München – Zürich 1983.

43 Mali Fritz, Essig gegen den Durst. Wien 1986, S. 138.

44 Siehe den Film „Keine gebrochenen Frauen“ von Andrea Riedler und Andreas Maislinger (Österreich 1986).

45 Salus, Eine Frau erzählt, S. 52 ff.

46 Zahlenangabe nach Peter Eppel, Österreicher im Exil. In: Emmerich Tálos/Ernst Hanisch/Wolfgang Neugebauer (Hg.), NS-Herrschaft in Österreich 1938–1945. Wien 1988, S. 533; Jonny Moser, Die Judenverfolgung in Österreich. Wien 1965, S. 202.

47 Franziska Tausig, Shanghai Passage. Flucht und Exil einer Wienerin. Wien 1987.

48 Henriette Mandl, Cabarett und Courage. Stella Kadmon – eine Biographie. Wien 1993.

49 Zaloscer, Eine Heimkehr gibt es nicht, S. 7.

[50] Zaloscer, in: Stadler, Vertriebene Vernunft II, S. 636.
[51] Freundlich, Die fahrenden Jahre, S. 142 und S. 175.
[52] Gabriele Kreis, Frauen im Exil. Dichtung und Wirklichkeit. Darmstadt 1988, S. 73.
[53] Margarethe Schütte-Lihotzky, Erinnerungen aus dem Widerstand 1918–1945. Hamburg 1985; Prost, Emigration österreichischer Wissenschaftlerinnen, S. 467.
[54] Kreis, Frauen im Exil. Siehe auch Stella Hershan, March 1938. Manuskript.
[55] Anna Rattner, 1938 – Zuflucht Palästina.
[56] Die Gemeinde, Februar 1984/Schewat 5744, S. 23.
[57] Um mein Leben betrogen. Interview mit F. Fischer. In: AUF – Eine Frauenzeitschrift. Frauen berichten über ihr Leben in der Zeit von 1934 bis 1945. Sonderheft zum Bedenkjahr 1988.
[58] Berger u. a., Der Himmel ist blau, S. 167.
[59] Jola Zalud, Einem Arbeiter gibt man nicht die Hand. Erinnerungen einer unfreiwilligen Kommunistin. Wien 1995.
[60] Gundl Herrnstadt-Steinmetz, in: Dokumentationsarchiv des österreichischen Widerstandes (Hg.): Österreicher im Exil. Belgien 1938–1945. Wien – München 1987, S. 53.
[61] Hertha Fuchs-Ligeti/Gundl Herrnstadt-Steinmetz, Wien – Belgien – retour? Bearbeitet und eingeleitet von Erika Thurner. Wien – Salzburg 1989.
[62] Hilde Spiel, Interview mit Peter Huemer, in: Im Gespräch, ORF, Ö1, 12. 10. 1989.
[63] Embacher, Außenseiterinnen, S. 66 ff.
[64] Genia Quittner, Weiter Weg nach Krasnogorsk. Wien – München – Zürich 1971.
[65] Rosa Puhm, Eine Trennung in Gorki. Wien 1990.
[66] Embacher, Neubeginn ohne Illusionen.
[67] Fritz Goldner, Die österreichische Emigration 1938–1945. Wien – München 1972.
[68] Stella Klein-Löw, Erinnerungen. Wien 1980, S. 166 ff.
[69] Bettina Hirsch, Marianne. Ein Frauenleben an der Zeitenwende. Wien 1970.
[70] Interview mit Gundl Herrnstadt-Steinmetz, Wien 1990; Zalud, Einem Arbeiter gibt man nicht die Hand, S. 46.
[71] Gespräch mit Gundl Herrnstadt-Steinmetz, Salzburg 1995.
[72] Interview mit H. K., Wien 1990.

Marie Schneider
Kat. Nr. 9/15

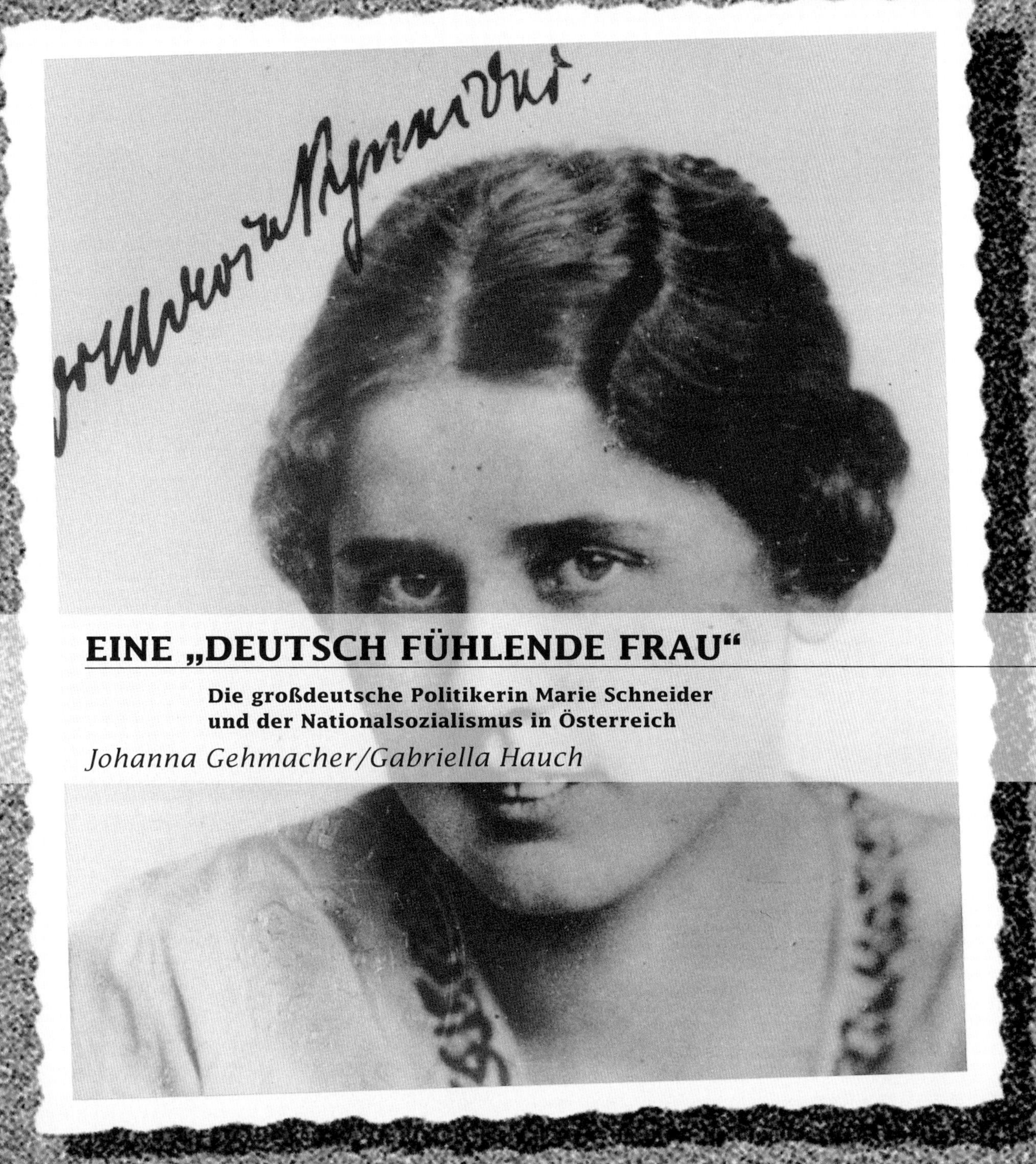

EINE „DEUTSCH FÜHLENDE FRAU“

Die großdeutsche Politikerin Marie Schneider und der Nationalsozialismus in Österreich

Johanna Gehmacher/Gabriella Hauch

„Die Nationalsozialisten – eine Männerpartei!“ So charakterisierte sich die österreichische NSDAP nach den Nationalratswahlen 1930 selbst. Das „weibliche Element“, so heißt es abschätzig, dominiere eben bei den Parteien der „freundlichen alten Herren“.[1] Solche Kraftmeierei hielt freilich eine bedeutene Zahl österreichischer Frauen nicht davon ab, für die NSDAP tätig zu werden, und bei den Gemeinderatswahlen 1932 gaben bereits 103.923 Wienerinnen[2] ihre Stimme jener Partei, die sich offen gegen die politische Gleichstellung von Frauen aussprach.[3] In der nationalsozialistischen WählerInnenschaft waren damit Frauen kaum mehr geringer vertreten als Männer. Parallel zu dieser Entwicklung stieg der – ursprünglich verschwindend kleine – Anteil der Frauen an den NSDAP-Mitgliedern langsam an.[4]

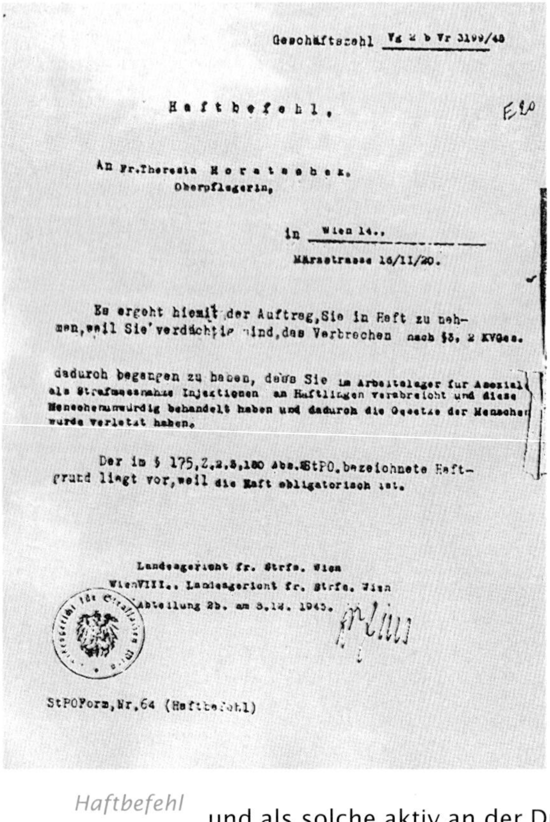
Geschäftszahl Vg 2 b Vr 3199/45

Haftbefehl.

An Fr. Theresia Horatschek,
Oberpflegerin,

in Wien 14.,
Märzstrasse 16/11/20.

Es ergeht hiemit der Auftrag, Sie in Haft zu nehmen, weil Sie verdächtig sind, das Verbrechen nach §3, 2 KVGes.

dadurch begangen zu haben, dass Sie im Arbeitslager für Asoziale als Strafmassnahme Injektionen an Häftlingen verabreicht und diese menschenunwürdig behandelt haben und dadurch die Gesetze der Menschenwürde verletzt haben.

Der im § 175, Z. 2, 3, 180 Abs. StPO. bezeichnete Haftgrund liegt vor, weil die Haft obligatorisch ist.

Landesgericht f. Strfs. Wien
Wien VIII., Landesgericht f. Strfs. Wien
Abteilung 2b. am 8.12. 1945.

StPOForm, Nr. 64 (Haftbefehl)

Haftbefehl gegen Theresia Horatschek, weil sie „Asoziale“ mit Injektionen bestraft und menschenunwürdig behandelt haben soll, 8. Dezember 1945
Kat. Nr. 9/13

Frauen wirkten bei der politischen Bewegung zur Machtübernahme des nationalsozialistischen Regimes mit, sie beteiligten sich auch an seinen Verbrechen. Wenngleich ihre Macht- und Wirkungsbereiche vor dem Hintergrund der nationalsozialistischen Geschlechterpolitik in spezifischer Weise definiert und deutlich kleiner waren als jene der Männer, so hat die feministische Geschichtsforschung der letzten Jahre doch eine ganze Reihe von Feldern aufgezeigt, in denen Frauen sich an Beraubungen, Gewaltakten und Tötungen beteiligten oder zu deren Durchführung beitrugen. So wurde etwa die Rolle von Fürsorgerinnen, Krankenschwestern und Ärztinnen bei der Ausgrenzung, Zwangssterilisation sowie Ermordung von Behinderten und sogenannten „Asozialen“ analysiert,[5] die Geschichte und Bedeutung von KZ-Wächterinnen untersucht[6] und auf Frauen als Begünstigte von Arisierungen[7] wie als Denunziantinnen[8] hingewiesen.[9] Forschungen, die solche Zusammenhänge in den Gesamtkontext sowohl der nationalsozialistischen Ausgrenzungs- und Mordpolitik als auch seiner spezifischen Geschlechterpolitik stellen, können helfen, das Stereotyp von „den Frauen“ als passive Opfer der nationalsozialistischen Geschlechterpolitik ebenso zu entkräften wie jene Projektionen, in denen „die Frauen“ als eigentliche Anstifterinnen der Verbrechen des Nationalsozialismus erscheinen.[10]

Im folgenden soll es um eine Gruppe gehen, die zwar zum Teil identisch mit der oben genannten ist, sich aber unmittelbarer politisch definiert: um jene Frauen, die sich explizit als nationalsozialistische Politikerinnen definierten und als solche aktiv an der Durchsetzung nationalsozialistischer Herrschaft mitwirkten. Richtete sich der Blick in der deutschen Forschung vor allem auf die von Frauen getragenen integrativen wie ausgrenzenden Strategien und Maßnahmen gegenüber der weiblichen Bevölkerung ab 1933, so muß für Österreich der Geschichte des Nationalsozialismus als oppositionelle (vor 1933) und als illegale (1933–1938) Bewegung von zunehmender politischer Bedeutung ebenso große Aufmerksamkeit gelten. Zu fragen ist nicht nur, warum sich Frauen für die „Männerpartei" NSDAP engagierten, zu fragen ist insbesondere auch nach ihrer Rolle in der Zeit der Illegalität der nationalsozialistischen Bewegung 1934 bis 1938, als Frauen unter dem Schutzmantel des ihnen zugeschriebenen „unpolitischen" Sozialcharakters maßgeblich zur Aufrechterhaltung der Beziehungsnetze der illegalen Bewegung beitrugen.

Stellvertretend für jene deutschnational orientierten Frauen, die bei der Tarnung illegaler Zusammenhänge mitgewirkt hatten, schrieb die Wiener Lehrerin und ehemalige großdeutsche Nationalratsabgeordnete Dr. Marie Schneider im März 1938 an die nationalsozialistische Reichsfrauenführerin Gertrud Scholtz-Klink: *Am Tage des Eintreffens des Führers in Wien begrüßen die deutsch fühlenden Frauen Österreichs, die seit Kriegsende die Heimkehr Österreichs zum Deutschen Reich ersehnten und dafür gearbeitet haben, die Reichsfrauenführerin aus ganzem Herzen und bitten Sie, die Frauen Österreichs bald zu besuchen.*[11] Am Beispiel und entlang der politischen Karriere von Marie Schneider soll im folgenden die Frage nach der politischen Beteiligung österreichischer Frauen am Nationalsozialismus sowohl als Bewegung als auch als Regime an der Macht aufgeworfen werden.

Reichsfrauenführerin Gertrud Scholtz-Klink bei einer Wahlrede im Wiener Konzerthaus, 1938

Eine frühe Akademikerin ...

Marie Schneider wurde 1898 in Wien geboren und wuchs in einem katholischen Beamtenhaushalt in Wien und Klosterneuburg auf.[12] Ihr Vater war Inspektor bei den k. k. Staatsbahnen und trug den Titel Regierungsrat, ihre Mutter kümmerte sich um den Haushalt. Ihre Kindheit und Jugend fielen in die bewegten Jahre des Wiener Fin de Siècle, das auch von ersten Erfolgen der Frauenrechtsbewegung geprägt wurde. 1892 schuf die Gründung des ersten Mädchengymnasiums in Wien durch den Verein für erweiterte Frauenbildung die Voraussetzung für den Zugang von Frauen zur Universität.[13] Bis 1906 mußten die Absolventinnen des Gymnasiums die Matura extern am Humanistischen Gymnasium ablegen, erst 1910 bekam die Schule das Öffentlichkeitsrecht. Zu jener Zeit standen Mädchen bezüglich gebührenpflichtiger schulischer Weiterbildung nur wenige Möglichkeiten offen, die konkret mit einer Berufsperspektive verbunden waren: Fortbildungskurse in Hausarbeiten und Sprachen, höhere Töchterschulen, Fortbildungsschulen für Lehrmädchen, Fachschulen für Hebammen, Lehrerinnen, Kindergärtnerinnen, für Kunstgewerbe und den Postdienst.[14] Keine sehr vielfältige Palette, zieht man die zunehmende Notwendigkeit auch für Töchter aus bürgerlichem Milieu in Betracht, selbst für ihren Lebensunterhalt aufkommen zu müssen.

Marie Schneider hatte Glück. 1909 wurde sie Schülerin des ersten Wiener Mädchengymnasiums in der Rahlgasse, im VI. Bezirk. Nach erfolgreicher Matura inskribierte sie im Wintersemester 1917/18 an der philosophischen Fakultät der Universität Wien, die im Wintersemester 1897/98, ein Jahr vor ihrer Geburt, für Frauen geöffnet worden war. Aber auch zu diesem Zeitpunkt waren Frauen vom Studium der Jurisprudenz noch ausgeschlossen. Wäre Marie Schneider zwei Jahre später geboren, hätte sich ihr Wunsch, Staatswissenschaften zu studieren, erfüllen können. Erst die Gründung der demokratischen Republik, an deren Zerstörung sie später mitwirken sollte, brachte Frauen den unbeschränkten Zugang zur Universität. So studierte sie Naturwissenschaften und Geographie für das Lehramt.

Lehrerinnen bildeten die Avantgarde der bürgerlichen Frauenbewegung und der parteipolitisch[15] nicht in der Sozialdemokratie engagierten ersten Frauengeneration. Noch als Studentin wurde Marie Schneider 1919 Mitglied des deutschnational-antisemitischen Nationaldemokratischen Volksvereins, der wie die spätere Großdeutsche Volkspartei (GDVP) viele Lehrerinnen und Akademikerinnen zu seinen Mitgliedern zählte. Zum dreißigköpfigen Vorstand gehörten die Sekretärin des Wiener Frauen-Erwerbsvereins – von dem die Initiative zur Gründung des Mädchengymnasiums in der Rahlgasse ausgegangen war – Bertha Klosy, die Direktorin eines der beiden Mädchenlyceen in Wien Prof. Hildegard Meissner, die Mittelschullehrerin Prof. Cornelie Benndorf, Dr. Margarethe Miltschinsky und Grete Christan, eine Schriftstellerin.[16] Nach ihrer Promotion mit Auszeichnung im Jahre 1921, absolvierte Marie Schneider ihre Ausbildung zur Gymnasiallehrerin in der Rahlgasse. Erst im Jänner 1925 erlangte sie mit 26 Jahren, nach verschiedenen kurzfristigen Beschäftigungen, wie 1923 als Erzieherin im Kindererholungsheim der GDVP,[17] eine „wirkliche“ Anstellung als Erzieherin und Lehrerin an der Bundeserziehungsanstalt für Mädchen in der Kalvarienberggasse, im XVII. Bezirk. 1930 wechselte sie in das Mädchengymnasium in der Wanzgasse, im XIII. Bezirk.[18]

Mit dieser Biographie zählte Marie Schneider zur ersten Frauen-Generation in Österreich, die nicht aus dem liberalen (Groß)Bürgertum stammte und bereits in den Genuß von Bildungsmöglichkeiten für Mädchen kam, die die Frauenrechtsbewegung durchgesetzt und ermöglicht hatte. Damit verbundenen Grundsätzen, wie das Recht der Frauen auf Berufstätigkeit bei gleicher Entlohnung, die Ablehnung patriarchalen Ehe- und Familienrechts oder der Wiedereinführung des Zölibats für Beamtinnen blieb sie treu und auf Studienreisen, vor allem in skandinavische Länder, machte sie sich mit den Erfahrungen mit dem Frauenstimmrecht vertraut.[19] Marie Schneider verkörperte – zwar ohne Bubikopf – einen modernen Frauentyp: jung, Akademikerin, berufstätig, unverheiratet, selbstbewußt und politische Spitzenfunktionärin. In den männerbündlerisch-populistischen Texten der Anfangszeit der NSDAP hatten Frauen mit diesen Attributen keinen Platz. Seit den dreißiger Jahren wuchs jedoch auch in der NSDAP der Bedarf nach Kompetenzen wie sie Marie Schneider bieten konnte, und der von ihr verkörperte Frauentyp wurde eine Facette der einander oft widersprechenden, von der nationalsozialistischen Ideologie – im Rahmen der NS-Rassengesetzgebung – propagierten Frauenbilder.

Frauen- und Geschlechterpolitik in deutschnationalen und völkischen Organisationen

Marie Schneider war 1920 Gründungsmitglied der GDVP, die sich aus einem breiten Spektrum deutschnationaler Parteien und Vereine zusammenschloß. Beim Parteitag der GDVP 1921 vertrat sie mit anderen Frauen bereits den „Reichsfrauenausschuß" der Partei[20] und war 1924 und 1925 für dieses Gremium Mitglied der Parteileitung.[21] 1930 kandidierte sie mit einem frauenspezifischen Wahlkampf für den Nationalrat und zog als jüngste Abgeordnete und einzige weibliche Vertreterin der GDVP in den Nationalrat ein.[22] Gleichzeitig mit dieser öffentlichen Funktion übernahm sie nun auch in anderen deutschnationalen Organisationen Schlüsselpositionen: sie wurde Vorsitzende des Reichsverbandes deutscher Frauenvereine und Ausschußmitglied des Deutschen Verbandes für Jugendwohlfahrt.[23] 1931 gründete sie zudem die Völkische Nothilfe, einen Dachverband, der die milieugebundene private Fürsorge deutschnationaler und völkischer Vereine koordinierte.[24]

Der organisatorische Hintergrund der Frauenpolitik in der GDVP wies – entsprechend dem Charakter einer Sammelbewegung – eine mehrschichtige Struktur auf. Während die Integration in die Parteistruktur über ein System von Frauenausschüssen stattfand, lag die Basisarbeit großteils bei den unterschiedlichsten „unpolitischen" Frauenvereinen, die im Reichsverband deutscher Frauenvereine zusammengeschlossen waren. Beides wurde allerdings vielfach von denselben Personen betrieben.[25] Vereine wie etwa der Verband deutscher Frauen „Volksgemeinschaft" organisierten vor allem Selbsthilfeaktivitäten von Mittelschichtshausfrauen. Sie verborgten Staubsauger, veranstalteten Nähkurse und boten in Verkaufsausstellungen die Produkte geheimgehaltener Heimarbeit bürgerlicher Hausfrauen an.[26] Die Einbindung fand also vor allem über praktische Angebote, weniger über ein Programm statt. Die geschlechterpolitische Programmatik der Partei legitimierte freilich auch, was hier geschah: die ausschließliche Zuschreibung der nach dem Auszug der Dienstmädchen[27] in den verarmenden Mittelschichtshaushalten anfallenden Hausarbeit an die Frauen. Die Funktionärinnen der GDVP kämpften für die Anerkennung des Berufes „Hausfrau"[28] und suchten mit dem Entwurf von „Hauswirtschaftskammern" eine politische Vertretung der Hausfrauen zu entwickeln.[29] Dementsprechend setzten sie sich auch intensiv für eine „frauenspezifische", an Haushaltsaufgaben orientierte Ausbildung von Mädchen ein, die dem Beruf Prestige verschaffen sollte. Dies war allerdings in einen – an Ziele der Frauenbewegung anknüpfenden – Forderungskatalog zur Verbesserung der staatlich nur minimal geförderten Ausbildung von Mädchen eingebunden, zu dessen Durchsetzung sich die großdeutschen Frauen auch zu Allianzen mit Sozialdemokratinnen und Christlichsozialen bereit fanden.[30] Daß die großdeutschen Frauen ihre pragmatische Zustimmung zur Koedukation in staatlichen Mittelschulen in der eigenen Partei mit dem antisemitischen Verweis auf die angeblich vor allem von jüdischen Mädchen besuchten teuren Privatschulen begründeten,[31] macht die Grenzen ihrer Solidarität deutlich.

Die zentrale Persönlichkeit des gesamten frauen- und geschlechterpolitischen Engagements in der GDVP war Emmy Stradal, von 1920 bis 1923 großdeutsche Nationalratsabgeordnete. Sie starb 1925 im Alter von nur 48 Jahren kurz vor ihrer geplanten Rückkehr ins Parlament auf ein freiwerdendes Mandat. Die großdeutschen Politikerinnen erhielten erst 1930 mit Marie Schneider wieder eine Vertreterin auf höchster politischer Ebene. Eine Vereinbarung zwischen der aus Kreisen der bürgerlich-liberalen Frauenbewegung gegründeten Frauenpartei und dem Nationalen Wirtschaftsblock, den die GDVP trug, ermöglichte die Plazierung einer Frau auf einem sicheren Listenplatz. Die Frauenpartei empfahl im Gegenzug die Stimmabgabe für den Nationalen Wirtschaftsblock.[32] Marie Schneider präsentierte sich im Wahlkampf als Frauenpolitikerin. Wenn sie dabei eine Spitze gegen die NSDAP richtete, so war ihre Botschaft durchaus ambivalent zu lesen. Sie kritisierte die Weigerung der Nationalsozialisten, Frauen auf ihre Kandidatenlisten zu setzen, wenn sie meinte, daß es *eine bedauerliche Kurzsichtigkeit* sei, *gerade die Frauen mit nationaler Einstellung* vom *öffentlichen Leben fernzuhalten.*[33] Vielleicht war es Schneiders Versuch, sich selbst als Vertreterin der Frauen des gesamten „nationalen“ Lagers anzubieten, der die Nationalsozialisten erstmals motiviert hat, in ihrer Wahlwerbung explizit „Frauen und Mädchen“ anzusprechen[34] – 1930 noch mit wenig Erfolg, wie die eingangs zitierte Selbsteinschätzung nach der Wahl dokumentiert.

Abgesehen von dem lange vorbereiteten (und erfolglosen) Gesetzesantrag zur Schaffung von Hauswirtschaftskammern[35] positionierte sich Schneider vor allem als „Nationale“.[36] Sie war Mitglied des Klubvorstandes des Großdeutschen Nationalratsklubs sowie des Parteivorstandes und beteiligte sich maßgeblich am Abschluß des 1933 realisierten „Kampfbündnisses“ zwischen GDVP und NSDAP.[37] Dabei nützten ihr besonders ihre Kontakte aus der Völkischen Nothilfe: an der in „Deutsche Nothilfe“ umbenannten Aktion beteiligte sich ab 1932 auch die NSDAP.[38]

Koalitionen und Verbindungen: (illegale) Nationalsozialistinnen und das deutschnationale Vereinsmilieu

Spätestens nach der Ausschaltung des österreichischen Parlaments durch die Regierung 1933 wurde die lagergebundene Wohltätigkeit zum zentralen politischen Tätigkeitsbereich für Marie Schneider. Nachdem die Deutsche Nothilfe im Juli 1934 wegen nationalsozialistischer Betätigung behördlich aufgelöst worden war[39], gründete sie im Jänner 1935 – gestützt auf ihre Reputation als ehemalige Abgeordnete und in betont engem Kontakt mit den Behörden – einen neuen Fürsorgeverein für „nationale Kreise“, die „Volkshilfe“, die, wie schon die Völkische Nothilfe, eng mit dem Reichsverband deutscher Frauenvereine verbunden war.[40] Im Gründungsjahr der Volkshilfe trat Schneider der NSDAP bei. Sie bezahlte ihre Beiträge an den ehemaligen großdeutschen Politiker Franz Langoth, Leiter des NSDAP-Hilfswerks-Langoth und späterer hoher NSV-Funktionär, mit dem sie auch bezüglich ihrer Fürsorgeaktivitäten zusammenarbeitete. In Wien wurde ihre Parteimitgliedschaft geheim gehalten, um die Aktivitäten der Volkshilfe nicht zu gefährden.[41] Dies dürfte der Hintergrund dafür sein, daß etwa auch Reichsfrauenführerin Gertrud Scholtz-Klink, mit der Schneider kooperiert hatte, meinte, Schneider sei „keine Nationalsozialistin", habe aber „in loyaler Weise" mit den nationalsozialistischen Frauen in Österreich zusammengearbeitet. Diese „Loyalität" ging so weit, daß zu Pfingsten 1937 eine Gruppenreise des Reichsverbandes deutscher Frauenvereine unter der Führung von Marie Schneider dazu benutzt werden konnte, neun illegale österreichische NSDAP-Gaufrauenschaftsleiterinnen von den Behörden nicht registriert zu Schulungen nach Deutschland zu bringen. Schneider war bereits im März 1937 in der Reichsfrauenführung in Berlin gewesen, um die gemeinsame Arbeit und wohl auch diese Reise zu besprechen.[42]

Mit ihrer Hilfestellung unterstützte Marie Schneider die illegale Reorganisation der österreichischen NS-Frauenschaft, eine Organisation, die bereits seit 1931 bestand. Vorläufervereine entstanden bereits zu Beginn der Republik.[43] Das Interesse der höheren Parteifunktionäre gewann dieser Bereich in Österreich allerdings erst, als im Juli 1931 eine Anordnung des Reichsorganisationsleiters Gregor Strasser versuchte, Ordnung in die in Deutschland lokal sehr unterschiedlichen nationalsozialistischen Frauenaktivitäten zu bringen und die NS-Frauenschaft als einzige Frauenorganisation der NSDAP proklamierte.[44] Die expandierende österreichische Partei entwickelte nun trotz vielfach offen geäußerter Vorbehalte gegen die Integration von Frauen[45] eine aktivere Frauenpolitik, die rivalisierenden Gruppen wurden unter Parteikommando gestellt,[46] und ab Herbst 1932 wurde eine professionell gestaltete Monatszeitschrift, „Die deutsche Frau" herausgegeben, in deren Zentrum die Propagierung rassenhygienischen Gedankenguts stand. Die praktische Arbeit der Frauengruppen bestand vor allem aus Geldsammeln und parteiinterner Sozialhilfe. Der Umfang dieser Aktivitäten war beträchtlich. Im Oktober 1932, als in den meisten Wiener Bezirken bereits Frauengruppen mit insgesamt fast 1500 Mitgliedern bestanden, veranstaltete – um nur ein Beispiel herauszugreifen – die NS-Frauenschaft des 3. Wiener Gemeindebezirkes eine Versammlung mit 1000 BesucherInnen, sammelte öS 400,–, reparierte in der Nähstube 10 Mäntel, 22 Anzüge, 8 Paar Schuhe sowie diverse Frauenkleider, servierte in der SA-Küche fast 3.500 Mahlzeiten und betreute Parteimitglieder, die im Spital lagen.[47] Die ökonomische Bedeutung dieser Aktivitäten wurde bald Anlaß zu Auseinandersetzungen. Zum einen beanspruchte die NS-Volkswohlfahrt das alleinige Recht zur Verteilung von Geld und Sachspenden an bedürftige Parteimitglieder, zum anderen erwartete die Wiener Parteileitung, daß die Frauen vor allem Geld für den teuren Ankauf eines Verwaltungsgebäudes für die Partei, des „Braunen Hauses", sammeln sollten. Die Frauen kämpften gegen beide Ansprüche um die Festlegung unabhängiger Tätigkeitsbereiche.[48] Mit dem Parteiverbot 1933 erübrigten sich manche dieser Auseinandersetzungen. Die Sammel- und Verteilungstätigkeiten der Frauen, die bis zum nationalsozialistischen Putschversuch im Juli 1934 relativ ungestört weiterliefen, gewannen wohl gerade wegen ihrer scheinbaren Harmlosigkeit Bedeutung in der verbotenen Bewegung. Frauen konnten wesentlich unbeobachteter Beziehungsnetze aufrechterhalten. Sie organisierten Gefangenenhilfe, unterstützten die Familien gefangener oder geflüchteter Nationalsozialisten, betrieben Ferienheime für Kinder und verteilten selbstgesammeltes oder aus Deutschland gesandtes Geld.[49] Eben für diese Aktivitäten bot ab Dezember 1934 Marie Schneiders Verein Volkshilfe eine gute Tarnung. Die Volkshilfe konnte ihren Bestand trotz wiederholter polizeilicher Auflösungsanträge bis 1938 erhalten. Sie wurde von der Regierung gedeckt und galt als Teil der Befriedungsaktion gegenüber den „Nationalen", die man durch die Legalisierung gewisser Aktivitäten auch besser beobachten zu können glaubte.[50] Wie Marie Schneider später angab, verteilte der Verein im Laufe seines Bestandes die außerordentlich hohe Summe von öS 150.000,– unter illegalen NationalsozialistInnen.[51]

Doch nicht nur ihre parteiinterne soziale Tätigkeit konnten die Nationalsozialistinnen relativ ungehindert durchführen, auch die legale Propaganda brach nicht gänzlich ab. Denn die Zeitschrift „Die deutsche Frau" wechselte bloß Verlag und Titel und vermied nun allzu offensichtlich nationalsozialistische Themen. Doch der grundsätzliche Einfluß auf den Leserinnenkreis blieb gewahrt und wurde sogar durch Veranstaltungen wie etwa „Bunte Abende" oder Weihnachtsverkaufsausstellungen „arischer Geschäfte" auch in persönlichen Kontakten gestärkt.[52] Die Herausgeberin der Zeitschrift, Hedwig Faschingbauer, nahm nicht nur an der 1937 durch Schneiders Kooperation ermöglichten Schulung in Berlin teil, sie erhielt bereits seit 1935 regelmäßig aus Deutschland Zeitschriftensendungen der Reichsfrauenführung.[53]

Else Muhr-Jordan, Gaufrauenschaftsleiterin von Wien, um 1940
Kat. Nr. 9/17

„Alte Kämpferinnen" und die NS-Frauenpolitik 1938–1945

Nach dem „Anschluß" 1938 mußten viele illegale ParteifunktionärInnen empfindliche Begrenzungen ihres Einflusses und ihrer Bedeutung hinnehmen. Sie erhielten selten die Posten, die sie für sich erhofft hatten, und die in der Illegalität entwickelten informellen Organisationsformen wurden durch differenzierte bürokratische Apparate, wie sie in Deutschland inzwischen entstanden waren, ersetzt. Führte dies zu vielerlei Konflikten und Enttäuschungen[54], so sind diesbezügliche Klagen aus der NS-Frauenschaft kaum laut geworden. Mag dies auch mit der geringen Macht und Bedeutung der Frauen in der Partei zusammenhängen, so waren die Voraussetzungen zu einem reibungslosen Übergang nicht zuletzt aufgrund der Aktivitäten von Marie Schneider gut. Mußten sich Parteigruppierungen wie etwa die Hitler-Jugend von illegalen und gegen eine Regierung gewendeten konspirativen Praktiken auf staatstragende Repräsentation und bürokratische Organisation umstellen,[55] so waren große Teile der Aktivitäten der Frauen im fastlegalen Bereich geblieben und mit einem hohen Ausmaß an organisatorischer Logistik durchgeführt worden. Zudem garantierte die enge Verbindung mit dem breiten deutschnationalen Frauenvereinsmilieu die Möglichkeit zur weitgehend problemlosen Vereinnahmung sowohl materieller als auch personeller Ressourcen.[56] Dies dürfte ein wesentlicher Grund dafür sein, daß die Beauftragte der Reichsfrauenführerin Martha Warnecke im Dezember 1938 vermelden konnte, daß NS-Frauenschaft und Deutsches Frauenwerk in der „Ostmark" bereits über eine halbe Million Mitglieder hätten und die Führerinnen ausnahmslos bewährte ehemalige Illegale wären.[57] In Wien etwa wurde die ehemalige illegale nationalsozialistische Landesfrauenführerin Else Muhr-Jordan Gaufrauenschaftsleiterin, die Abteilung Presse/Propaganda der Gaufrauenschaftsleitung übernahm Hedwig Faschingbauer, die schon die „Deutsche Frau" herausgegeben hatte, und die Abteilung Grenzland-Ausland übernahm Marie Schneider.[58]

Marie Schneider verlor im März 1938 nicht nur keine Zeit, sich als Nationalsozialistin zu erkennen zu geben, sie ergriff auch sofort die Initiative zur Mitgliederrekrutierung für das Deutsche Frauenwerk, die Massenorganisation der NS-Frauenschaft. Schon am 14. März 1938 wurden in den „Wiener Neuesten Nachrichten" Frauen zur Mitarbeit am Deutschen Frauenwerk aufgerufen – sie sollten sich im Verein Volkshilfe melden. Vier Tage später wurde Marie Schneider beim Regierungschef Arthur Seyss-Inquart mit der Forderung nach einer übertragbaren Freifahrtskarte 1. Klasse auf der Eisenbahn vorstellig – sie sei Leiterin des Deutschen Frauenwerkes und benötige diese für ihre Aufbauarbeit.[59] Ihre Verdienste um die illegale Bewegung wurden 1939 im Rahmen der Aktion zur „Ernennung und Beförderung alter Kämpfer der Ostmark" durch die Ernennung zur Oberstudienrätin honoriert.[60] Denn trotz ihrer politischen Aktivitäten blieb sie – wenn auch mit begrenztem Einsatz – immer im Schuldienst. Der Schwerpunkt ihrer Aktivitäten lag nun wohl in der Leitung der Abteilung Grenzland-Ausland der NS-Frauenschaft. Dazu war sie wiederum auch aufgrund ihrer deutschnationalen Vergangenheit gut geeignet: das Wiener Grenz- und Auslandsamt übernahm im wesentlichen die Tätigkeitsbereiche und die Mitglieder der Arbeitsgemeinschaft der Frauengruppen des Deutschen Schulvereins Südmark – einem Mitgliedsverein des von Schneider geleiteten Reichsverbandes deutscher Frauenvereine.[61] Das Feld der Tätigkeiten weitete sich freilich beträchtlich aus. Hatte der Schulverein etwa Schulbauten in Grenzgebieten finanziert und Weihnachtsbescherungen für deutschsprachige Familien in gemischtsprachigen Gebieten organisiert, so umfaßte der Aufgabenbereich der Grenz- und Auslandsabteilungen schon 1938 die Aufklärung „über das Recht Deutschlands auf seine alten Kolonien".[62] Nach dem deutschen Überfall auf Polen wurden die Grenz- und Auslandsabteilungen die Schaltstellen zur Integration von Mitgliedern der NS-Frauenschaft in die Umsiedlungs- und Germanisierungspolitik in den besetzten Gebieten. Die von den Grenz- und Auslandsabteilungen angeworbenen Ansiedlerbetreuerinnen hatten aus Ost- und Südosteuropa umgesiedelte „volksdeutsche" Familien zu betreuen, die in den Dörfern und auf den Höfen vertriebener polnischer und jüdischer Familien angesiedelt wurden.[63] 1942 wurden allen Gauen im Reichsgebiet (der Grenzen von 1938) „Patenschaftsgaue" in den besetzten Gebieten zugewiesen. Dies war, wie es hieß, eine „Folge der siegreichen Gestaltung des deutschen Lebensraumes". Wien betreute unter anderem Zamosc,[64] eine ostpolnische Region, in der nahezu die gesamte polnische Bevölkerung ausgesiedelt, vertrieben oder ermordet worden war. Die SS plante hier eine modellhafte Ansiedlung „volksdeutscher" Bauernfamilien, die den Anfang eines weit nach Osteuropa vorgeschobenen deutschen Besiedelungs- und Verteidigungsringes darstellen sollte.[65]

„Ehemalige“ in einer neuen Zeit

Im Frühling 1945, als die Rote Armee vor Wien stand, war die 47jährige Oberstudienrätin Dr. Marie Schneider „Vertreterin der Direktorin“ am Mädchengymnasium in der Lange Gasse. Marie Jesch, katholische Aktivistin und seit 1942 an derselben Schule als Lehrerin beschäftigt, erinnerte sich an Schneider als *hundertprozentig NSDAP; war Frauenführerin NSDAP und zwar Gesamt-Wien. Und die hat natürlich sehr wenig Zeit g'habt, zu unterrichten. [...] Und da hat sie immer g'sagt: Jesch, gehen's, i hab jetzt ka Zeit zu unterrichten, muß telefonieren, halten's mir die Stund'. Und da hab ich viele Stunden für sie gehalten. [...] dann haben die Russen schon geschossen, und sie hat noch verklärt gesagt: Der Führer kommt, was man ganz einfach nicht verstanden hat.*[66] Marie Schneiders Spur verlor sich nach dem 30. April 1945[67] bis zum 17. Juni 1946, als sie in Obertrum bei Salzburg, ihrem langjährigen Urlaubsort, wohin sie gemeinsam mit ihrer Mutter geflüchtet war, verhaftet wurde.[68]

Am 1. Juli 1946 wurde Marie Schneider in das Camp Marcus W. Orr in Glasenbach bei Salzburg, das von der US-amerikanischen Armee als „Education Camp“ für nationalsozialistische FunktionärInnen errichtet worden war, eingeliefert. Die ca.10.000 inhaftierten „Ehemaligen“ lebten mit Einverständnis der US-amerikanischen Behörden in Selbstverwaltung. Von den Bauern der Umgebung illegalerweise relativ gut mit Lebensmitteln versorgt, waren geselliges Beisammensein und lagerinterne Fortbildung von der US-Verwaltung ebenso erlaubt wie Krampus-, Weihnachts- oder Silvesterfeste.[69] Dies förderte zwar die Disziplin im Lager, begünstigte jedoch die Weiterführung alter Autoritätsstrukturen und bildete die märtyrerhaft-verklärte Basis für zukünftige Solidarnetze der Ehemaligen, wie die Wohlfahrtsgemeinschaft der Glasenbacher oder den Schutzverein „Österreichische Landsmannschaft“. Gezielte Infragestellung bzw. kritische Auseinandersetzung mit der NS-Ideologie und NS-Politik wurde dort nicht praktiziert. Alois Zillner, ehemaliger Häftling, meinte zum Thema Umerziehung in Glasenbach: *Da ist überhaupt nichts gemacht worden in der Beziehung, wir haben unsere eigenen Vorträge von unseren Leuten gehabt dort. An Umerziehung überhaupt nichts.*[70] Marie Schneider beteiligte sich an diesem Unterrichtsprogramm mit einem Kurs über „General Geography and Economical Geography“, wofür ihr von der US-Lagerleitung ein Zertifikat ausgestellt und gedankt wurde.[71] Mit den anderen weiblichen Häftlingen, die sich gegenüber den männlichen in der Minderheit befanden, wohnte sie im Compound VI, dem „Frauen-Compound“, der, am Rande des Lagers situiert, im Februar 1947 ins Zentrum der Aufmerksamkeit rückte.[72] Nachdem der in der Nacht vom 11. zum 12. Februar von dort aus gegrabene Fluchtstollen eingestürzt war, kam es zu einer Häftlingsrevolte, an der sich auch die Frauen beteiligten, wie sich eine damals Inhaftierte erinnerte: *[...] wir Frauen [haben] uns gleich zusammengerottet und sind alle aufmarschiert zum Stacheldraht mit unserem Freiheitslied.*[73] Die Inszenierung des Verhaltens der weiblichen Häftlinge im historischen Rückblick, auch in Berichten ihrer Häftlingskollegen, trug martialische Züge, die dem Bild von der größeren Leidensfähigkeit der Frauen und ihrem stärkeren „Durchhaltewillen“ entsprach: *[...] mancher Mann könnte sich eine Scheibe abschneiden von ihrer Würde und ihrer Einstellung. Zusammenbrüche, Verrätereien und Schlägereien, wie sie in manchen Unterkünften bei den Männern gang und gäbe sind [...] kommen bei den internierten Frauen nicht vor.*[74]

Die US-Behörden erfüllten relativ rasch den Forderungskatalog der Häftlinge, wie die Freilassung der Frauen, in deren Genuß auch Marie Schneider kam. Nachdem das Innenministerium ihren Gauakt am 24. April der Polizeidirektion Salzburg zur Überleitung an die österreichischen Gerichte übermittelt hatte, wurde sie am 26. April 1947 zurück nach Wien überstellt, wo sie bis 30. April 1947 im Polizeigefangenenhaus Roßauer Lände inhaftiert blieb.[75]

Marie Schneider zählte zum harten Kern, den 1946 ca. 100.000 registrierten illegalen NationalsozialistInnen, die bereits vor 1938 Mitglied der NSDAP waren und durch ihren an Österreich begangenen Hochverrat dem Entnazifizierungsgesetz von 1945 gemäß als politisch besonders belastet galten. Seit Februar 1947 unterschied das neue Entnazifizierungsgesetz, neben der Gruppe der KriegsverbrecherInnen, zwischen „belasteten" NationalsozialistInnen, die eine führende Position in einer Gliederung der NSDAP innegehabt bzw. eine Auszeichnung erhalten hatten und „Minderbelasteten", die einfache Parteimitglieder gewesen waren.[76] Obwohl beide Belasteten-Kriterien auf Marie Schneider zutrafen, folgte der Einsichtnahme in ihren Gauakt die Klassifizierung als „minderbelastet".[77] Sie wurde jedoch nicht in die Minderbelastetenamnestie einbezogen und die sie betreffenden Konsequenzen, „Sühnefolgen" im Unterschied zu „Strafmaßnahmen" für KriegsverbrecherInnen genannt, entsprachen denen für „Belastete". Vielleicht ist der Grund in ihrem Beruf zu finden, da der Bildungsbereich in Wien einen Schwerpunkt in der strikten Durchführung der Maßnahmen für „Minderbelastete" darstellte.[78]

Bezirksvorstehung Wien V. Bezirk

Kundmachung

über die Registrierung der Nationalsozialisten

Im Sinne des § 9 des Verfassungsgesetzes vom 9. Mai 1945 über das Verbot der NSDAP. **haben sich zur Registrierung bei der Bezirksvorstehung Wien V** zu melden:

Alle im 5. Bezirk wohnhaften Personen, die **zwischen dem 1. Juli 1933 und dem 27. April 1945** der **NSDAP.** oder einem ihrer Wehrverbände **(SS, SA., NSKK., NSFK.)** angehört haben (wenn auch nur zeitweise), ferner alle **Parteianwärter** und Bewerber um Aufnahme in die **SS (Schutzstaffel).**

Die Meldepflichtigen haben **persönlich** unter Mitnahme aller Personaldokumente zu erscheinen.

Bei Verhinderung durch Krankheit ist durch einen Bevollmächtigten unter Beibringung eines ärztlichen Zeugnisses schriftlich Meldung zu erstatten. Fehlt das ärztliche Zeugnis, gilt die Meldung als nicht erstattet.

Meldepflichtige, die von ihrem eigentlichen Wohnort entfernt sind (Umquartierte usw.), melden sich bei der Amtsstelle ihres jeweiligen Aufenthalts. Die nach Verlautbarung dieser Kundmachung erst heimkehrenden oder neu zureisenden Meldepflichtigen haben sich drei Tage nach Ankunft registrieren zu lassen.

Meldepflichtige, die die Meldung unterlassen, sowie alle Personen, die falsche Angaben machen, werden wegen **Betruges** mit **Kerker von einem bis zu fünf Jahren bestraft.**

Alle bisher erfolgten Meldungen schließen die Meldepflicht laut dieser Kundmachung zur Registrierung nicht aus.

Die **Meldungen** erfolgen im Gebäude der **Bezirksvorstehung Wien V, Schönbrunner Straße 54, Parterre, Zimmer 2,** und zwar für Familiennamen mit den Anfangsbuchstaben

A bis inkl. B	**Montag, den 4. Juni 1945**	**von 8 bis 12 Uhr und 15 bis 17 Uhr**
C „ „ F	**Dienstag, den 5. Juni 1945**	
G „ „ I	**Mittwoch, den 6. Juni 1945**	
J „ „ K	**Donnerstag, den 7. Juni 1945**	
L „ „ M	**Freitag, den 8. Juni 1945**	
N „ „ O	**Samstag, den 9. Juni 1945**	**von 8 bis 11 Uhr**
P „ „ R	**Montag, den 11. Juni 1945**	**von 8 bis 12 Uhr und 15 bis 17 Uhr**
S und Sch	**Dienstag, den 12. Juni 1945**	
St bis inkl. V	**Mittwoch, den 13. Juni 1945**	
W „ „ Z	**Donnerstag, den 14. Juni 1945**	

Es wird ausdrücklich darauf aufmerksam gemacht, daß die Registrierlisten 4 Wochen lang zur öffentlichen Einsicht zum Zwecke der Ergänzung durch die **österreichische** Bevölkerung aufliegen, daß daher auch die geschicktesten Tarnungsversuche von vornherein zum Scheitern verurteilt sind.

Wien, den 31. Mai 1945

Der Bezirksvorsteher:
Ing. Fritz Lendvai

Kundmachung der Bezirksvorstehung Wien V über die Registrierung der Nationalsozialisten, 31. Mai 1945 Kat. Nr. 9/11

Im Mai 1948 erging an die nun fast Fünfzigjährige der Bescheid des Wiener Stadtschulrates, „in den dauernden Ruhestand" versetzt worden zu sein und im August 1948 erfuhr sie, daß ihre Dienstzeit nach dem 13. März 1938 nicht angerechnet würde. Begründet wurden die Maßnahmen mit ihrer Beförderung zur „Oberstudienrätin".[79] Selbstbewußt begann die ehemalige Abteilungsleiterin in der Gauleitung der NS-Frauenschaft den Kampf um die Anrechnung ihrer Pensionszeiten. Die Ablehnung ihres Einspruchs durch den Verfassungsgerichtshof kommentierte sie bzw. ihr Rechtsanwalt aus Oberösterreich als „Vermehrung der Sühnefolgen für Minderbelastete [...] in verkappter Form", da sie nicht explizit für ihr Engagement in der NSDAP bestraft wurde. Die Beschwerde beim Verwaltungsgerichtshof war erfolgreicher. Nach einer öffentlichen Verhandlung am 10. Juni 1952 wurde der Bescheid wegen „Rechtswidrigkeit infolge Verletzung von Verfahrensvorschriften" aufgehoben. Marie Schneider bestritt ihren Status der „Illegalität", da eine „parteiamtliche Bestätigung darüber" im Akt nicht aufscheinen würde.[80] Da das Gericht verabsäumt hatte, „der Beschwerdeführerin" Gelegenheit zur Rechtfertigung zu geben, wurde durch diese „Verletzung der Verfahrensvorschriften" die Nichtanerkennung ihrer Dienstzeiten als Oberstudienrätin während des Nationalsozialismus wieder aufgehoben. Am 27. August 1959 teilte ihr das Bundesministerium für Unterricht mit, daß auch ihre Zeit als Häftling in Salzburg von 17. April 1946 bis 24. April 1947, gemäß dem Gesetz vom 1. Jänner 1953, rückwirkend für ihre Vorrückung in höhere Bezüge für die Bemessung der Pension angerechnet würde.[81]

Zu diesem Zeitpunkt war Marie Schneider bereits Teil des sich neu formierenden deutschnationalen Milieus in Wien, was sie bis zu ihrem Tode am 7. November 1979 blieb. Am 20. und 21. Februar 1954 nahm sie in Wien an der Tagung des VdU-nahen „Komitees der nationalen Einigung" teil.[82] Im folgenden Jahr wurde sie Präsidentin des am 5. November 1955 konstituierten „Österreichischen Frauen-Rings", der vom Innenministerium ebenfalls als VdU-nahe eingeschätzt wurde und weitere „minderbelastete" ehemalige Nationalsozialistinnen als Proponentinnen „zum Zwecke der Volkspflege in geistigen und materiellen Belangen" vereinigte.[83] Außerdem war Marie Schneider Vorstandsmitglied der „Arbeitsgemeinschaft der Freiheitlichen Akademikerverbände Österreichs" und des „Freiheitlichen Akademikerverbands für Wien, Niederösterreich und das Burgenland" und zahlte seit 1956 Mitgliedsbeiträge beim „Verein abstinenter Frauen in Wien".[84] Ihr sozialer und politischer Schwerpunkt lag jedoch nicht in den Frauenvereinen, denen sie angehörte, sondern in der 1952 gegründeten „Österreichischen Landsmannschaft". Im „Eckartboten" wurde Marie Schneider anläßlich ihres Todes als „große alte Dame der Landsmannschaft" tituliert, die ihren 82. Geburtstag „im großen und kleinen Kreis der Landsmannschaft" gefeiert hatte.[85] Die „wichtige integrative Funktion", die die Österreichische Landsmannschaft „für das deutschnationale und rechtsextreme Lager" erfüllt,[86] führt zur Frage nach Kontinuitäten und Brüchen im Leben ehemaliger NationalsozialistInnen.

Die geschlechtsspezifische Bedeutung von Kriegsende und Ende der nationalsozialistischen Herrschaft prägte die Themen der feministischen Geschichtsforschung im deutschsprachigen Raum, die sich mit der Zeit „nach 1945" auseinandersetzten. Angesichts der Biographie der Politikerin Marie Schneider werden Kontinuitäten in ihrer deutschnationalen Gesinnung deutlich, die sich in ihrer Einbindung in das Vereinsmilieu der „Ehemaligen" zeigten: *für ihren Entschluß, auch 1938 ihrem Volke zu geben, was dem Volke zukam,* nahm sie *Bestrafung und Verfemung* auf sich, war im Nachruf des „Eckartboten" über Schneider zu lesen.[87] Das weist darauf hin, daß Marie Schneider, die nie verheiratet war, einen sozialen Ort gefunden hatte, wo die kollektive Erinnerung ihrer Vergangenheit in positiver Hinsicht möglich war. Neben Nachhilfestunden, engagierte sie, die „immer beschäftigt" war, sich in der Landsmannschaft und in deren Organ, dem „Eckartboten".[88] Der lebensgeschichtliche Bruch, der das Ende der nationalsozialistischen Herrschaft für sie bedeutete, war jedoch eklatant. Mit 47 Jahren erlebte sie einen nicht revidierbaren Karrieresturz: Von der hoffnungsvollen, akademisch gebildeten und jüngsten Nationalratsabgeordneten der Ersten Republik über die zweithöchste Funktion in der frauenspezifischen NS-Hierarchie der „Ostmark" zu Flucht und Inhaftierung; Von einem Sitz im Parlament und der Funktion einer Abteilungsleiterin der Gauleitung der NS-Frauenschaft im NS-Staat zu einem Vereinsmilieu, das staatspolizeilich observiert wurde und dem politisch eine marginale Rolle zukam; Von einer Direktor-Stellvertreterin zur Zwangspensionierung. Das Ende ihrer Berufstätigkeit konnte Marie Schneider offen bedauern, *sie wäre gerne weiter in ihrem Beruf tätig gewesen,* sie hat jedoch das, *was sie aus Überzeugung getan, bestimmt nicht bereut,* meinte ihr Neffe. In ihrer Familie hat sie jedoch ihre nationalsozialistische Vergangenheit nie mehr thematisiert. [89]

Anhand dieser Überlegungen wird deutlich, daß Fragen nach den Karrieren von nationalsozialistischen Politikerinnen und Funktionärinnen im nationalsozialistischen Vereinsnetz, der Organisationsgeschichte der frauenspezifischen NS-Struktur, von BDM (Bund Deutscher Mädel), NSF (NS-Frauenschaft), DFW (Deutsches Frauenwerk), NSV (NS-Volkswohlfahrt) und DRK (Deutsches Rotes Kreuz) ihrer Aufarbeitung harren. Für Österreich liegen dazu kaum Forschungsergebnisse vor.[90] Ihre Thematisierung ist von besonderer Bedeutung, weil sie die Grundlagen für geschlechtsspezifische Untersuchungen und Fragestellungen für die Zeit „nach 1945“ erweitern.[91] Differenzen nicht nur an Geschlechtergrenzen, sondern innerhalb der (konstruierten) Geschlechtertypen zu untersuchen,[92] eröffnet neue Erkenntnisspuren zur Wirkungsmacht nationalsozialistischer Ideologeme und politischer Konsequenzen.

Nazifunktionärin verurteilt

Die 50 Jahre alte Emilie Wojtech gehörte in der illegalen Zeit der Nazipartei an und unterstützte deren Wühlarbeit noch durch eifrige Spenden. Nach dem Umbruch im Jahre 1938 machte sich das bezahlt. Durch Sonderbeförderung rückte sie zur Obersekretärin der Straßenbahn vor. Als echte Nazifunktionärin vernaderte sie einen Arbeitskollegen und einen Bekannten. Jetzt wurde ihr für dieses verbrecherische Treiben die Rechnung präsentiert: das Wiener Volksgericht verurteilte sie auf Grund des § 11 des Verbotsgesetzes zu schwerem und verschärftem Kerker von zehn Jahren sowie zum Verfall ihres gesamten Vermögens.

Die „Arbeiter-Zeitung“ berichtet über die Verurteilung einer „Nazifunktionärin“, 22. September 1945
Kat. Nr. 9/16

Durch die Einbeziehung der Sphäre der Parteipolitik und ihrer AkteurInnen können geschlechtsspezifische Dichotomisierungen von „kriegerischen“ Männern an der Kriegs-Front mit lebensgeschichtlichen Brüchen und „reproduktionsarbeitenden“ Frauen an der Heimat-Front mit lebensgeschichtlichen Kontinuitäten neu diskutiert werden. Damit wird der Irrtum vermieden, dem wohl auch die Entnazifizierungsbehörden aufsaßen, Frauen wären aufgrund des „männlichen“ Krieges, der rein männlich zusammengesetzten höchsten Führungsspitze der NSDAP um Adolf Hitler und der propagandierten Definition als (potentielle) Mütter und Verwalterinnen des sozialen Bereichs, weniger „belastet“. Aber auch die geschlechtsspezifische Auswertung der Belasteten- und Minderbelasteten-Listen wie der Volksgerichtsprozesse steht noch aus. In Anbetracht ihrer Position kam Marie Schneider glimpflich davon, ein Volksgerichtshofprozeß blieb ihr erspart. Trotzdem wird aus ihrem Leben und ihren Erfahrungen, die sie wohl mit etlichen Funktionärinnen der NSDAP und ihrer Organisationen teilte, deutlich, daß das Ende des politischen Systems Nationalsozialismus existenzielle Konsequenzen und damit lebensgeschichtliche Brüche für Frauen, wie für Männer schon lange festgestellt, bedeutete.

1 Volksstimme, 15. November 1930.
Während die NSDAP 1930 noch von deutlich mehr Männern gewählt wurde, wies die WählerInnenschaft ihrer gemäßigten Konkurrentin im „nationalen Lager", der GDVP, ein relativ ausgewogenes Geschlechterverhältnis auf. Vgl. Gabriella Hauch, Frauenbewegungen – Frauen in der Politik. In: Emmerich Tálos u. a. (Hg.): Handbuch des politischen Systems Österreichs. Erste Republik 1918–1933. Wien 1995, S. 277–291, 285.

2 Das sind 16,21 % der gültigen von Frauen abgegebenen Stimmen. Von allen gültigen Stimmen (Frauen und Männer) erhielt die NSDAP 17,39%. Vgl. Robert Danneberg, Die Wiener Gemeinderatswahlen im Lichte der Zahlen. In: Der Kampf. Sozialdemokratische Monatsschrift, Juni 1932, S. 246–255.

3 Margarete (Pseud.), Rückschrittlich? In: Sturmfahne, Nr. 4, S. 5, 1931. Vgl. auch: Hans-Jürgen Arendt/Sabine Hering/Leonie Wagner: Nationalsozialistische Frauenpolitik vor 1933. Dokumentation, Dokumente Nr. 91 und 119.

4 Gerhard Botz, Strukturwandlungen des österreichischen Nationalsozialismus (1904–1945). In: Politik und Gesellschaft im alten und neuen Österreich. Bd. 2, Wien 1981, S. 163–193, 181. Bereits 1931 registrierte man etwa in der Großdeutschen Volkspartei ein alarmierendes „Abschwenken auch der Frauen zum Heimatblock und zu den Nationalsozialisten". AdR, GDVP-Archiv, Kt.38, Tätigkeitsbericht 1930/31.

5 Vgl. Angelika Ebbinghaus (Hg.), Opfer und Täterinnen. Nördlingen 1987.

6 Vgl. Gudrun Schwarz, Verdrängte Täterinnen. Frauen im Apparat der SS (1939–1945). In: Theresa Wobbe (Hg.), Nach Osten. Verdeckte Spuren nationalsozialistischer Verbrechen. Frankfurt am Main 1992, S. 197–227.

7 Brigitte Scheiger: „Ich bitte um baldige Arisierung der Wohnung ..." Frauen im bürokratischen System der Verfolgung. In: Wobbe, Nach Osten, S. 175–196.

8 Vgl. Helga Schubert, Judasfrauen. Zehn Fallgeschichten weiblicher Denunziation im Dritten Reich. München 1992.

9 Für den gesamten Bereich der Geschlechtergeschichte des Nationalsozialismus bestehen in Österreich große Forschungslücken. Dies gilt in besonderer Weise für die Frage nach der Beteiligung von Frauen an der Politik und den Verbrechen des Nationalsozialismus. Vgl. Johanna Gehmacher, Kein Historikerinnenstreit. Fragen einer frauen- und geschlechtergeschichtlichen Erforschung des Nationalsozialismus in Österreich. In: Zeitgeschichte, 22. Jg., Heft 3/4, 1995, S. 109–123.

10 Für die Auseinandersetzungen mit dieser Problematik in der BRD vgl. Lerke Gravenhorst/Carmen Tatschmurat (Hg.), TöchterFragen. NS-Frauengeschichte. Freiburg i. Br. 1990.

11 AdR, Bürckel, Kt. 166, NS-Frauenschaft, Scholtz-Klink an Bürckel, 19. März 1938, Abschrift des Telegramms von Dr. Maria Schneider. Maria Schneider wird meist Marie Schneider genannt und unterschrieb ihren Parlamentsausweis mit Marie.

12 Gabriella Hauch, Frauen im Parlament I, unveröffentlichter Forschungsbericht des BM für W&F, Linz 1994, S. 343–351. Vgl. Gabriella Hauch, Vom Frauenstandpunkt aus. Frauen im Parlament 1919 bis 1933. Wien 1995.

13 Gertrud Simon, Hintertreppen zum Elfenbeinturm. Höhere Mädchenbildung in Österreich. Anfänge und Entwicklungen. Wien 1993, S. 155–157.

14 Simon, Hintertreppen zum Elfenbeinturm, S. 178–182. Seit 1903 stand Frauen die höhere kaufmännische Ausbildung offen, was 1907 zur Gründung der ersten Handelsakademie führte.

15 Auch das explizit parteipolitische Engagement, dem Schneider ihre politische Karriere verdankte, wurde für Frauen erst in der Republik möglich.

16 AdR, GDVP-Archiv, Kt. 60.

[17] Aus dem Ruhrkinderheim. In: Die deutsche Zeit, Nr. 21, S. 9, 13. Juli 1923.

[18] AdR, BM f. Finanz, Pensions-Akt, Maria Schneider, BRA 81-5556/Skj. 2009.

[19] AdR, BM f. Inneres, Gauakt Nr. 6195, Maria Schneider.

[20] Verhandlungsschrift des zweiten Reichsparteitages der Großdeutschen Volkspartei, Wien 27./28. Juni 1921, S. 215.

[21] AdR, GDVP-Archiv, Kt. 39.

[22] Die deutsche Frau. Mitteilungen des Verbandes deutscher Frauen „Volksgemeinschaft", 1930 (8. Dezember 1930), Nr. 67.

[23] AdR, BM f. Inneres, Gauakt Nr. 6195, Maria Schneider.

[24] AdR, GDVP-Archiv, Kt. 12, M. Korrespondenz 1932/34.

[25] Marie Schneider ist mit ihrem politischen Mandat und der Führungsposition im Reichsverband selbst ein Beispiel für solche Personalunionen.

[26] Vgl. Die deutsche Frau. Mitteilungen des Verbandes deutscher Frauen „Volksgemeinschaft", 1924 (7. Oktober 1924), Nr. 11.

[27] Vgl. Beate Wirthensohn, Trautes Heim – Glück allein. Über das Verschwinden der Dienstmädchen im Zeitalter der Hausfrau. In: Monika Bernold u. a., Familie: Arbeitsplatz oder Ort des Glücks? Historische Schnitte ins Private. Wien 1990, S. 81–103.

[28] So setzten sich etwa anläßlich der Volkszählung 1923 deutschnationale und christlichsoziale Frauen gemeinsam mit Vertreterinnen bürgerlicher Frauenvereine für die Beibehaltung der gesonderten Zählung der Hausfrauen ein. Vgl. Deutsch-Österreichische Tageszeitung, 8. Februar 1923; Neue Freie Presse, 23. Februar 1923.

[29] Zur Bedeutung der Debatte um die Hauswirtschaftskammern in der GDVP vgl. Johanna Gehmacher, „Volksgemeinschaft der Frauen"? Diskurse und Strategien deutschnationaler Geschlechterpolitik in Österreich 1918–1938. In: L'Homme, 5. Jg., Heft 2, 1996.

[30] Vgl. die Initiative zur staatlichen Subventionierung der Mädchenmittelschulen. Hauch, Frauen im Parlament, S. 226–238.

[31] Verhandlungsschrift des zweiten Reichsparteitages der GDVP. Wien 1921, S. 71.

[32] Vgl. Jutta Pint, Die österreichische Frauenpartei 1929–1934, unveröff. Dipl. Arbeit. Wien 1988, S. 108 f.

[33] Dr. Maria Schneider, Zur Wahl! In: Die deutsche Frau. Mitteilungen des Verbandes deutscher Frauen „Volksgemeinschaft", 1930 (26. Oktober 1930), Nr. 66.

[34] Deutsche Frauen und Mädchen! In: Volksstimme, 8. November 1930.

[35] Vgl. Irene Schöffmann, Die bürgerliche Frauenbewegung im Austrofaschismus. Eine Studie zur Krise des Geschlechterverhältnisses am Beispiel des Bundes österreichischer Frauenvereine und der Katholischen Frauenorganisation für die Erzdiözese Wien. Unveröff. Dissertation. Wien 1986, S. 135 f.

[36] Hauch, Frauen im Parlament I, S. 93.

[37] AdR, BM f. Inneres, Gauakt Nr. 6195, Maria Schneider.

[38] AdR, GDVP-Archiv, Kt. 12, M. Korrespondenz 1932/34. Vgl. AdR, BM f. Inneres, Gauakt 6195, Maria Schneider.

[39] AdR, BKA, GZ 193.379/1934, Verein „Fürsorgeverband deutsche Nothilfe" mit dem Sitz in Wien; behördliche Auflösung.

[40] AdR, GDVP-Archiv, Kt. 12, M. Korrespondenz 1932/34; AdR, BM f. Inneres, Gauakt Nr. 6195, Maria Schneider.

[41] AdR, BM f. Inneres, Gauakt Nr. 6195, Maria Schneider.

[42] AdR, Bürckel, Kt. 166, NSF, Scholtz-Klink an Bürckel, 19. März 1938.

[43] Vgl. z. Bsp. AdR, NL Lohmann, Kt. 7. M. Vorgeschichte.

[44] Arendt, Nationalsozialistische Frauenpolitik, Dok. 127: Die Vorbereitung der Gründung der NS-Frauenschaft. Anordnung des Reichsorganisationsleiters der NSDAP, Gregor Strasser, vom 6. Juli 1931.

[45] Vgl. Herta Czepek-Schulz, Kämpfende Frau. Erlebnisberichte aus der Ostmark 1932–1938. Wien – Leipzig o. J. (1940), S. 30 f.

[46] Das fand mit wenig Rücksicht auf bestehende Strukturen statt. AdR, NS-Parteistellen, Kt. 5, M.1931, Else Duhm an Alfred E. Frauenfeld, 25. November 1931.

[47] AdR, NS-Parteistellen, Kt. 4, NS-Frauenschaft, Nationalsozialistische Frauenschaft des Gaues Groß-Wien der NSDAP, Monatsbericht für Oktober 1932.

[48] AdR, NS-Parteistellen, Kt. 4, NS-Frauenschaft, M. Streitigkeiten, Stefanie Musil und Elsa Muhr-Jordan an NSDAP Organisationsamt, 13. Mai 1933.

[49] AdR, Schirach, Kt. 377, Hedwig Faschingbauer, Österreichische Nationalsozialistinnen während des Parteiverbots. In: Nachrichtendienst der Reichsfrauenführung 1938, Nr. 4.

[50] Für die umfangreiche behördliche Beobachtung der Volkshilfe vgl. AdR, BKA, GZ 300.026/1938.

[51] AdR, BM f. Inneres, Gauakt Nr. 6195, Maria Schneider. Der Betrag erscheint realistisch: Nach einem polizeilich beschlagnahmten Kassabuch verteilte allein die Ortsgruppe Linz im Jahr 1936 fast 15.000,– öS, vgl. AdR, BKA, GZ 362.232/1937.

[52] Vgl. z. Bsp. Die Deutsche Frau. Österreichische Monatsschrift für Frauenfragen 1935, Nr. 3.

[53] AdR, Bürckel, Kt. 166, NSF, Scholtz-Klink an Bürckel, 19. März 1938.

[54] Vgl. Bruce F. Pauley, Der Weg in den Nationalsozialismus. Ursprünge und Entwicklung in Österreich. Wien 1988, S. 210–214.

[55] Vgl. Johanna Gehmacher, Jugend ohne Zukunft. Hitlerjugend und Bund Deutscher Mädel in Österreich vor 1938. Wien 1994, S. 454 f.

[56] Zur Überführung des Eigentums der deutschnationalen Frauenvereine: AdR, Inneres/Justiz, Stillhaltekommissar, Frauenvereine allgemein: Bund nationaler deutscher Frauen, Reichsverband deutscher Frauenvereine, Bund deutscher Frauen Oberösterreichs, Verband deutscher Frauen „Volksgemeinschaft".

[57] AdR, Bürckel, Kt. 166, NS-Frauenschaft, Warnecke an Bürckel, 3. Dezember 1938.

[58] Handbuch des Reichsgaues Wien, Wien 1941.

[59] AdR, Bürckel, Kt. 166, NS-Frauenschaft, Schneider an Seyss-Inquart, 18. März 1938.

[60] AdR, BM f. Inneres, Gauakt Nr. 6195, Maria Schneider.

[61] Vgl. Reichsverband deutscher Frauenvereine. In: Frau und Welt 1/1938. AdR, Bürckel, Kt. 166, NS-Frauenschaft, Warnecke an Bürckel, 3. Dezember 1938.

[62] Mitteilungsblatt Gau Wien, 1. Jännerheft 1939, S. 20.

[63] Zu diesem Thema ist eine Arbeit der britischen Historikerin Elizabeth Harvey im Entstehen. Vgl. Women as Agents of Nazi-Settlement-Politics in Western Poland, Paper for a Seminar on: Women, War and Resistance in Occupied Europe, Milano, January 14.–15th, 1995.

[64] NSDAP Gau Wien. Verordnungsblatt Januar 1944, S. 14 f.

[65] Vgl. Czeslaw Madajczyk (Hg.), Zamojszczyzna – Sonderlaboratorium SS. Warszawa 1977, S. 12–17.

[66] Interview mit Maria Jesch, geführt von Irene Schöffmann am 1. Juni 1982, Institut für Wirtschafts- und Sozialgeschichte, Universität Wien, unveröff. Transkript, S. 46. Wir danken Irene Bandhauer-Schöffmann für die Einsicht in die Interviewtranskripte.

[67] Von 1. Mai 1945 bis 16. April 1946 weist der Pensions-Akt Marie Schneiders keine anrechenbaren Versicherungszeiten auf. Vgl. AdR, BM f. Finanzen, Pensions-Akt Marie Schneider, BRA 81-5556.

[68] Vor ihrer Flucht nach Obertrum vernichtete sie alle kompromittierenden Papiere, vgl. Mitteilung Herwig Schneider, Klosterneuburg, 25. Jänner 1993. Trotz der freundlichen Bemühungen von Hauptmann

Schieferer vom Gendarmeriekommando Salzburg, waren nähere Informationen zu ihrer Verhaftung nicht zu eruieren.

69 Wilhelm Svoboda, „... vorbehaltlos meine Pflicht erfüllt". Das Internierungslager Glasenbach (Camp „Marcus W. Orr"). In: Zeitgeschichte, 22. Jg., Heft 1/2, 1995, S. 3–30.

70 Alois Zillner, in: Österreichbild, gestaltet vom Landesstudio Salzburg des ORF, 1990.

71 Camp Marcus W. Orr, Information & Education Office, Certificate. Salzburg 30. April 1947. Wir danken Herwig Schneider, Klosterneuburg, der dieses Schriftstück Gabriella Hauch zur Verfügung stellte.

72 Svoboda, „... vorbehaltlos meine Pflicht erfüllt", S. 8 f.

73 Interview am 23. Juni 1986, Tonarchiv der Forschungsgemeinschaft Boltzmanninstitut/Steinocherfonds, Salzburg.

74 Joseph Hiess, Glasenbach. Buch einer Gefangenschaft. Wels 1956, S. 72 f.

75 AdR, BM f. Inneres, Gauakt Nr. 6195, Maria Schneider.

76 Dieter Stiefel, Entnazifizierung in Österreich. Wien 1981, S. 101–124, 103.

77 Es mutet seltsam an, daß Marie Schneider als „minderbelastet gelten konnte, war sie doch Abteilungsleiterin in der Gauleitung der „Ostmark" gewesen. Auch ihr Gauakt besteht ausschließlich aus dem von ihr am 21. Mai 1938 ausgefüllten Personal-Fragebogen zur Feststellung der Mitgliedschaft in der NSDAP in Österreich. Neben Vermerken diverser Ministerien über den Aktenweg nach 1947, ziert das darin enthaltene Schriftstück aus dem Juni 1939 über Schneiders Ernennung zur Oberstudienrätin der Stempel „vom B.K.A. Angeschlossen dem GA am 30. Dez. 1947". Es handelt sich dabei nicht um ein Original, das – dem Charakter eines Personal-Aktes folgend – im Gauakt mit anderen Vermerken zu ihrer politischen Karriere zu erwarten wäre.

78 Stiefel, Entnazifizierung, S. 146.

79 AdR, BM f. Finanzen, Pensions-Akt Marie Schneider, BRA 81-5556.

80 Marie Schneider hatte jedoch im Gauakt selbst ihre Parteimitgliedschaft nicht nur durch das Kampfbündnis von GDVP und NSDAP vom 15. Mai 1933, sondern durch ihr Bezahlen eines Mitgliedsbeitrages seit 1935 angegeben.

81 AdR, BM f. Finanzen, Pensions-Akt Marie Schneider, BRA 81-5556.

82 AdR, BM f. Inneres, Gendion f. öff. Sicherheit, GZ 148.831.

83 AdR, BM f. Inneres, Gendion. f. öff. Sicherheit, GZ 30.003.

84 Projektgruppe Frauennachlässe, Institut für Geschichte, Universität Wien, Nachlaß 1, Kt. 45, Mitgliedsheft.

85 Eckartbote, Fol. 12, 14, 1979. In den „Mitteilungen", dem Organ der „Wohlfahrtsvereinigung der ehemaligen Glasenbacher", war hingegen weder ein Nachruf noch eine Notiz über ihren Tod zu finden.

86 Dokumentationsarchiv des österreichischen Widerstandes (Hg.), Handbuch des österreichischen Rechtsextremismus, aktualisierte und erweiterte Neuausgabe. Wien 1994, S. 193.

87 Eckartbote, Fol.12, 14, 1979.

88 Mitteilung Herwig Schneider, Klosterneuburg, 25. Jänner 1993.

89 Mitteilung Herwig Schneider, Klosterneuburg, 25. Jänner 1993; schriftliche Mitteilung von Joseph Butz, Gutenbrunn, 1994.

90 Für einen ersten Versuch vgl. Johanna Gehmacher, Wiener Mädchen in nationalsozialistischen Jugendorganisationen. Organisationsstrukturen, Sozialisationserfahrungen und biographische Verarbeitung. In: dies./Christian Gerbel/Alexander Mejstrik/Reinhard Sieder, Wiener Jugendliche in nationalsozialistischen Jugendorganisationen – „Jugendopposition" – „Normalisierung" in der Nachkriegsgeschichte. Projektbericht, Wien 1992.

91 Vgl. die Forschungsergebnisse aus sechzig lebensgeschichtlichen Interviews mit „Trümmerfrauen" in

Wien, Irene Bandhauer-Schöffmann/Ela Hornung, Vom „Dritten Reich“ zur Zweiten Republik. Frauen im Wien der Nachkriegszeit. In: David F. Good/Margarete Grandner/Mary Jo Maynes (Hg.), Frauen in Österreich. Beiträge zu ihrer Situation im 20. Jahrhundert. Wien – Köln – Weimar 1994, S. 225–246, 226 f.

92 Dies unterstützen erste Untersuchungen zu weiblichen Wehrmachtsangehörigen. Vgl. Gaby Zipfel, Wie führen Frauen Krieg? In: Hannes Heer/Klaus Naumann (Hg.): Vernichtungskrieg. Verbrechen der Wehrmacht 1941 bis 1944. Hamburg 1995, S. 460–474, 462 ff.

Hochzeit von Karl und Melitta

TRENNUNG, HEIMKEHR UND DANACH

Karls und Melittas Erzählungen zur Kriegs- und Nachkriegszeit

Ela Hornung

Denn schon ist es das dritte Jahr, und es wird bald das vierte kommen, daß sie den Mut betrügt in der Brust der Achaier. Allen macht sie Hoffnungen und gibt Versprechungen einem jeden Manne, indem sie Botschaften sendet, doch der Sinn steht ihr nach anderem! Hat sie doch auch diese List ausgedacht in ihrem Sinne: ein großes Gewebe aufgestellt in den Hallen und daran zu weben angefangen: ein feines und übermäßiges; und sagte alsbald zu uns: „Ihr Männer, meine Freier! Da der göttliche Odysseus tot ist, wartet, so sehr ihr drängt auf meine Hochzeit, bis ich das Tuch vollendet habe – damit mir nicht das Garn umsonst verderbe – als Bahrtuch für den Helden Laertes, wenn ihn das böse Schicksal des stark schmerzenden Tods ergreift; daß keine mich von den Achaierfrauen in dem Volke schelte, wenn er ohne Bahrtuch liegt, der er viel besessen!" So sprach sie und es ließ sich uns hinwieder der mannhafte Mut bereden. Da wob sie des Tages an dem großen Tuch, doch in den Nächten löste sie es wieder, nachdem sie sich Fackeln hingestellt. So trieb sie es unbemerkt mit List drei Jahre und beredete die Achaier. Doch als das vierte Jahr kam, und es kamen herauf die Frühlingszeiten, da sagte es eine von ihren Frauen, die es wohl wußte, und wir fanden sie, wie sie das prangende Tuch auflöste. So hat sie dieses denn vollendet, und ob sie es auch nicht wollte, unter Zwang.[1]

Beim Schreiben über Kriegs- und Nachkriegszeiten tauchen nahezu von selbst scheinbar überhistorische, archetypische Erzählungen auf. Auch wenn wir an diesen ihre Historizität feststellen und Kritik anfügen, wirken sie dennoch bis heute sinnstiftend als Konstruktionen von Geschlechterbeziehungen in Kriegszeiten.

Trennung und Heimkehr sind auch im Bilderrepertoire und den Diskursen der Nachkriegszeit umfassend präsent und eine gängige Ikonographie für die Nachkriegszeit, die aber nur bestimmte Gruppen der Heimkehrer inkludierte, andere, wie KZ-HeimkehrerInnen und ExilantInnen nicht umfaßte. Diese Verengung des Blicks auf den heimkehrenden Soldaten und die wartende Frau wurde teils auch in der Forschung übernommen, indem diese Ehepaarkonstellation unkritisch als alleingültiges Modell für das Geschlechterverhältnis im allgemeinen apostrophiert wurde. Dennoch hat die Beschäftigung mit dem Ehemodell, das auf der Figur von Heimkehr und Warten aufbaut, seine Bedeutung, da es bei den InterviewpartnerInnen selbst als Wunschbild ein erzählgenerierendes Muster darstellte.

Die grundlegende Beziehungserfahrung in vielen Familien während der Kriegs- und Nachkriegszeit war die Erfahrung von Trennung, das bedeutete die Trennung von Männern und Frauen, aber auch das Auseinandergerissensein von Eltern und Kindern und sonstigen Angehörigen. Die Trennung vom Ehepartner, die durch Kriegsdienst und Kriegsgefangenschaft oft Jahre dauerte, bewirkte beinahe zwangsläufig eine Entfremdung. Verstärkt wurde sie noch durch die unterschiedlichen Erlebniswelten, über die kaum je kommuniziert wurde, weil die kurzen Zusammenkünfte während der Fronturlaube verständlicherweise von beiden Seiten nicht dafür benutzt wurden, um den Partner mit Problemen zu belasten, sondern um eine unbeschwerte Gegenwart zu genießen. Die Situation des Wiederzusammentreffens der Ehepartner wurde durch dieses Kommunikationsdefizit einerseits und andererseits durch gesteigerte Ansprüche an physische und psychische Reproduktionsarbeit durch Frauen erschwert. Die Erwartungen waren gegenseitig im Laufe der Jahre ins Unermeßliche gestiegen und oft von der Realität völlig abgekoppelt. Aus diesem Getrenntsein resultierten einerseits zumindest kurzfristig reale Veränderungen in der Aufgabenteilung zwischen den Geschlechtern, andererseits ist mit Trennung beziehungsweise der Figur der wartenden Frau und der des heimkehrenden Mannes eine mythologische Urkonstellation (Penelope und Odysseus) angesprochen, die mit Zeitkolorit und spezifischen Attributen der österreichischen Nachkriegsgesellschaft zur gesellschaftlichen Propagierung von Ehe und Kleinfamilie und zur Diskreditierung von anderen Lebenskonzepten versehen wurde, aber auch als Glücksphantasien und Lebensvorstellungen in ihrer geschlechterspezifischen Enkodierung für viele wirkte.

Karl und Melitta

Ich werde hier anhand einer Fallanalyse, den Differenzen in den lebensgeschichtlichen Erzählungen eines Wiener Ehepaares zur Kriegs- und Nachkriegszeit nachgehen.[2] Mich interessiert nicht nur das Erzählte, sondern auch das schwer Erzählbare und Nichterzählte. Wie wirkte sich die Erfahrung des Zweiten Weltkriegs, die nach Geschlechtern und Räumen getrennten Lebenswelten, auf die erzählten Lebensgeschichten von Karl und Melitta aus, und welche Folgen haben sie für ihr Zusammenleben in der Zeit nach 1945? In welcher Weise wirkt die Existenz von mythischen Erzählmustern als Folien für das Erzählen über Kriegszeiten?

Jean Bethke Elshtain vertritt die Auffassung, daß, wenn Männer aus Kriegen nach Hause kommen, sie Geschichten zu erzählen haben, wohingegen Frauen diese Möglichkeit nicht haben, weil in ihrem Leben vergleichsweise wenig passiert ist.[3] Was bedeutet das „Kämpfen" von Frauen, um ihren Familien in der Kriegs- und Nachkriegszeit das Überleben zu sichern, im Vergleich zum Erleben von Extremsituationen „zwischen Leben und Tod" von Soldaten? Bei Interviews mit Frauen zur Nachkriegszeit haben Irene Bandhauer-Schöffmann und ich festgestellt, daß Frauen, die weder Opfer noch Täterinnen im Nationalsozialismus waren, vor allem zum Alltag bei Kriegsende, bei zunehmender Bedrohung durch Bombenangriffe und zur schwierigen Überlebensarbeit in der unmittelbaren Nachkriegszeit elaborierte „Abenteuergeschichten" erzählen.[4] Eine Beobachtung, die auch Susanne zur Nieden für schriftliche Zeugnisse machte, nämlich, daß Frauen, im Gegensatz zu Männern, die Chronisten ihres Fronteinsatzes sind, erst gegen Kriegsende zu Schreiberinnen werden.[5] Im Kontrast zu den oft dramatischen Erfahrungen, die Soldaten der Deutschen Wehrmacht machten, steht das Nicht-Erzählen von diesen dramatischen Kriegserfahrungen durch Männer dieser Generation. Erzählt wird von einem Großteil ehemaliger Soldaten der Deutschen Wehrmacht in einer Form, die die eigene Person, das eigene Handeln und die schreckliche Seite des Krieges nicht zum Thema macht.

In feministischen Diskursen zur Geschlechtergeschichte in Kriegszeiten wird immer wieder der scheinbar natürliche Zusammenhang von Frauen als „Leben-Gebende" und Männern als „Leben-Nehmende" diskutiert und zu Recht kritisiert. Binäre Geschlechter-Konzepte, „Front" – „Heimatfront", „Friedliebende Frauen" – „Kriegerische Männer", etc. zu Krieg, sind nicht aufrechtzuerhalten und in ihren kulturellen Kodierungen noch genauer zu entschlüsseln.[6] Mythen und Realität sind bei diesem Thema scheinbar unentwirrbar verwoben.

Melitta und Karl kommen aus unterschiedlichen Herkunftmilieus, die ich kurz vorstellen möchte, nicht um dadurch in einer Art linearem Kurzschluß ihre Erzählungen nur aus den Biographien heraus zu erklären, sondern, um ihren lebensgeschichtlichen Hintergrund sichtbar zu machen. Spätestens mit ihrer Heirat 1942 gibt es gemeinsame, aber auch getrennt gelebte Geschichte und Geschichten, was seinen sprachlichen Ausdruck auch in zwischen beiden abgestimmten Erzählungen findet. Mit beiden habe ich mehrere lebensgeschichtliche, offene, narrative Interviews durchgeführt.

Ehepaare zu interviewen brachte für mich neue Erfahrungen, zur Methodik von Interviews mit Paaren gibt es bisher wenig Literatur, handelt es sich bei diesem Interviewtypus doch weder um ein Einzelinterview noch um ein Gruppeninterview. Über theoretische Konsequenzen dieses spezifischen Settings habe ich erst begonnen nachzudenken und befinde mich noch im Stadium des Experimentierens. Vorweg bat ich meine InterviewpartnerInnen immer um ein Einzelgespräch, was manchmal zu etwas künstlichen Situationen führte, da ich als Interviewerin eingespielte Kommunikations- und Verhaltensmuster störte. Viele Ehepaare schienen aber durch meine Forderung nicht besonders irritiert und ließen Türen zwischen den Räumen offen, kamen zeitweise zum Gespräch hinzu, erzählten die Geschichten ihres Partners zu Ende, ergänzten, korrigierten und unterbrachen. Frauen intervenierten gerne mit Kaffee und Kuchen, Männer eher mit Forderungen nach Mittagessen etc. Post scriptum: bei Männern, die allein zu Hause waren, bekam ich meist keinerlei Bewirtung. (Ein Mann meinte, als ich meinen Durst äußerte, daß ich so wenigstens ihren Durst im Krieg und in der Kriegsgefangenschaft ganz klein wenig nachempfinden könnte.) Oft wurde ich anschließend zu einem gemeinsamen Essen oder Kaffee eingeladen, manchmal ergaben sich dabei anregende Gespräche und Diskussionen.

Karl und Melitta kenne ich schon lange, Karl war jahrelang Teilnehmer unserer lebensgeschichtlichen Gesprächsrunde in Ottakring. Sicher sind die Erzählungen der beiden dadurch von besonderem Vertrauen und Offenheit.

Karl: „Der Bürgerkrieg war der Heilige Krieg!"

Karl wird 1908 in Wien geboren. Sein Vater ist von Beruf Taschnergeselle und arbeitet bei der Straßenbahn in der Werkstätte. Seine Mutter ist Wäscherin, Heimarbeiterin und Putzfrau. Karl verlebt seine Kindheit größtenteils auf den Straßen Wiens, er bezeichnet sich selbst als „Gassnbua". In seinen Erzählungen zur Jugend vermischen sich kindliche Spiele auf der Straße mit „Raubzügen", sich etwas Eßbares zu organisieren. Für ihn bedeutet die erste Bekanntschaft mit Krieg das Kennenlernen von Hunger, Mangel und der Mithilfe als Kind bei der Organisation von Lebensmitteln im Ersten Weltkrieg und in der Hungerzeit danach. Bis 1922 absolviert er fünf Klassen Volksschule und drei Klassen Bürgerschule und macht bis 1925 die Autosattlerlehre. Danach ist er über längere Perioden hinweg immer wieder arbeitslos und nimmt diverse Gelegenheitsarbeiten an, u. a. arbeitet er als Autosattler und Hausarbeiter in einem Bildungsheim und ist in dieser Zeit einmal auf Wanderschaft in Süddeutschland, wo er wegen Bettelns nach Österreich abgeschoben wird. Als Jugendlicher ist er stark in der Sozialistischen Arbeiter-Jugend engagiert, er ist Wanderführer bei den „Naturfreunden" und wirkt 1931 bei der Arbeiterolympiade mit. Bis 1934 ist er aktiver Schutzbündler. Als Karl auf seine Schutzbundtätigkeit zu sprechen kommt, fällt ihm auf, daß er sich in vorangegangenen Erzählsequenzen als Pazifist dargestellt hat und daß es da nun einen Widerspruch gibt. Er argumentiert:

Also das war jetzt ein bisserl, da kommen wir jetzt ein wenig durcheinand, weil wenn ich ein Pazifist bin – RICHTIG – dann darf ich beim Schutzbund nicht sein. Ich war aber beim Schutzbund eigentlich auch – ich hab mich auch bekannt, ich war sogar auch in der Funktion und alles, also ich war beim Schutzbund, und ich HABE beim Schutzbund MEIN Leben riskiert, also da war ich net feig jetzt, oder ich wollte nicht, sondern da hab ich mich eingesetzt. Im 27er Jahr genauso als wie im 34er Jahr. Also da war ich kein Pazifist, oder was. Und da war ich auch ein NAZI-GEGNER, ausgesprochener NAZI-GEGNER. Hab mich auch beteiligt an Aktionen, wenn es gegen Nazi-Aufmärsche usw. gegangen ist, war ich überall dabei. Also ich war ein ausgesprochener Nazi-Gegner. Verlassen bin ich worden nach dem 34er Jahr, da bin ich, wie soll ich sagen, nicht enttäuscht, aber ich hab den Boden unter den Füßen weggehabt.

In dieser Erzählpassage ist es Karl wichtig, mir den Widerspruch in bezug auf seine vorangegangene Darstellung als Pazifist zu erklären und festzustellen, daß er 1927 und während der Februarkämpfe 1934 nicht „feig" war. Diese Aussage steht in scheinbarem Kontrast zu späteren, wo er sich eher als Anti-Held im Zweiten Weltkrieg darstellt. Die Austrofaschisten und vor allem die Nationalsozialisten sind für Karl „Gegner" (er betont das Wort, indem er lauter wird), gegen die es sich auch militärisch zu kämpfen lohnt. Er bezeichnet die Kämpfe im Februar 1934 als den „richtigen" Krieg: *Ich mein, der Bürgerkrieg war der Heilige Krieg, und der richtige Krieg, und hab die Lieder gesungen mit ihnen, „Auf, auf zur letzten Schlacht" usw.* Gegen das Verbot und die Unterdrückung der Sozialdemokratie ebenso wie gegen Naziaufmärsche sieht er es als gerechtfertigt an, mit der Waffe zu kämpfen. Er macht eine Ausbildung als Waffenmeister beim Schutzbund. Wenn Karl von seinem Kampf im Schutzbund erzählt, stilisiert er sich nie als besonders tapferen Helden oder Draufgänger, er schildert sich als jemand, der nie ein „Führer" war, aber auch nicht feig, sondern immer lieber in der zweiten Reihe stand.

Vor 1938 wollte Karl auf keinen Fall zum österreichischen Heer eingezogen werden, denn er wollte nicht im Heer der ihm verhaßten Austrofaschisten und nicht gegen deutsche Soldaten kämpfen, denn Karl hat immer zu den Sozialdemokraten gehört, die für den Anschluß an Deutschland eintraten. Er erzählt mir, daß er schon 1938 überzeugt war, daß Deutschland nur zu Kriegszwecken aufrüstete, und er wollte im Kriegsfall nicht im österreichischen Heer gegen deutsche Soldaten eingesetzt sein. Ohnmächtig und unwillentlich fühlt er sich in beides, die Februarkämpfe 1934 und den Zweiten Weltkrieg, hineingezogen. In seinem „Kriegsphotoalbum", das er signifikanterweise mit Photos zu seinem Kampf im Schutzbund beginnen läßt, stellt er folgenden Satz als Motto an den Anfang, der dieses Ohnmachtsgefühl ausdrückt: *Wir sind die Schachfiguren des Schicksals, man spielt mit uns auf dem Schachbrett des Seins. Und legt uns dann wieder in den Kasten des Nichts.*

Karl beim Republikanischen Schutzbund

Daß der Einmarsch der Nationalsozialisten in Österreich derart friedlich verlaufen würde, meint er heute, hatte er sich nicht vorgestellt. Nachdem Nazi-Deutschland 1939 Polen angegriffen hatte und dieses am 28. September kapitulierte, war Karl bereits sicher, daß Hitler jetzt gegen die Sowjetunion kämpfen würde. Etwas verwirrte ihn bei seinen Überlegungen, das war der „Hitler-Stalin-Nichtangriffspakt", dennoch war ihm klar, erklärte er mir, daß er auf gar keinen Fall gegen die Sowjets kämpfen würde wollen. Er drückt das so aus: *Nie, gegen Russen werde ich nicht kämpfen, oder gegen einen Russen tu ich nicht kämpfen, Rußland war DAS Land, wo man gesagt hat, also dort will ich ja hin; Rußland. Das war für mich das Gelobte Land.* Auch in dieser Passage, wie in jener, wo er von den Februarkämpfen erzählt, verwendet Karl ein religiöses Vokabular. Ein anderes sprachliches Ausdrucksmittel für politische Ideale steht ihm scheinbar nicht zur Verfügung.

„Denn es zieht das Eisen von selbst den Mann an."[8]

Ab 1938 versucht Karl alles, um nicht zur Deutschen Wehrmacht einrücken zu müssen: *Das war für mich selbstverständlich, und jetzt muß ich schauen, daß ich nicht beim Militär landen tu, neu und vom Militär weg, und dadurch hab ich mir das dann so gedreht, und hab die Möglichkeit kriegt, ins Arsenal zu kommen.* Er läßt sich ins Arsenal zur Werkstattkompanie als Heereshandwerker offiziell einberufen, so ist er ab 1939 als Heereshandwerker im Arsenal „unabkömmlich" gestellt. 1942 wird er schließlich doch eingezogen, er kann in diesem Fall nicht selbst entscheiden. Im selben Jahr heiratet er Melitta Eichelseher, eine Friseurmeisterin, und es wird ihr Sohn geboren.

Die Geschlechtszugehörigkeit, die politische Einstellung, die bewußte oder unbewußte Auffassung von Geschichte, die Weltanschauung, die jede/r hat[9], Alter sowie soziales und religiöses Milieu wirken an der Konstruktion und der Auswahl der Erzählungen in ihren subjektiven Datierungen zu Kriegsbeginn und Kriegsende mit. Ob Erzählungen mit dem Februar 1934 oder mit 1939 begonnen werden, ob sich Männer aus Kriegsbegeisterung freiwillig meldeten, zu welcher Einheit jemand wollte (besonders begehrt waren in der Deutschen Wehrmacht Ausbildungsplätze bei der Luftwaffe, die als besonders moderne, virile Waffeneinheit galt),[10] oder ob Männer versuchten, mit unterschiedlichen Strategien ihre Einrückung zu verzögern, ist ebenso signifikant, wie wenn Frauen den Krieg in ihren Erzählungen mit der Einrückung ihres Mannes beginnen, oder mit dem Erleben von Angstgefühlen bei Luftangriffen. So wie der Kriegseintritt ist der Beginn der Kriegsgefangenschaft und nicht notwendig das Kriegsende (weil viele ja vor Kriegsende, vor dem 8. Mai 1945 in Gefangenschaft kamen) für viele Männer von lebensgeschichtlich höchster Relevanz.

Zu fragen ist nach persönlichen Datierungen, nach der subjektiven Setzung von zeitlichen Begrenzungen als Ende oder Anfang von Kriegserzählungen. Für manche endete der Krieg erst nach der Entlassung aus der Kriegsgefangenschaft, für andere mit der Gefangennahme während des Krieges, und für manche bei offizieller Information über das Kriegsende am 8. Mai 1945 in der Kriegsgefangenschaft, oder vielleicht mit Ankunft der Alliierten, etc.

Melitta: „Im Friseurgeschäft hab ich den Russen Haare geschnitten." – Oder wie kann Warten erzählt werden

Melitta ist 1917 geboren, sie ist ein uneheliches Kind, die Mutter ist Modistin, sie wächst im bürgerlich-katholischen Haushalt der Großeltern auf. Der Großvater ist Kupferschmied, die Großmutter Hausfrau, Melitta macht 1932–1936 eine Friseurlehre und wird Meisterin. In der Zeit, in der Karl immer wieder arbeitslos ist, hat sie einen Beruf, mit dem sie relativ gut, und besser als Karl, verdient. Sie turnte in ihrer Jugend im Deutschnationalen Turnverein, der in den BDM übernommen wird. Sie sagt von sich, daß sie sich nie für Politik interessiert habe. Als sie Karl kennenlernt, zwingt er sie, sofort im Deutschnationalen Turnverein aufzuhören.

Für Melitta geht nach Kriegsbeginn der Alltag als Friseurin, wenn auch unter erschwerten Lebensbedingungen der Kriegsökonomie, weiter wie bisher. In ihren Erzählungen stellen das Einrücken Karls und die Geburt ihres Kindes die wichtigen Zäsuren während des Krieges dar. 1942 heiratet sie Karl. Im selben Jahr, nachdem Karl eingerückt ist, wird ihr Sohn geboren. Sie arbeitet bis vier Wochen vor der Geburt (sechs Wochen waren Karenz, aber das Kind wird 14 Tage früher geboren) und sechs Wochen nachher gleich wieder. Sie ist also in dieser für eine Paarbeziehung so wichtigen Zeit vollkommen auf sich allein gestellt, obwohl sie von der Mutter und Schwiegermutter gewisse Unterstützung erhält. Karl bekommt 14 Tage nach der Geburt des Kindes Urlaub, um sie zu besuchen. Während des Fronturlaubes diskutieren sie, ob sie sich evakuieren lassen soll oder nicht. Karl überträgt ihr die Verantwortung, indem er sagt, er könne ihr nicht mehr helfen und sie solle selbst entscheiden, und Melitta wird von da an nichts mehr von ihren Problemen schreiben. Sie wird ihre Entscheidungen alleinverantwortlich und selbständig treffen. Über den spärlichen Briefkontakt lassen sich diese Fragen weder besprechen noch entscheiden und sie will Karl auch nicht beunruhigen. Von 1941 bis 1944 wohnt sie bei der Schwiegermutter, wodurch sie Teile der erschwerten Reproduktionsarbeit und Anteile der Kinderbetreuung an sie abgeben kann. Andererseits bedeutet das Abhängigkeit und andauernde Konflikte zwischen beiden Frauen. Melitta beschreibt sich in einigen Erzählungen als „widerspenstige, lebenslustige, aufbegehrende Frau". Die Schwiegermutter habe ihr ein zu selbständiges Leben, ihr Rauchen und ihre roten Haare vorgeworfen, erzählt sie.

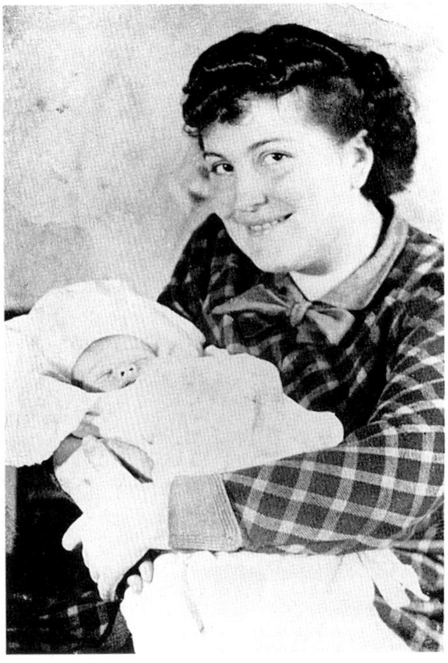

Melitta mit ihrem 14 Tage alten Sohn, Jänner 1943

Zudem wurde sie von ihr der Untreue verdächtigt, was diese ihrem Sohn Karl, zu dem sie zeitlebens ein extrem enges Verhältnis hat, in Briefen und Karten an die Front und in die Kriegsgefangenschaft schreibt.

Karl auf Fronturlaub in Wien mit Sohn Helmut im Kinderwagen, Dezember 1942

Melitta stellt in ihren Erzählungen die Kriegszeit nicht nur schrecklich dar, sie erzählt, wie sie sich oft mit Freundinnen traf, um gesellige Abende zu verbringen:

Da sind wir zusammengekommen, Frauen zusammengekommen, ausgetauscht, das machst so oder so, also wie da die Frauen zusammengekommen sind, wie sie sich vertragen haben; im allgemeinen Leben, wenn es gut geht, dann vertragen sie sich gar nicht so gut. Aber in diesen Zeiten haben sich die Frauen wirklich zusammengeschlossen. Und dann, die eine ist zur anderen gekommen, wir haben Besuche gemacht, wir haben Kaffee – Zichoriekaffee –, haben wir gemacht, von Bohnenkaffee hat man ja überhaupt keine Ahnung gehabt. Da sind so Piperlofen gestanden, da haben wir mit dem Roggenmehl so Fladen gemacht, das haben wir dazu gegessen.

Ab 1944 lebt sie mit ihrem Kind in Groß-Siegharts, wo sie sich vor den Bomben sicherer fühlt. Dort arbeitet sie wieder als Friseurin, wodurch sie im Tausch ausreichend Nahrungsmittel erhält. Sie wohnt beim Brunnenmeister des Ortes und seiner Frau. Er sei ein Verehrer von ihr gewesen, erzählt sie, und jener, mit dem sie die Schwiegermutter der Untreue verdächtigte:

Und ich war ja umquartiert in Groß-Siegharts, und die Familie hab ich ihnen gezeigt (Foto), das ist der Brunnenmeister, sie war Hebamme usw. Und sie haben mich beide sehr nett und lieb aufgenommen, und er, mein Gott na, wie soll ich sagen, mit 26, 27, 28 ist man ja noch ein hübsches Püppchen, nicht, na, er war schon sehr nett und lieb zu mir, aber es war – immer, die Frau war da, also es war keine Gelegenheit. Aber er hat mich verehrt. Und die Schwiegermutter hat das Gefühl gehabt, daß ich halt wahrscheinlich, was weiß ich, mit Verhältnis, usw., war aber tatsächlich wirklich nichts. Denn: die Angst war da. Auf meiner Seite, und auf seiner Seite auch. Stellen Sie sich vor, der war ja ein, der Onkel war Bürgermeister dort. Das ist nicht so einfach gewesen. Stellen Sie sich vor, da kommt – also die Angst war da. So. Da ist immer eine Mauer da, gell. Na, und die Schwiegermutter fleißig geschrieben, also, net, hinaus.

In dieser Sequenz drückt Melitta aus, daß sie zumindest an die Möglichkeit eines sexuellen Verhältnisses gedacht hat, sie stellt sich also nicht als unbedingt treu-wartend dar. Aber indem sie sich beim Erzählen auf die Norm „wartende Frau" bezieht, drückt sie den gesellschaftlichen und moralischen Verhaltenskodex für eine Frau während der Abwesenheit ihres Mannes aus.

Von 1942 bis 1947, als Karl aus der Kriegsgefangenschaft aus der Sowjetunion zurückkommt, erhält sie nur sporadisch über Rotkreuz-Karten von ihm Nachricht. Sie weiß, daß er lebt. Nach Kriegsende bekommt sie eineinhalb Jahre überhaupt keine Post, sondern eine Vermißtenmeldung, daß die ganze Einheit, der Karl angehörte, vermißt wird. Während dieser Zeit ist sie sehr beunruhigt und wartet in Angst. Die ersten Monate nach Kriegsende verbringt sie in Groß-Siegharts, wo sie sowjetischen Soldaten die Haare schneidet. Endlich, 1947, bekommt sie eine Karte mit der Mitteilung, daß Karl am Leben ist.

Durch Erzählungen versuchen Melitta und ihre Schwiegermutter während Karls Abwesenheit für den Sohn die Erinnerung an den Vater wachzuhalten: *Also er hat schon so weit gesprochen, der Kleine, weil wir ihm ja ununterbrochen vom Papa und vom Vati gesprochen haben, und hat er gesagt, der wird seinen Vati holen mit dem Flugzeug, und da wird er fliegen usw.*

Karl: „Ich war keine Kämpfernatur"

1942 kommt Karl als Bataillonssattler zum Regiment 227 der 100. Jägerdivision, der nach Stalingrad neuaufgestellten 6. Armee. Ab Juni 1943 ist er im Partisaneneinsatz in Kroatien, dann in Mazedonien und Albanien, ab April 1944 wird seine Einheit in den Raum Tarnopol verlegt. Es tritt das ein, was Karl nie wollte, er muß gegen sowjetische Soldaten kämpfen. In zwei ganz zentralen Geschichten macht er deutlich, wie er mit diesem Dilemma umging.

Karl erzählt: *Da sind wir gewandert, durch den Wald zurück, Partisanen waren auch dort; durch einen Wald zurück, und man hat immer an daheim denkt, usw., bin da dicht nachgefahren mit der Karretten,*[11] *na, auf einmal bleiben die Karretten stehen, denk ich mir, was haben's denn? Dann bin ich vorgangen zu ihnen, zu den Fahrern, hör ich im Wald daneben, wieder auf einem anderen Weg ein Scheppern, wie ein Karren, wie wenn so ein Bauernkarren fahrt, dieses Krachen, die Steine, und so, das Rumpeln. Naja, was ist los? – Naja, da im Wald, da fahrt was. Stehenblieben, geschaut; zwei Karretten – das war eine Weggabel – fahren wir weiter, die sind auch weitergefahren, und sind wir auf die Weggabel, auf eine Kreuzung kommen, ich trau meinen Augen net, die auch net, sind Russen. Sind wir stehengeblieben, ich bin bei ihnen vorngestanden, die Russen sind auch stehenblieben, mit zwei Fahrzeugen; waren vier Russen. Auf jedem Panjewagen zwei. Die Russen sind gesessen, haben geschaut, auf uns. Ich bin mit die Italiener beinand, geschaut auf ihnen, was sie machen – der sitzt oben am Wagen: Na, soll ich jetzt schießen? Was – bis ich das Gewehr obekrieg, und, da, schießen, derweil haben die auch geschossen, was kommt nach? Bin ich auch gestanden, hab geschaut, die sind gestanden, haben geschaut, bis auf einmal ein Ruß' die Initiative ergriffen hat, hat die Peitschen genommen, net, „Heidi", die haben immer „Heidi" geschrien zu den Tieren. Hieb hin, der hat anzaht, sind weitergefahren, sind drübergefahren über die Kreuzung, ruhig, haben geschaut (lacht), die waren weg, wir sind auch über die Kreuzung gefahren, und wir waren auch weg. Ohne Schießen, ohne allem. – – Und war nichts – ein HELD war ich net, und so hat es so verschiedene Momente gegeben.*

In dieser Geschichte stellt Karl seinen inneren Konflikt dar und will zeigen, daß es Situationen gab, wo er sich für ein Abwarten entscheiden konnte, um nicht sofort auf sowjetische Soldaten zu schießen, die für ihn keine gerechtfertigten „Gegner" waren. Daß diese Lösung eine Ausnahmesituation darstellt, liegt auf der Hand. Karl ist in seinen Kriegserzählungen nie begeisterter Soldat, kein Held des Zweiten Weltkriegs, wie der biographietheoretische Kommentar *ein HELD war ich net*, zeigt. Für ihn ist dieser Krieg ein wahnsinniger Angriffskrieg der Nationalsozialisten, und bei diesem macht er gezwungenermaßen mit. Für ihn sind die Sowjets keine Feinde, und daher ist er froh, wenn sich Situationen wie in der oben angeführten Schlüsselgeschichte so friedlich lösen lassen, was aber im realen Kriegsgeschehen sicher die seltene Ausnahme war. Aufgrund seiner politischen Einstellung und seiner antimilitaristischen, nicht pazifistischen Haltung kann er sich als Anti-Held im Kontext des Zweiten Weltkriegs charakterisieren, ohne in Konflikt mit kollektiven Vorstellungen von Männlichkeit zu kommen. In den Erzählungen wählt er für sein Männlichkeitskonstrukt, das des immer irgendwie durchkommenden „Gassenbuam". Auch in Erzähl-Passagen zur sowjetischen Kriegsgefangenschaft beschreibt er sich in der Rolle des sich irgendwie „Durchwurstelnden". Männliche Schönheitsideale und männliche Idole als Abbilder von großen Kämpfern finden sich trotzdem in seinen Erzählungen: wie in jener, daß er sein Leben lang Brillenträger war, was er immer von der Schule bis zur Militärzeit verheimlicht hat, weil er es als unmännlich empfand, und in der Geschichte, als er mir erzählt, daß er einen sogenannten „Balbo-Bart" während des Kriegs getragen hat. General Balbo war der italienische Luftfahrtminister im faschistischen Italien. Karl bestätigt damit das kollektive Image von Fliegern als besonders tollkühnen männlichen Kriegshelden.

In unseren Gesprächen wird deutlich, wie schwer es für Karl ist, über seine schrecklichen Eindrücke im Krieg zu erzählen, und er sagt mir auch immer wieder, daß er bisher noch nie in dieser Art darüber gesprochen habe. Auch für mich sind diese Erzählungen zeitweise belastend. So erzählte Karl eine Geschichte von einem Erschießungskommando, an dem er beteiligt war, womit er bis heute nicht fertig geworden ist. Außer in selbststabilisierender Form als Heldengeschichten am Stammtisch, in Kameradschaftsbünden und anderen Kriegsveteranenvereinen, wurde selten von Soldaten der Deutschen Wehrmacht über Kriegshandlungen erzählt. Die Ausblendung der dunklen Seite des Krieges, die eigene Beteiligung beim Töten, die Involviertheit in den Nationalsozialismus herrscht in den meisten Interviews vor.

Die Heimkehr:
Karl: „Da fallt einem keine Begüßungszeremonie ein. Da bist weg. Da geht nichts." – Melitta: „Und dann im Jahre '47 ist er ja zurück."

Karl wird laut Kriegsgefangenenakt am 24. Jänner 1945 mit anderen seiner Kompanie in St. Annaberg, in Oberschlesien im heutigen Polen, von einer sowjetischen Panzereinheit gefangengenommen. Karl erzählte, daß er sich freiwillig gefangennehmen ließ, entspricht es doch seiner Lebenskonstruktion, daß er beinahe desertiert ist. Er hat diesen Krieg nie befürwortet, ihn schon lange für verloren gehalten und auch keine große Angst vor der sowjetischen Kriegsgefangenschaft, sind doch die Sowjets für ihn im Gegensatz zu der Mehrheit der

NS-sozialisierten Soldaten der Deutschen Wehrmacht nie Feindbild gewesen. Er erzählt von heftigen Diskussionen in seiner Einheit über eine eventuelle Kapitulation. Karl schildert seinen damaligen Standpunkt und den seiner Truppe: *Gemma in Gefangenschaft. Wenn wir so viel sind, kann uns der Ruß', macht er uns nichts, und das war das, ja, ich geh net, und ich geh, wer weiß, mit dem Russen, und hin und her.*

Karl kommt mit den ersten Heimkehrertransporten 1947 aus sowjetischer Kriegsgefangenschaft zurück. Bis 1946 kehrten rund die Hälfte – das sind 75.000 österreichische Kriegsgefangene aus der Sowjetunion – nach Österreich zurück, meist aber noch nicht in organisierten Transporten. 1947 setzten die organisierten Heimkehrertransporte aus der Sowjetunion ein, die den Großteil der Kriegsgefangenen zurückbrachten. Die zu diesem Zeitpunkt noch nicht entlassenen Kriegsgefangenen kehrten bis 1956 zurück.[12]

Karl erzählt mit vielen Details und sich im Erzählen langsam annähernd, von den einzelnen Stationen des Zurückkommens: der Zugfahrt über Ungarn, der notdürftigen ersten Rasur, dem Grenzübertritt, dem Ankommen in Österreich, in Wiener Neustadt, schließlich am Wiener Südbahnhof und dann die Fahrt mit der Straßenbahn durch ein zerstörtes Wien nach Hause, in die Wohnung seiner Mutter in einer besonders elaborierten Geschichte:

Und jetzt diese ganze Gemeinschaft: Bis jetzt haben wir noch miteinander geredet, und: Wie wird's werden? Was wirst machen? Dann sitzt da und da ist die Tür und du weißt: Wenn ich da draußen bin, ist alles hinter mir, der Krieg das ist alles hinter mir, wenn ich da raus geh! [...] Du kommst bei der Tür raus und siehst nix, bist geblendet. Weil die Scheinwerfer, die haben aufgeleuchtet über die Stiegen hinauf, da hat man nur Schatten von oben gesehen: Da müssen unheimlich viele Menschen sein, da müssen unheimlich viele Leute untenstehen, das hat man so an dem Murmeln gehört. Und jetzt kommt diese enge Reihe. Da durch, Leute stehen mit Tafeln da, links und rechts. [...] Und jetzt gehst durch und schaust. Und auf einmal kommt dir die Frau entgegengelaufen, auf einmal kommt mir die Schwiegermutter entgegen, und auf einmal kommt noch ein Bekannter entgegen, ein befreundetes Ehepaar. Die Ankunft wurde im Radio durchgegeben. [...] Und jetzt gehst zur Straßenbahn, und dann heißt es: „Ja wir können nur mit dem Achtzehner fahren, weil der Zweiundsechziger raus nach Meidling, der kann noch nicht fahren, weil der Schutt noch liegt, der muß geräumt werden." Von der Eichenstraßen sind wir zu Fuß hinaufgegangen.

Und jetzt gehst halt. Meine Frau hat bei meiner Schwiegermutter gewohnt. Wir sind aber zu mir nach Hause gefahren. Das Kind hat bei mir zu Hause geschlafen. So, und jetzt kommt man in das Haus. Da liegt der Schutt herum. Da fallt einem keine Begrüßungszeremonie ein. Da bist weg. Da geht nichts! Jetzt kommt man in die Wohnung hinein und macht die Tür auf und schaut in die Küche. Ich seh einen Tisch – ich bin zu Weihnachten, am 27. Dezember, nach Haus gekommen – und seh einen Tisch voll mit Buchteln, Kuchen, Fleischstükken, Kaffee, Tee – der war vollgeräumt. Was die Frauen im Haus gehabt haben. Die haben das alle im Radio gehört, daß ich komm. Die sind alle gelaufen gekommen: „Frau K., Ich hab's schon gehört ...!" Sie hat den Schlüssel wegen dem Buben der Nachbarin gelassen. Da war der Tisch voll! Das war ja ein Schlaraffenland. Sowas hab ich ja nie gesehen, jetzt jahrelang nie gesehen gehabt.

Na, dann setzt man sich einmal zum Tisch und fangst zum Essen an, und die Mutter hat g'schaut: „Der Bub schläft im Zimmer. Ja, fünf Jahre." Dann machst einmal die Tür auf und schaust so rein: Da liegt er drin, lieb, schläft. So ein Rühren, so eine Bewegung, er rührt sich, dann ist er munter geworden: „Was ist denn los? Ah, der Papa is kommen!" Jetzt kommt er raus in die Küche, sieht mich das erste Mal als Vater, ich seh den Buben das erste Mal. Dann hat sich alles erledigt. Da hat sich alles aufgehört. Da ist alles still momentan.

Dann ißt und ißt, dann bist so angegessen. Dann legst dich nieder, und dann erst zwei Tage später hast dich derfangen, daß du mit deiner Frau Probleme besprechen kannst, daß du mit deiner Frau reden kannst. Aber es ist noch kein Ende da. Dann kommt dein Innerliches erst raus.[13]

Nach der beschreibenden Einleitung, in der Karl mit vielen Einzelheiten den für ihn so wichtigen Übertritt von der militärischen Männergesellschaft, die er eine „Gemeinschaft" nennt, in eine ungewisse Zukunft schildert, kommt er zum ersten Höhepunkt seiner Erzählung, dem Bild, wie er beim Hinaustreten aus dem Südbahnhof von Scheinwerfern so geblendet war, daß er erst gar nichts gesehen hat. Danach verdichtet sich die Erzählung immer mehr, je näher er „seinem Zuhause" kommt. Als er in die Wohnung der Mutter kommt, fehlen ihm die Worte, es fällt ihm keine Begrüßungszeremonie ein. Daß sein Zurückkommen fast mit Weihnachten zusammenfällt, verstärkt die Berührtheit. In dieser Sequenz fällt er immer wieder in die direkte Rede, in einer Art Replaying, wird seine starke Involviertheit sichtbar. Die in der Kriegsgefangenschaft langentbehrten und ersehnten Nahrungsmittel werden einzeln benannt, für ihn ein Erlebnis wie im „Schlaraffenland". Beim Lesen bekommt man unwillkürlich den Eindruck, als werde man durch einen Traum oder durch einen Film geführt, die Geschichte steigert sich sukzessive und mündet am Höhepunkt der Spannung, beim Zusammentreffen mit dem Sohn in die vollkommene Sprachlosigkeit. Er hat sein Kind zwar schon als Baby gesehen, aber jetzt ist es für ihn das erste bewußte Zusammentreffen mit seinem fünfjährigen Sohn, das erste Mal für ihn als „Vater". Karl sagt: *Dann hat sich alles erledigt. Da hat sich alles aufgehört. Da ist alles still momentan.* Erst nach zwei Tagen, sagt er, habe er überhaupt erst anfangen können mit seiner Frau über Probleme zu sprechen: *Dann kommt dein Innerliches erst raus.*

Dieser langen Geschichte von Karl steht nur ein ganz kurzer Satz von Melitta gegenüber, was die differente Gewichtung dieses Ereignisses zeigt. Melitta sagt: *Und dann im Jahre '47 ist er ja zurück.*

Karl hatte zwei Jahre unter ziemlich schlimmen Umständen in sowjetischer Kriegsgefangenschaft auf seine Rückkehr gewartet, Melitta kehrte 1945 von der Evakuierung heim, ihr Alltag ging, wenn auch unter verschärften Lebensbedingungen, über das Kriegsende hinaus weiter. 1945 bedeutete für sie nicht in dem selben Maß wie für Karl eine Zäsur, sie kommentiert Karls Rückkehr:

Und Karl ist gekommen, und hat zu seiner Mutter gesagt, und das war das, was mich dann sofort wieder zu ihm hingezogen hat, – wir reden jetzt nimmermehr, was war, was der gemacht hat, und was der gemacht hat, wir wollen jetzt wieder beisammen sein, wir haben ein Kind, und wir wollen beisammen sein.

... und danach

Für viele ehemalige Soldaten ist die Rückkehr aus Krieg und Kriegsgefangenschaft ein lebensgeschichtlich einschneidendes Erlebnis, sie erleben in viel stärkerem Ausmaß als Frauen einen Bruch und/oder eine Krise.

Karl versuchte, nachdem er sich körperlich halbwegs wieder erholt hatte, eine Erwerbsarbeit zu suchen, seine Hoffnung, die SPÖ würde ihm dabei helfen, erfüllte sich nicht. Auch im Arsenal, wo er jahrelang gearbeitet hatte, fand er keine Arbeit. Sein ursprünglicher Beruf, die Autosattlerei, war längst durch die industrielle Fertigung wegrationalisiert worden. Schließlich arbeitet er ab 1948 als Hausarbeiter in der Bundeslehranstalt für Gartenbau in Schönbrunn. Melitta und Karl haben bis 1962 keine gemeinsame Wohnung. Der Hauptstreitpunkt zwischen Melitta und Karl ist in der Folge die Erziehung des Sohnes. Ein typischer Konflikt vieler Familien in der Nachkriegszeit, nach der Rückkehr der Väter, denn viele Kinder hatten während des Krieges mit ihren Müttern in symbiotischen Beziehungen gelebt. Melitta hatte ihren Sohn während der Woche, da sie mit ihm erzieherisch nicht mehr fertig wurde, in eine klösterlich-katholische Erziehungsanstalt gegeben. Melitta erklärt mir ihre Entscheidung:

Es ist aber immer ärger und ärger geworden mit ihm, auch meine Mutter konnte ihn nicht bändigen, also was soll ich jetzt mit dem Kind machen? Jetzt war er wirklich wild, sehr schlimm. Na, also was soll ich mit dem Buben machen. Wir sind nicht ganz Herr geworden mit dem Buben, also, schlagen usw., gell, das ist mir nicht gelegen, meine Mutter, hat noch kleinere Hände gehabt wie ich, also das hat er ja gar nicht gespürt. Die hat schon Tachtel geben oder am Popsch usw. Also es ist mir nichts anderes übriggeblieben, als daß ich das Kind, versucht hab, irgendwo unterzubringen in einem Internat, oder wo man halt so Kinder hat. Aber auch zum Essen, und zu allem, net. Ja, ich hab nichts gefunden bis auf ein Kloster, also das waren damals nur Klöster, die das gemacht haben, die Kinder genommen haben. Das war in der Trauttmannsdorffgasse, und da hab ich den Buben hingebracht. Er hat sich dort aufgeführt, das können Sie sich nicht vorstellen, im Besenkammerl haben sie ihn gehabt, überall. Also da war er schon fünf Jahre. Das war im Jahr '47. Er war nur ein halbes oder dreiviertel, ein dreiviertel Jahr war er drinnen in dem Ding.

Mit dieser Entscheidung ist Karl vor allem aus ideologischen Gründen nicht einverstanden, er will das Kind zu Hause und nicht in einer katholischen Einrichtung wissen. Er setzt seine Meinung mit patriarchaler Härte durch und zwingt seine Mutter, die Kinderaufsicht zu übernehmen. Es erscheint so, als müßte er besonders hart agieren, um vielleicht Schwächegefühle auf anderen Gebieten auszugleichen. Einwände seiner Mutter, daß sie doch durch ihre „Schacherei", ihre Tauschgeschäfte am Naschmarkt, die Versorgung gewährleisten würde, nützen nichts. Melitta gegenüber könnte er so nicht verfahren, da sie noch immer wesentlich mehr als er verdient. Karl erläutert seinen Standpunkt:

Ich bin dann gegangen zur Sozialistischen Partei und hab gesagt: „Ich will nicht haben, daß er in ein katholisches Heim kommt, da muß es doch ein anderes Heim geben, wo man das Kind unterbringen kann, doch nicht in einem Kloster!" Der Bub hat mir erzählt, was passiert, wenn er was angestellt hat, wie er gestraft worden ist. So, jetzt habe ich den Bub rausgenommen. Meine Mutter ist in Bedienung gegangen, die war bei einer Naschmarktfrau, die hat geschachert, da ist geschachert worden, von Nylonstrümpfen angefangen mit was weiß ich alles für Sachen. Sie ist natürlich mit dem Geschacherten nach Haus gekommen und hat alles Mögliche gebracht. Ich bin dann gekommen und hab gesagt: „Paß auf, so geht das nicht! Du bleibst jetzt daheim, und der Bub wird daheim wohnen. Kümmere dich um den Buben und du gehst nicht mehr zu fremden Leuten in Bedienung. Ich bin dir dankbar, wenn du das machst." Na sie hat gleich gesagt: „Was wirst dann essen, wenn ich das nimmer nach Haus bring?" Da ist die Misere angegangen. Dann hab ich gesagt: „Aus! Schluß!" Und sie hat das müssen akzeptieren, mit aller Härte akzeptieren – nicht mit Überzeugung. Mit Überzeugung wäre ich nicht durchgekommen. Das Kind ist dann zu Hause geblieben.

Sohn Helmut zwischen Melittas und Karls Mutter

Karl wohnt zu dieser Zeit mit dem Kind bei seiner Mutter und Melitta bei ihrer.

Melitta kommentiert die Entscheidung Karls so: *Das erste war, der Bub muß raus. Na, aber dann hat er ihn also auch kennengelernt, und muß sagen, es reut ihn ja heute sehr, er hat den Buben sehr viel geschlagen [...] War immer unter Frauen, und hat die Härte eines Mannes nicht gespürt. Vielleicht, wenn er es von Anbeginn, wäre es vielleicht anders gewesen.* Obwohl Melitta kritisiert, daß Karl den Buben viel geschlagen hat, übernimmt sie doch die männliche Perspektive, indem sie sagt, daß das Kind die männliche Härte zu spät kennenlernte. Und ist das Schlagen des Kindes, etwas was Karl heute sehr leid tut, nicht auch eine Folge der Gewalt und Roheit, die Karl im Krieg kennengelernt hat?

Melitta meint, sie selbst wäre nicht bereit gewesen, ihren guten Posten aufzugeben, um zu Hause zu bleiben, und ökonomisch wäre das auch nicht möglich gewesen.

1962 gibt sie dann doch nach, weil Karl der Meinung ist, sie können erst zusammenziehen, wenn sie nicht mehr als Friseurin arbeite, denn Karl glaubt nicht, daß sie Hausarbeit und Erwerbsarbeit vereinbaren kann. Melitta:

Na, und da ist das Kind bei der Schwiegermutter gewesen, und ich hab bei meiner Mutter gewohnt. Also gemeldet waren wir bei diesen zwei Wohnungen, waren wir gemeldet. Und das ist zwan-, nein, nicht ganz, ungefähr 16 Jahr so gegangen, und dann hat er in der Gartenbauschule Schönbrunn, da haben wir eine Dienstwohnung gekriegt, und dann hab ich gesagt, weg, weg von alle zwei Mütter. Nicht mehr zum Ertragen gewesen. Alle zwei! Alle zwei Mütter nicht mehr. Meine Mutter hat da gekeppelt, seine hat da – also entsetzlich. Na, das war nimmermehr zum Aushalten. Er war mein, das war eine Vaterfigur für mich, und das, was er gesagt hat, das war richtig. Bitte, es ist auch heute noch so. Muß ich ehrlich zugeben. Ist auch heute noch. Er ist immer noch, obwohl er heute ein alter Mann ist, und ich eine alte Frau, ich weiß es schon, wir sind alt geworden mitsammen, aber für mich ist er noch immer die Vaterfigur. Ich habe nie einen Vater gehabt. D. h., der Großvater, das war immer der Despot. Und dadurch, und er sagt folgendes: Solang du in dem Friseurgeschäft bist, können wir keine Wohnung haben, weil wann willst kochen, wann willst das, wann willst das und wann willst das. Also es ist dann, auf einmal, im Jahre '60, das hätt er bald nicht angenommen, wegen meinem Beruf, und ich hab gesagt, Aus! Schluß! Ich wollte unbedingt weg von daheim.

Nachdem Melitta ihren Beruf als Friseurin aufgegeben hat, macht sie eine Ausbildung als Heilmasseurin, sie ist bis heute im WAT und bis zur Pensionierung in der Gewerkschaft. Die politische Richtung ihrer Biographie ist durch Karl ebenso bestimmt wie die Entscheidung, ihren geliebten Beruf aufzugeben.

Karl verwendet in seinen Erzählungen zur Kriegs- und der Nachkriegszeit die Konstruktion des „Gassenbuams", der irgendwie durchkommen möchte und dafür alle möglichen Tricks anwendet. Karl sieht die Zeit von Kriegsbeginn an, inklusive Kriegsgefangenschaft (was ihn von vielen anderen Soldaten der Deutschen Wehrmacht, die in Kriegsgefangenschaft waren, unterscheidet), als sinnlos und verloren an: *Aber, – es waren die ganzen Jahre da Krieg, mit der Gefangenschaft, die fünf Jahre, FÜNF verlorene, für mich GÄNZLICH VERLORENE Jahre, die mir nicht EINE irgendwo Erfüllung in irgendeinem Gedanken oder was bracht haben; fünf verlorene Jahre, die ich nicht gelebt hab.*

Melitta repräsentiert den Typus einer Frau, die einen Beruf hat, mit dem sie immer relativ gut verdiente und sich damit zeit ihres Lebens identifizierte, mehr als mit der Rolle als Hausfrau und Mutter. Sie hat die Lebenskonstruktion der „leidenschaftlichen Friseurin" gewählt. In manchen Erzählsequenzen stilisiert sie sich zur „wilden, rothaarigen, rauchenden rebellischen Frau". Sie ist aus einem deutschnationalen Herkunftsmilieu und verändert ihre Einstellung zumindest an der Oberfläche durch Karls Einfluß, den sie als vaterloses Kind als „Vaterfigur" mit seiner männlich-patriarchalen Autorität akzeptiert. Doch das passierte nicht ohne Auseinandersetzungen mit Karl, der zeitlebens auf ihren Beruf eifersüchtig war.

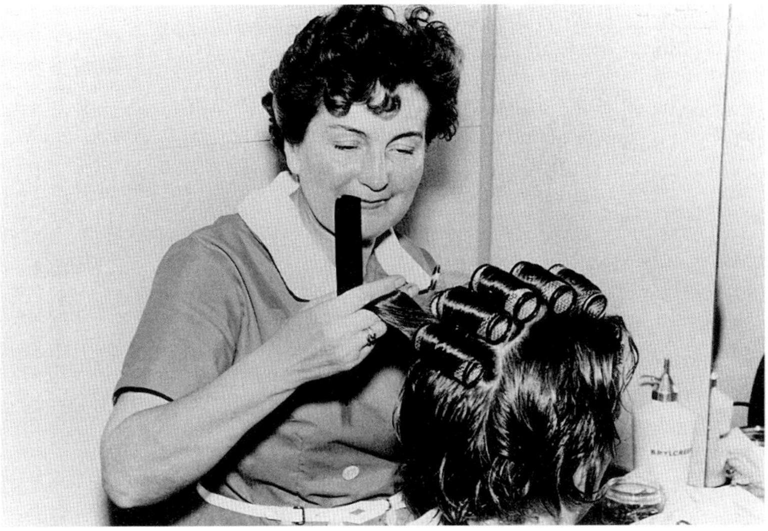

Melitta, 43jährig bei Friseur Platzer

Melitta hat Karl von ihren Schwierigkeiten mit dem Kind während seiner Abwesenheit ebensowenig erzählt, wie er ihr von seinen Kriegs- und Kriegsgefangenschaftserfahrungen. Das Schweigen zwischen beiden betraf vor allem die negativen Erlebnisse während der Kriegszeit. Karl hat bis heute seine Kriegserlebnisse kaum je erzählt und wenig verarbeitet. Obwohl er interessanterweise nach seiner Rückkehr einige Male zu Kameradschaftstreffen der 100. Jägerdivision ging und immer wieder betonte, daß dort auch Sozialdemokraten hingingen.

Auf die Frage, ob Karl nach seiner Rückkehr aus der Kriegsgefangenschaft vom Krieg erzählt hat, anwortet Melitta: *Na, ja nicht sehr. [...] Aber er hat schon sehr viele Sachen erlebt, was nicht sehr schön waren. Manchmal kommt es durch dann. [...] Bis vor zehn Jahren hat er noch immer geträumt.*

Dadurch, daß Melitta bei wichtigen Lebensentscheidungen nachgegeben hat und Karls Entschlüsse akzeptierte, und sie beide über Jahre hinweg getrennt lebten, gelingt es ihnen, ihre Ehe zu retten. Karl resümiert: *Wir haben dann beide zusammen keine Wohnung gehabt. Meine Frau hat bei ihrer Mutter gewohnt, ich hab bei meiner Mutter gewohnt. Erst in den sechziger Jahren haben wir eine eigene Wohnung gehabt, und dann haben wir uns mit dem Kind erst zusammenraufen müssen. Vorher waren wir nur Samstag und Sonntag zusammen.*

Und so ist allen zum Trotz – der Schwiegermutter und der Mutter, ob die auf eine Scheidung gehofft haben, ob der Freund gemeint hat, sie ist dort hingerannt, und so weiter – das hat sich alles ausgeglichen. Man hat alle Situationen durchgesprochen und über alles geredet: Wie hast du die Zeit verbracht, wie hab ich die Zeit verbracht? Wir haben alles systematisch überwunden: Voriges Jahr waren wir fünfzig Jahre verheiratet.[14]

[1] Homer, Die Odyssee. Deutsch von Wolfgang Schadewaldt. Hamburg 1993, S. 20.

[2] Ich stelle hier erste Ergebnisse meiner Dissertation „Penelope und Odysseus. Zur Thematik des Wartens und Heimkehrens nach 1945" und des Forschungsprojektes „Frauen österreichischer Kriegsgefangener in der SU", Leitung: Univ.-Prof. Dr. Stefan Karner, vor.

[3] Jean Bethke Elsthain, Women and War. Basic Books. 1987, S. 22.

[4] Irene Bandhauer-Schöffmann/Ela Hornung, Von der Trümmerfrau auf der Erbse. Ernährungssicherung und Überlebensarbeit in der unmittelbaren Nachkriegszeit. In: L'Homme, 2. Jg., Heft 1, 1991, S. 77 bis 105; Irene Bandhauer-Schöffmann/Ela Hornung, Von Mythen und Trümmern. Oral History Interviews zum Alltag im Nachkriegs-Wien. In: Irene Bandhauer-Schöffmann/Ela Hornung (Hg.), Wiederaufbau Weiblich, Wien – Salzburg 1992, S. 24–55 (= Veröffentlichungen des Ludwig-Boltzmann-Institutes für Geschichte der Gesellschaftswissenschaften, Bd. 22).

[5] Susanne zur Nieden, Chronistinnen des Krieges. In: Hans-Erich Volkmann (Hg.), Ende des Dritten Reiches – Ende des Zweiten Weltkrieges. München 1995, S. 838 ff.

[6] Miriam Cooke/Angela Woolacott, Gendering war talk. Princeton 1993, S. XIII.

[7] Heinz Blaumeiser/Eva Blimlinger/Ela Hornung/Margit Sturm/Elisabeth Wappelshammer (Hg.), Ottakringer Lesebuch. Wien – Köln – Graz 1988; Eva Blimlinger/Margit Sturm, Politikrelevante Ideologeme einer Wiener ArbeiterInnengeneration. Lebensgeschichtliche Studien zum Zerfall des sozialdemokratischen Milieus 1927–1950. Oder: Karl und das 20. Jahrhundert. In: Zeitgeschichte, 19. Jg., Heft 3/4, 1992, S. 112–121.

[8] Homer, Die Odyssee, S. 214.

[9] Ronald J. Grele, Movement Without Aim: Methodological and Theoretical Problems in Oral History. In: Ronald J. Grele (Hg.), Envelopes of Sound. The Art of Oral History. S.138.

[10] Die kulturelle Konstruktion von Geschlecht in bezug auf die Aufgaben im militärischen Apparat werden deutlich, wenn in Interviews mit sowjetischen Soldatinnen auch der Wunschtraum, zur Fliegerei zu kommen, geäußert wird. Siehe: Rosemarie Papdopoulos-Killius, Interviews mit ehemaligen russischen Frontkämpferinnen. In: BIOS. Zeitschrift für Biographieforschung und Oral History, 8. Jg., Heft 1, 1995, Opladen, S. 130.

[11] Karrette ist ein leicht gepanzertes militärisches, zweirädriges Fahrzeug, auf dem in diesem Fall ein Maschinengewehr transportiert wurde.

[12] Stefan Karner, Im Archipel GUPVI. Kriegsgefangenschaft und Internierung in der Sowjetunion 1941 bis 1956. Wien – München 1995, S. 201; Bundesministerium für Inneres, Abt. 14 (Hg.), Das Buch des österreichischen Heimkehrers. Wien 1949, S. 61.

[13] Diese Version wurde im Rahmen der Gesprächsrunden in der VHS-Ottakring erzählt und ist im Ottakringer Lesebuch abgedruckt. Sie ist die elaborierteste Version der Heimkehrgeschichte und wurde aus diesem Grund von mir ausgewählt, sie ist aber gekürzt wiedergegeben. In: Heinz Blaumeiser/Eva Blimlinger/Ela Hornung/Margit Sturm/Elisabeth Wappelshammer (Hg.), Ottakringer Lesebuch. Wien – Köln – Graz 1988, S. 147 ff.

[14] Ottakringer Lesebuch, S. 149–150.

Karikatur zur schlechten Lebens-mittelversorgung, 1947/48
Kat. Nr. 5/20

FRAUEN IN ÖSTERREICHISCHEN SCHULBÜCHERN

Wissen Sie, daß es früher Frauen gegeben hat?
Davon haben Sie nichts in der Schule gehört?

Eva Blimlinger

Erstens

Mutter: Die Österreicher feiern nicht nur Feste. Seit zehn Jahren arbeiten sie gemeinsam, damit alle wieder ein Dach über ihrem Kopfe haben.[1]

Liebe Schülerin, lieber Schüler,

Du bekommst dieses Schulbuch von der Republik Österreich für Deine Ausbildung. Bücher helfen nicht nur beim Lernen, sondern sind auch Freunde fürs Leben.[2] Auch für Schülerinnen und Schüler der Oberstufe sind Bücher Freunde – selbstverständlich nicht Freundinnen –, denn ein Freund, ein guter Freund, das ist das Schönste, was es gibt auf der Welt – sangen die Drei von der Tankstelle. Aber immerhin werden die lieben Schülerinnen und lieben Schüler im Teenageralter schon mit *Sie* angesprochen. *Sie bekommen dieses Schulbuch von der Republik Österreich für Ihre Ausbildung. Es soll Ihnen nicht nur beim Lernen helfen, sondern auch Freude fürs Leben bereiten.*[3] Bei manchen dieser in mühseligen Verfahren, mit politischen Anpassungen da und dort, approbierten Schulbücher für Geschichte und Sozialkunde der letzten 50 Jahre – und über die wird in diesem Beitrag geschrieben – wäre ein Ende der Freundschaft zum ehemöglichsten Zeitpunkt anzuraten, besser heute als morgen. Und ab und an erfährt der Eindruck eine Nachhaltigkeit, als gälte es den Vorstellungen des Damen-Conversations-Lexikon gerecht zu werden: „**Lektüre** ist für den Geist, was Diamantbrot für den Diamant, es *schleift*; was Eisenkleie für den Magnet, es *nährt;* was Mitteilung für das Gefühl, sie *beruhigt. Was* und *wieviel* Frauen aus dem Schatze menschlichen Wissens zu nehmen haben, wäre schwerer zu sagen, wenn nicht die moralische Notwendigkeit, daß sich das *Weib* für den *Mann* bilde, hier den Maßstab gäbe. Der Frauen Bildung muß eine durchaus *weibliche* bleiben, im edelsten Sinne des Wortes, wenn sie beglücken soll; nicht das Wissen macht glücklich, sondern die Anwendung desselben."[4]

Und wenn sich das Weib nur für den Mann bildet, dann braucht es nicht zu wissen, wie es mit den Weibern, sondern nur, wie es mit all dem anderen bestellt ist. Und es sind ja auch meist Männer, die die Lektüre für den Geschichte- und Sozialkundeunterricht schreiben. Von den 88 HauptschulbuchautorInnen sind 16 Frauen = 18,18 Prozent und von den 80 OberstufenschulbuchautorInnen sind 14 Frauen = 17,5 Prozent[5] – also noch immer überwiegend Männer, die bestimmen, was Frauen zu lernen haben, denn auch in Approbationskommissionen, Ministerien, Schulbuchverlagen usw. bestimmen Männer was Frauen lernen – unterrichten dürfen dann Lehrerinnen. Und Frauen und Frauengeschichte gibt es noch immer nur als Zusatz, es ist nicht eine Geschichte von Frauen und Männern, die gelehrt wird.

Zweitens

Franzl: Darum wird überall so viel gebaut.

Frauen in den Schulbüchern? Männer in den Schulbüchern? Nein, meistens nur Menschen! Da sind noch die Jäger und Sammler, der Bauer, der Sklave, der Österreicher, hie und da in den neunziger Jahren vereinzelt Männer und Frauen, ÖsterreicherInnen, auch einmal „Trümmerfrauen", aber dann wieder die Bevölkerung, das Volk, die Normalverbraucher. Im Lehrbuch *Zeitbilder*: Frauen stehen vor einem Lebensmittelgeschäft, nach 1945, Lebensmittelrationen, Hunger; Bildunterschrift des Fotos *Menschenschlange vor einem Lebensmittelgeschäft.* Nächstes Foto: Frauen mit Butten vollgefüllt mit Ästen, Holzstücken ... *Holzsammler in der Umgebung Wiens 1945.*[6] Und dann in der nächsten Ausgabe dieses Lehrbuches, Frauen in Trümmern, beim Schuttaufräumen, mit Schaufeln, und da nach fast fünfzig Jahren: *Trotz Hunger und Kälte begann man sofort mit der Beseitigung der Kriegsschäden. Den Hauptteil dieser Arbeit leisteten Frauen, da viele Männer noch nicht aus dem Krieg heimgekehrt waren.*[7] Vergebens die Suche nach den Frauen im Text – *Der Kampf gegen den Hunger und die Währungsreform* lautet eine Zwischenüberschrift – wer führte den Kampf? Wenigstens als Bildunterschrift! Aber auch wenn es um *die* Frauen geht oder um *die* Männer: Sind es jetzt Bäuerinnen, Arbeiterinnen, Schülerinnen, Studentinnen, Unternehmerinnen – Hausfrauen sind ohnehin alle, doch die Schulbuchautoren und -autorinnen scheinen dieses Wissen vergessen zu haben. Unter Berufung auf Verständlichkeit und Lesbarkeit wird in einen Topf geworfen, was nicht hineinpaßt, was letztendlich die Gesellschaft als monolithisches Ganzes verstehen läßt, ohne Männer und Frauen, ohne Klassen und Milieus – einfach die Österreicher, das Volk.

Drittens

Mutter: Heute sieht alles schon wieder schön und sauber aus. Aber es hat viele Jahre gedauert, bis genug Holz gefällt war, bis die Maurer genug Ziegel hatten und die Schlosser genug Eisen.

Glossare, Stichwortverzeichnisse, Personenverzeichnisse. Frauen als Stichwortgeberinnen – ich nehme ein Buch zur Hand, *Wie? Woher? Warum?* für die 4. Klasse der Hauptschule und der AHS-Unterstufe – ein Beispiel: Ich blättere im Personen- und Sachregister und finde das Stichwort Frauen: *Was veränderte sich in Gesellschaft und Arbeitswelt?* wird da für die Zeit nach dem Ersten Weltkrieg gefragt. Erstes Unterkapitel: *Die Stellung der Frau.* Frauen wurden *als Ersatz, für die einberufenen Soldaten verwendet*, wohlgemerkt im Ersten Weltkrieg, was dann danach passierte, wie die Frauen aus dem Arbeitsmarkt verdrängt wurden, kein Wort, nein, nein, da ist es doch besser, vom Fortschritt zu schreiben: *Nach dem Krieg erlangten die Frauen das Wahlrecht und die formale Gleichberechtigung auf vielen Gebieten.* Abgesehen davon, daß nicht alle Frauen 1918 das Wahlrecht erhielten – gewerbliche Prostituierte erhielten es erst 1923 –, wird mit keinem Wort erwähnt, daß das alles nicht ganz so einfach war, daß es da schon einmal ein Wahlrecht für besitzende Frauen gegeben hat, dieses aberkannt wurde, und so weiter und so weiter. Es folgen dann die Unterkapitel *Die Arbeitswelt, Die Freizeit* und dann, es handelt sich hier ja um ein Schulbuch mit Schüler(innen?)bezug: *Das neue Frauenbild setzte sich nur langsam und gegen große Widerstände durch. Sucht eine Erklärung!* Kein Anhaltspunkt im Text über Widerstände, Kämpfe, Diskriminierungen, da muß es ja wohl ein leichtes sein, Erklärungen zu finden.

Zurück zum Verzeichnis Frauen S. 122 f. *Warum sollten sich die Rollenbilder ändern?* Ja warum wohl? Dann schlage ich noch einmal zurück, um verzweifelt das Stichwort Männer zu suchen, gibt es nicht, haben ja nichts mit den Rollenbildern zu tun. Und dann ist da noch der Längsschnitt „Familie" – auch hier selbstverständlich Stichwort Frauen, kein Stichwort Männer – Frauen = Familie und da wird dann wohlgemerkt unter dem Kapitel Familie über die Frauen in Babylonien, in Ägypten und so weiter geschrieben. Hoffnungsfroh glaube ich, dann auch was über Familie in der Nachkriegszeit zu finden – doch nein, ein *Auszug aus einer Rede Adolf Hitlers an die deutschen Frauen* ist der letzte Teil dieses Kapitels – Familie endet mit *„... Was der Mann einsetzt an Heldentum auf dem Schlachtfeld, setzt die Frau ein in ewig geduldiger Hingabe, in ewig geduldigem Leiden und Ertragen. Jedes Kind, das sie zur Welt bringt, ist eine Schlacht, die sie besteht für Sein oder Nichtsein ihres Volkes."* Familie nach 1945, Frauen, die alleine ihre Kinder versorgen und erziehen mußten, Väter die erst kamen, als die Kinder schon vier oder fünf waren, Kinder deren Eltern im KZ ermordet wurden – nichts dergleichen, nein, nur wieder eine wirklich wesentliche Frage: *In welcher Art Familie wäret ihr am liebsten groß geworden?*

Vielleicht kommen Frauen doch noch im Kapitel *Wie kam es zur Wiedererrichtung der Republik Österreich?* Tatsächlich, Christine Nöstlinger erzählt über den *Einmarsch der Russen in Wien*, wie sie es damals erlebte, als Mädchen in Ottakring, keine Stichwortwürdigkeit, Frauen, Mädchen! Und dann noch ein Hinweis: *Es kam vor allem in den ersten Tagen zu Vergewaltigungen und Plünderungen durch sowjetische Soldaten.* Kein Wort davon, daß auch andere geplündert haben, kein Wort davon, daß die sowjetischen Soldaten Lebensmittel in die Häuser geworfen haben und so weiter ... und es ist bemerkenswert – wer wurde da vergewaltigt – Frauen? In jenen *ersten Tagen* da war das Konzentrationslager Mauthausen noch nicht befreit. Nein, nein, selbstverständlich steht da nichts über Vergewaltigungen, die Soldaten der Deutschen Wehrmacht irgendwo in Europa begangen haben, nein, nein, das waren ja nur Soldaten, auf deren Heimkehr gewartet wurde.

„Hamsterin", Zeichnung von Tassilo Holik, 1946/47

Und dann noch das Kapitel *Wie ging der Wiederaufbau Österreichs vor sich?* Das übliche Foto vom Schuttaufräumen, Frauen beim Ziegelschupfen und dann die Bildüberschrift *Aufräumungsarbeiten im Jahr 1945*, gut, also keine Frauen, aber dann *gleichzeitig entstand ein Schwarzmarkt. Nur wer über Geld oder Tauschwaren verfügte, konnte sich das Notwendigste beschaffen. So kosteten 1 kg Brot das 100fache,*

1 kg Zucker das 350fache, 1 kg Fett das 700fache und ein paar Schuhe das 40fache der amtlichen Preise. Und dann, ja dann kommen wieder die Frauen – nicht zu finden im Stichwortverzeichnis, aber *wie* kommen sie, als Karikatur, als Zerrbild, als Witzfiguren, nein selbstverständlich darf auch über Frauen gelacht werden, nur ausschließlich? Sonst keine Information über Arbeit und Mühsal Kinder zu versorgen, Lebensmittel heranzuschaffen, ausgebombte Wohnungen, oder unterernährt aus dem KZ zu kommen und unerwünscht zu sein, nicht in die arisierte Wohnung zurückzukönnen. Nein die Karikatur – und dann die SchülerInnenfrage: *Informiert euch bei älteren Menschen über das „Hamstern"!*[8]

Viertens

Resi: Jetzt ist doch so vieles da.

Mit Erlaß des Bundesministeriums für Unterricht, Zahl 9880-K/45 vom 14. November 1945, zum Unterrichtsgebrauch an Haupt- und Mittelschulen zugelassen[9], ist da zu lesen; eines der ersten Lehrbücher für Geschichte der Zweiten Republik, da gab es nur die Geschichtelehrbücher der Austrofaschisten, jene der Nationalsozialisten, neue Bücher mußten her, Papier war knapp, da waren Zeitungen wichtiger. Vielleicht etwas über die Zwischenkriegszeit, nein, wann beginnt 1945 die Gegenwart, wann die Geschichte, was wird da in der unmittelbaren Nachkriegszeit gelehrt? War da nicht ein Krieg, der nicht einmal ein Jahr zuvor endete? Gab es da nicht den Nationalsozialismus? Waren es in der unmittelbaren Nachkriegszeit Frauen, die hamstern fuhren, am Schwarzmarkt tauschten? Nein, nein da müssen schon Naturkatastrophen als Metapher herhalten für Not und Einschränkung, für Schwierigkeiten und Mühsal: *Wir können uns vorstellen, daß sich die Not und der Kummer bis zur Unerträglichkeit steigert, wenn diese Kette von Arbeiten, diese Zusammenarbeit Unzähliger reißt. Das kann durch ein Naturereignis, wie zum Beispiel Schneeverwehungen in einem strengen Winter, geschehen. So etwas erlebten die Erwachsenen im Feber 1929. Da hieß es nach bloß vierzehntägigem Frost und starkem Schneefall plötzlich: gestern sind am Nordbahnhof nur fünf Kohlenzüge eingelangt. Bald werden die Gleise aufgeschaufelt sein. Aber sparen! Die Kohlenvorräte sind auf 11.000 Tonnen gesunken, und 6.000 Tonnen werden täglich verbraucht.* Ausführlich werden die Folgen der Naturkatastrophe beschrieben. Dann doch noch kurz der Hinweis auf den Ersten Weltkrieg: *Wir empfinden erst unsre Abhängigkeit von der ganzen Menschheit, wenn die Verbindungen mit den Nachbarländern durch Kriegshandlungen unterbrochen waren. So war es im Ersten Weltkrieg, als die Bahnzüge und Schiffe mit den ausländischen Waren nicht zu uns gelangen konnten, weil die Verbindungen mit den Nachbarländern durch Kriegshandlungen unterbrochen waren. Wir litten bald Mangel am Notwendigsten, an Kautschuk und Baumwolle, an Petroleum und Kohle. Wir mußten mit dem Licht sparen, wir mußten hungern, wir gingen auf Holzsohlen und trugen Kleider aus Papierstoffen; wir mußten bald auf Kaffee, Tee, Kakao, Schokolade und Zuckerwerk verzichten. Das Kriegsbrot war wenig bekömmlich. Es mangelte an Heilmitteln für die Kranken.* Und dann die Überraschung: *Ähnliche Schwierigkeiten brachte der Zweite Weltkrieg.*[10]

Die Namen der Autoren und vielleicht Autorinnen werden uns nicht genannt. Was haben sie in den Jahren davor ..., waren sie auch da Geschichtslehrer und vielleicht -lehrerinnen, oder waren sie vielleicht im Exil, KZ ..., oder waren sie im NS-Lehrerbund? Während sie über Naturkatastrophen und Gemeinschaft geschrieben haben, welche Lebensmittelkarten hatten sie da, jene für Normalverbraucher oder vielleicht jene für Angestellte?

Normalverbraucher 29. Juli bis 25. August 1945		Angestellte 29. Juli bis 25. August 1945	
Tagessätze		*Tagessätze*	
Fleisch	35 g	Fleisch	20 g
Fett	7 g	Fett	7 g
Nährmittel	40 g	Nährmittel	30 g
Zucker	20 g	Zucker	15 g
Monatlich		*Monatlich*	
Kaffee-Ersatz	50 g	Kaffee-Ersatz	50 g
Salz	200 g	Salz	200 g[11]

Nur ein kleiner Hinweis, daß dieser Zweite Weltkrieg überhaupt stattgefunden hat, ein Satz, nicht mehr, selbstverständlich keine Frauen, da müssen schon andere Lehrbücher herhalten. Frauen sollen doch zur Hauswirtschaft angeleitet werden – Geschichte wozu?

Fünftens

Mutter: Ja, aber es wurde uns nicht geschenkt. Heute sagt man in der Welt: Es ist ein Wunder, wie schön Österreich schon wieder ist.

1949 wurde das Buch *Haushaltungskunde zum Unterrichtsgebrauch an Lehranstalten für hauswirtschaftliche Frauenberufe* zugelassen. Zwar wird alles versucht, um die Fiktion eines universell gültigen (groß)bürgerlichen Haushalts aufrechtzuerhalten, doch da und dort wird auf die Mangelwirtschaft Bezug genommen, so zum Beispiel im Kapitel *Einrichtungen im Haushalte, die Brennmaterial sparen.* Hier wird empfohlen, die Kochdauer zu verkürzen, oder die gekochten oder anders warm zubereiteten Speisen lange warm zu halten. Aber nicht nur Brennmaterial, sondern auch Zeit wird gespart, wenn spezielle Geräte zur Anwendung kommen. So zum Beispiel der Papinsche Kochtopf[12], ein Gußeisentopf, innen glasiert mit fest schließbarem Deckel, selbständigem Sicherheitsventil und Sperrhahn. Der Deckel ist mit einer Spange festgeschraubt, die mit ihren Enden in die Henkel des Topfes eingreift. Oder der Manometerkessel, jedoch nur in Großbetrieben wie vermerkt wird; oder der Termophor; oder die Thermosflasche; oder die Kochkisten. Diese gab es zwar auch zu kaufen, aber – Nachkriegszeit – anempfohlen wird die *Selbstanfertigung einer Kochkiste:*

Dazu benötigt man eine gut schließbare Kiste mit Scharnieren am Deckel und einem Verschlußhaken.

Die Töpfe müssen eingreifende Deckel und anlegbare Griffe haben, daß sie dicht in die dafür passende Öffnung der Kiste passen. Den Innenbezug näht man aus festem, waschbarem Stoff (siehe Zeichnung). Der Boden der Kiste wird dick mit Holzwolle oder anderem Füllmaterial belegt, die beiden Töpfe werden darauf gesetzt, und alle Zwischenräume zwischen Töpfe und Kistenrand mit fest eingedrückter Holzwolle ausgefüllt, dann das Geschirr wieder herausgenommen und das Füllmaterial mit dem fertiggenähten Bezug überdeckt. Am Rande der Kiste wird das Stoff-Futter mit Reißnägeln befestigt, und als Abschluß kommt ein gut passender Polster daraufgelegt, und so wird die Kiste möglichst luftdicht abgeschlossen.[13]

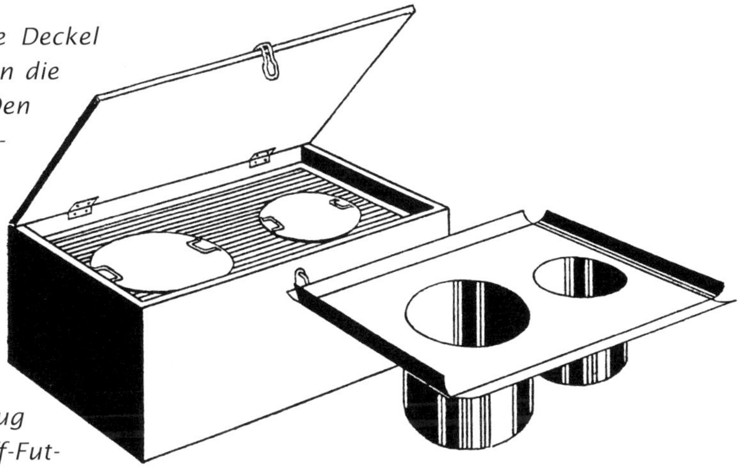

Kochkiste

Viele Tips und Tricks zur Herstellung von Waschmitteln, Umarbeitung von Möbeln und Kleidern, schlicht alles, was Frauen in den Nachkriegsjahren wissen mußten. Ein praktisches Lehrbuch also, mit Gegenwartsbezug: *Ist es doch der Frauen schönste Pflicht, für andere zu leben und dafür zu sorgen, ihnen ein gemütliches Heim zu schaffen.*[14] Und dann fünf Jahre später die nächste Auflage, jetzt schon unter dem Titel *Haushalt Modern Geführt!* Wieder findet sich das Kapitel *Einrichtungen im Haushalte, die Brennmaterialien sparen* und deutlich ist zu lesen – die Nachkriegszeit neigt sich dem Ende zu. Den Frauen wird hier nicht mehr der Papinsche Topf zur Verwendung empfohlen, sondern der Schnellkochtopf von Kelomat, Hermes, Austria, Rapid, Kaiser und so weiter, Manometerkessel, Thermophor und Thermosflasche werden weiterhin angepriesen, die Kochkiste bedarf keiner Illustration mehr. Tauchsieder und Warmwasserspeicher werden als neue Geräte präsentiert.

Unterrichtet werden hier jene Frauen, die heute als Zeitgenossinnen Auskunft geben über jene Zeit, in der sie lernten, wie eine Kochkiste zu bauen ist – ihre Erinnerungen sind heute Geschichte – nicht zu finden in Schulbüchern.

Sechstens

Mutter: Das verdankt es seinen fleißigen Menschen; den Arbeitern, den Bauern und den Handwerkern, den Kaufleuten, den Ärzten und den Lehrern.

Schulbücher sind kaum zu finden unmittelbar nach dem Krieg, mit Lernbehelfen wurde unterrichtet, kleine Heftchen, die oft nur ein paar Seiten hatten. Vordringlichstes Ziel war die Stärkung eines österreichischen Nationalbewußtseins. *Aus Österreichs Vaterlandskunde,* heißt es da, *Zugelassen mit Erlaß des Staatsamtes für Volksaufklärung für Unterricht und Erziehung und für Kultusangelegenheiten vom 26. Oktober 1945,* und was war österreichischer als gleich als Einleitung ein Zitat des patriotischen Antisemiten Ottokar Kernstock zu schreiben. Und dann weiter: *Der Zweite Weltkrieg ist zu Ende. Das friedliebende Österreich, das in diesen furchtbarsten aller Kriege hineingezerrt wurde, ist nun nicht mehr, wie in den Jahren nationalsozialistischer Gewaltherrschaft, ein mindergeachteter Bestandteil des Großdeutschen Reiches, sondern hat durch den Spruch der alliierten Siegermächte seine Selbständigkeit wieder erlangt.*[15] Hurtig geht es dann von der Karolingischen und Ottonischen Mark zu den Habsburgern, Napoleon, Wiener Kongreß, Franz Joseph I, der Erste Weltkrieg und dann *Österreich als Bundesstaat. Der Kampf gegen den Nationalsozialismus*, kein Wort, kein Satz zu den Februarkämpfen 1934, nein, Dr. Engelbert Dollfuß – der „Millimetternich" – wird zum Kämpfer gegen den Nationalsozialismus stilisiert, auch der Herr Dr. Kurt Schuschnigg, und dann das nächste Kapitel:

Zeichnung von Carry Hauser

Österreich verliert seine Selbständigkeit. Der Zweite Weltkrieg

1. Österreich verliert durch Verrat seine Eigenstaatlichkeit und wird ein Teil des Deutschen Reiches.

2. 13. März 1938: Wiedervereinigung Österreichs mit dem Deutschen Reich durch Adolf Hitler verkündet. Der Verräter Seyß-Inquart wird Reichsstatthalter (früher Bundeskanzler) in Österreich. „Wiedervereinigung" eine geschichtliche Lüge, ebenso „Anschluß"; Österreich wurde okkupiert (zwangsweise angeschlossen).[16]

Die Berufsschüler und -schülerinnen, damals 15, 16, – 1930 geboren, 1936 eingeschult, im Austrofaschismus, dann Nationalsozialismus, dann Zweite Republik, diese und ähnliche Lehrbehelfe zur Verfügung, das ist also die Wiederaufbaugeneration, die 50 Jahre nach Kriegsende in Pension geht. Und sie konnten nichts lesen über Konzentrationslager und Verfolgung, nein da wird nur vom Krieg geredet, von Stalingrad, *Russen gewinnen alle verlorenen Gebiete zurück*, und dann, einige Abschnitte weiter *Das neue demokratische Österreich 1945* – auch hier nichts von Schuld, die Zeitgeschichtsforschung gibt's noch nicht, das dauert noch Jahrzehnte, nein vielmehr der *Freiheitskampf.*

Sein Werden von Österreichern in der österreichischen Freiheitsbewegung vorbereitet. Viele Freiheitskämpfer büßten in den nationalsozialistischen Kerkern ihr Leben ein. Die Freiheitsbewegung (auch Widerstandsbewegung) war eine Kampfgemeinschaft demokratisch gesinnter Männer und Frauen. Auch im Kampf um Wien griffen die Freiheitskämpfer mit der Waffe in der Hand aktiv ein.[17] Nur Freiheitskämpfer und Freiheitskämpferinnen, keine Juden und Jüdinnen, keine Roma und Sinti, keine Homosexuellen – das stand ja dann auch noch unter Strafe.

Und dann zehn Jahre später, der Staatsvertrag ist noch nicht unterzeichnet, der Wiederaufbau wird gefeiert, die Schuljugend soll mitfeiern. *Alle Buben und Mädel sollen gesund und fröhlich heranwachsen.*[18] Männer bauen Kraftwerke, Frauen versorgen Kinder, Kranke und alte Menschen. *Viele Arbeiter hatten keine Wohnung. Und doch arbeiten sie unverdrossen: Sie steigen auf die Maste der Telefon- und Lichtleitungen und stellten die notwendigen Verbindungen wieder her.*[19] Frauen, haben die da was gearbeitet, nein? Hat's da Frauen gegeben. Ach ja Kinder versorgt oder doch nicht *Alle, nun durch bittere Not und durch das Erlebnis der Freiheit zugleich einig geworden, halfen mit, den neuen Staat zu bauen. Minister und Arbeiter, Bürgermeister und Bauern, Beamte und Angestellte, Richter und Polizeileute. Lehrer, Wissenschafter und Priester aller Kirchen dienten mit ihren Kräften dem Aufbau unserer Heimat.*[20] Nicht einmal Hausfrauen, dann schon lieber Priester. *Bei uns gibt es aber nicht nur Schutz für die Kinder und die Mütter. Unser Land sorgt auch für die alten Leute.*[21] Frauen stehen unter Schutz, Kinder stehen unter Schutz, ja auch die alten Leute werden geschützt – von den tüchtigen Männern des Wiederaufbaus geschützt, die Frauen, die gibt es nicht! Und da bleibt nur mehr der zum Schluß an die *Schuljugend* gerichtete Appell:

In wenigen Jahren wirst du unser Land als heiliges Erbe übernehmen.
Mit deinen Altersgefährten wirst du an Österreich weiterbauen.
Mit ihnen wirst du unser Land schützen und seine Freiheit bewahren.
Du wirst den ersten Tag des Jahres 2000 erleben.
Trag auch dazu bei, daß das neue Jahrtausend ein glückliches Österreich in einer glücklichen Welt finde![22]

Zeichnung von Carry Hauser

[1] Unser Österreich 1945–1955. Zum 10. Jahrestag der Wiederherstellung der Unabhängigkeit der REPUBLIK ÖSTERREICH der Schuljugend gewidmet von der ÖSTERREICHISCHEN BUNDESREGIERUNG, Österreichischer Bundesverlag, Verlag für Jugend und Volk, Wien 1955, Geschrieben und gezeichnet von einer Arbeitsgemeinschaft. o. S. Die jeweiligen Kapitelüberschriftsdiaolge sind dieser Schrift entnommen.

[2] Helmut Hammerschmid/Wolfgang Pramper: Meilensteine der Geschichte. Geschichtsbuch für die 4. Klasse HS und AHS. Veritas Verlag, Linz 1993, S. 3. Dieser Text ist (mit Variationen) verbindlich für alle approbierten Schulbücher der Hauptschule und der Unterstufe der AHS.

[3] Werner Tscherne/Manfred Gartler: Wege durch die Zeiten 4. Leopold Stocker Verlag, Graz 1994, Umschlagseite.

[4] Damen-Conversations-Lexikon. Herausgegeben im Verein mit Gelehrten und Schriftstellerinnen von Carl Herloßsohn, neu vorgestellt und mit einer Nachrede versehen von Peter Kaeding. Berlin 1987, S. 142 f.

[5] Die Angaben beziehen sich auf die Liste der approbierten Schulbücher für Geschichte und Sozialkunde für das Schuljahr 1995/96.

[6] Arbeitsgemeinschaft (Franz Göbhart/Erwin Chvojka u. a.): Zeitbilder – Geschichte und Sozialkunde 8. Ueberreuter, Österreichischer Bundesverlag, S. 150.

[7] Anton Wald/Eduard Staudinger/Alois Scheucher/Josef Scheipl: Zeitbilder – Geschichte und Sozialkunde 8. ÖBV Pädagogischer Verlag, Wien 1993, S. 13.

[8] Alle Zitate stammen aus dem Lehrbuch Norbert Schausberger/Erich Oberländer/Heinz Strotzka: Wie? Woher? Warum? ÖBV Pädagogischer Verlag, Wien. In Verlagsgemeinschaft mit Ed. Hölzel, Hölder – Pichler – Tempsky, J&V Schulbuchverlag, Wien 1993.

[9] Arbeitsgemeinschaft von Geschichtslehrern (Hg.), Aus alter und neuer Zeit. Ein Geschichtsbuch für Haupt- und Mittelschulen. Österreichischer Bundesverlag, Hölder – Pichler – Tempsky, Verlag für Jugend und Volk, Wien 1948, S. 2.

[10] Ebd., S. 5 f.

[11] Lebensmittelkarten, ausgegeben vom Zentralernährungsamt Wien.

[12] Benannt nach Denis Papin (1647 bis vermutlich 1714), dem Erfinder des Dampfkochtopfs (1680) mit Sicherheitsventil.

[13] Maria Grossbies, Haushaltungskunde. Österreichischer Bundesverlag. Zweite, umgearbeitete und stark erweiterte Auflage, Wien 1950, S. 75 f.

[14] Ebd., S. 5.

[15] Fortbildungsschulrat für Niederösterreich (Hg.), Aus Österreichs Vaterlandskunde. Unterrichtsbehelf für Berufsschulen. Wien 1946, S. 3.

[16] Ebd., S. 24.

[17] Ebd., S. 26.

[18] Unser Österreich. Österreichischer Bundesverlag, Verlag Jugend und Volk, Wien 1955, S. 49.

[19] Ebd., S. 42.

[20] Ebd., S. 37 f.

[21] Ebd., S. 49 f.

[22] Ebd., S. 61.

BEMERKUNGEN ZUR AUSSTELLUNGSGESTALTUNG

Christoph Elmecker & Markus Reuter

Entgegen dem Klischee einer homogenen Interessensgemeinschaft der Trümmerfrauen ist es die Absicht dieser Ausstellung ein differenzierteres Bild jener Nachkriegs-(frauen)gesellschaft zu zeigen und mit Exponaten aus der Zeit zu dokumentieren.

Zeitunabhängige Kontinuitäten im Alltag der Frauen sind hierbei ebenso ein Thema wie zeitbedingte Ausnahmesituationen, einer durch die Abwesenheit der Männer bestimmten Gesellschaft.

Die Mehrfachbelastung der Frauen, resultierend aus Aufräum- und Wiederaufbaueinsatz und gleichzeitigem Überlebenskampf für sich und die meist vaterlose Familie ist ein wesentliches Merkmal des Frauenalltags in Wien 1945.

Entsprechend dieser Wechselhaftigkeit zwischen unveränderten, den Frauen seit jeher zugeordneten Aufgaben und zeitbedingten Ausnahmetätigkeiten haben wir die Gestaltung dieser Ausstellung ebenso mehrschichtig aufgebaut. Gemeinsamer Nenner unserer Gestaltungsabsichten ist jedenfalls eine dichte inhaltliche Nähe zu diesem zeitgeschichtlichen Thema, welche wir in erster Linie durch eine abstrahierte Visualisierung erreichen wollen. Um Authentizität bemühte Zitate sind hier sicher nicht der geeignete Weg, umsomehr als gerade Extremsituationen wie Krieg, Not und Mangel ohnehin nicht simuliert werden können.

Existenzsicherung vor, während und nach dem Krieg hat für fast alle Frauen immer auch Essensbeschaffung- und zubereitung bedeutet. In einer extremen Mangelwirtschaft ist somit die Küche zum entscheidenden Raum der Überlebensarbeit geworden, in der mit Erfindungsgabe und Organisationszwang die kaum vorhandenen Nahrungsmitteln zubereitet wurden.

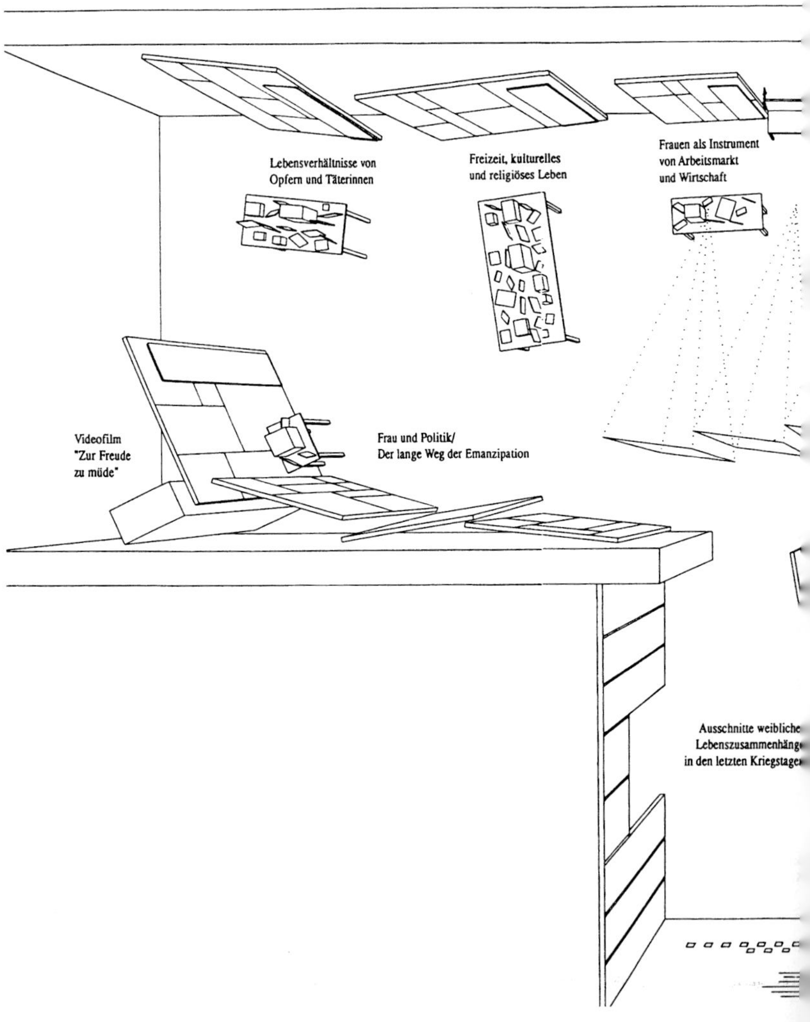

Aus diesem Umfeld haben wir den Küchentisch, als zentralen Schaltplatz dieser Überlebensarbeit, entnommen und zu einem ebenso zentralen Bestandteil der Exponatpräsentation in der Ausstellung umgewidmet.

Als Beispiel für die nahezu unveränderliche Kontinuität weiblicher Arbeitsleistung.

Den ausstellungstechnischen Bedingungen angepaßt, sind diese Tische Präsentationsplattformen für unterschiedlichste Objekte. Dokumente, Fotos, Zeitungen und Gegenstände in Vitrinen bilden eine relativ dichte Exponatlandschaft auf den verschieden großen Tischflächen.

Die scheinbar lose Verteilung erweist sich jedoch bei näherer Betrachtung als strukturierte Zuordnung, die durch Gruppierung und Abgrenzung der Exponate untereinander mehrere thematische Teilbereiche auf einem Tisch erkennen lassen.

Als inhaltlich begründetes Leitmotiv ist der umfunktionierte Küchentisch ein primäres Gestaltungelement in dieser Ausstellung.

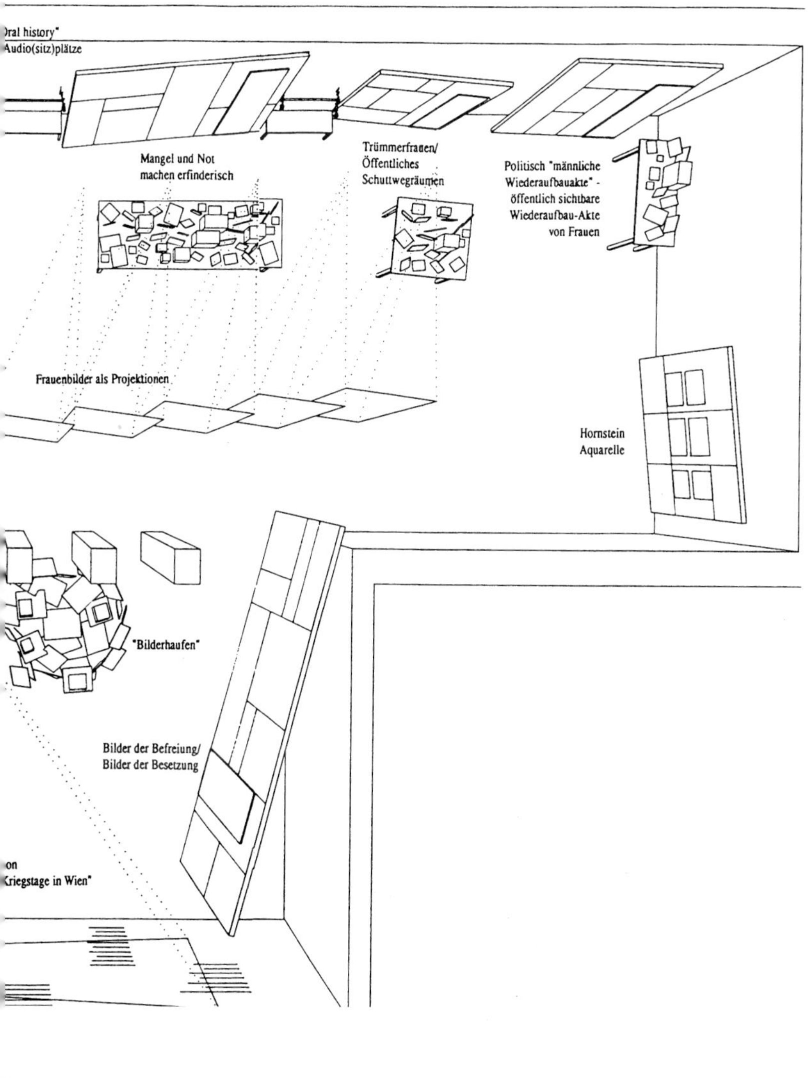

Die Tische werden ergänzt durch Stellwände, die durch ihre schräg angelehnte oder nach vorne geneigte Position eine abstrakte, räumlich formale Metapher auf die Instabilität jener Zeit darstellen. Die Oberflächen sind mit einem billigen Ersatzmaterial belegt und die Gesamtfläche stückweise in Felder unterteilt.

Auf Ihnen werden großformatige Fotos, Dokumente oder Plakate gezeigt, die in einer Auswahl eine beispielhafte Kurzfassung des Kapitels zeigen. Die Einheit aus einem Tisch und der in unmittelbarer Nähe stehenden Stellwand umfaßt jeweils ein Thema welches auch durch einen kurzen Übersichtstext erläutert wird.

Zwischen einigen Schrägwänden sind Sitzbänke eingeschoben, auf denen die ungestörte Anhörung von „oral history" möglich ist. Aufgezeichnete Interviews mit Zeitzeugen sind über einen Lautsprecher zu hören, der sich auf einem ausziehbaren Scherenarm befindet.

Im Durchgang vom Vorraum zum Hauptraum verhindert ein Sichtfilter aus lamellenförmig gestellten Projektionsflächen den zu schnellen Einblick in den Hauptausstellungsraum und reguliert darüber hinaus die Gehrichtung des Besuchers.

Auf der Seite der Tische wird diese Fläche zur Projektion von Frauenbildern genutzt, die ein Spektrum des Frauenlebes jenes Jahres widerspiegeln.

Im Vorraum entwickelt sich am Beginn der Ausstellung eine Chronologie der letzten Kriegs- und ersten Nachkriegsmonate, die in mehrere Stationen unterteilt ist. Fotos von Frauen beim erzwungenen oder auch freiwilligen Arbeitseinsatz für Einrichtungen des NS-Regimes folgen Exponate, die Auswirkungen und Folgen des Kriegsgeschehens zeigen.

Den Endpunkt des Themas der letzten Kriegstage stellt ein „Bilderhaufen" dar, der in Anlehnung an die überall aufgetürmten Schutthaufen, aus übereinander-geschichteten Fotos gebildet wird, welche das eroberte, befreite aber auch zerstörte Wien zum Inhalt haben.

Darauf befinden sich, in kleinen Vitrinen, aus Angst schnell entsorgte Beweise von NS-Zugehörigkeiten.

Unterstützt wird dieses Szenario, das zwischen Zusammenbruch und Zerstörung einerseits sowie Befreiung und Wiederaufbau andererseits situiert ist, durch eine Videoprojektion historischer Filmaufnahmen mit Nachkriegsszenen aus Wien.

KATALOGTEIL

Während des Krieges werden Frauen zum Arbeitsdienst eingezogen, arbeiten in Rüstungsbetrieben sowie anderen kriegswichtigen Bereichen und müssen – dem Ideal der nationalsozialistischen Rassenlehre von der deutschen Frau entsprechend – möglichst viele, gesunde Kinder gebären. Die sogenannten fremdvölkischen Frauen werden ermordet, vertrieben oder unter unmenschlichen Bedingungen zur Mitarbeit an den Kriegsanstrengungen des Deutschen Reiches gezwungen.

Am 13. April 1945 sind die Kampfhandlungen in Wien zu Ende, die Kriegsfolgen müssen aber erst mühsam überwunden werden. Vor Kriegsende waren es vorwiegend Frauen, Kinder und alte Männer, die mit den Schrecknissen an der „Heimatfront“, mit den Bombardierungen und Zerstörungen konfrontiert wurden, in den Luftschutzkellern auf das Ende warteten. In der unmittelbaren Nachkriegszeit sind es wiederum Frauen, die mitten im Chaos den Überlebenskampf gegen Hunger, Krankheit und Kälte organisieren. Der Großteil ihrer Männer ist ermordet, gefallen, vermißt, in Kriegsgefangenschaft, noch nicht aus dem Krieg zurückgekehrt beziehungsweise physisch und/oder psychisch geschädigt.

1/18

Frauen im Kriegsdienst

1/1
Frauen bei der Ausbildung in der Reichsluftschutzschule Wien, um 1944
Foto
Privatbesitz Kurt Apfel

1/2
Frauenarbeitseinsatz in der „Ostmark“, um 1944
Foto
DÖW, Sign. 7.854

1/3
Wirtschaftlicher Gestellungsbefehl, 14. Dezember 1943
Druck und Handschrift, 21,3 x 14,9
HM

1/4
Frau beim Herstellen von Kriegsauszeichnungen, um 1944
Foto
DÖW, Sign. 8.142

1/5
Mutterkreuz, 16. Dezember 1938
Bronze, emailliert, 4,6 x 3,6
Beschr.: „Der deutschen Mutter“
HM

1/6
Frauen in der Rüstungsindustrie, um 1944
Foto
DÖW, Sign. 8.646

1/7
Frauen beim Sortieren von Patronenhülsen, um 1944
Foto
DÖW, Sign. 8.646

1/8
Wiener BDM-Mädchen im Lazaretteinsatz bei der SS, um 1944
Foto
DÖW, Sign. 8.019

1/9
„Reichsarbeitsmaiden", um 1944
Foto
DÖW, Sign. 7.595

Im Luftschutzkeller – Auf der Flucht – „Gefallen" – „Vermißt"

1/10
„Über den Verbleib Ihres Mannes ist hier nichts bekannt. (...)"
Schreiben der Generalbetriebsleitung Ost/
Frontbetriebsleitung der Ostbahn,
20. Februar 1945
Maschinschrift, 14,8 x 20,6
Privatbesitz Edith Schiech

1/5

1/11
Kennzeichnung „Öffentlicher Luftschutzraum" am Eingang des Hauses Wien XVI, Thaliastraße 13, um 1944
Foto
Privatbesitz Kurt Apfel

1/12
„Verdunkle!", um 1944
Plakat, 42,3 x 60
HM, Inv. Nr. 107.391

1/13
Erklärung der Luftwarnsignale und Übersichtskarte für den Einflug feindlicher Flugzeuge nach Wien, um 1944
Druck (beidseitig), 15,7 x 21,3
HM

1/14
„Lebenszeichen von Friedrich Finger" mit der Eintragung „(...) Blieben, Gott sei Dank, verschont. Wurden viel überflogen.", 8. und 9. Februar 1945
Druck und Handschrift, 9,2 x 13,1
Privatbesitz Gerhard Jagschitz

1/15
„Entwarnung", 1945
Foto von Otto R. Croy
Privatbesitz Peter Croy

1/16
„Die Frau und der Nazismus"
Seite 4 der Zeitung „Neues Oesterreich"
vom 25. April 1945,
45,9 x 31,6
ÖIfZ

1/24

1/17
Familie eines Nationalsozialisten, der aus Angst vor der Roten Armee seine Frau, seine Kinder und dann sich selbst erschossen hat.
Foto von Jewgenij Chaldej
Aus: Erich Klein (Hg.), Die Russen in Wien / Die Befreiung Österreichs / Wien 1945 / Augenzeugenberichte und über 400 unpublizierte Fotos aus Rußland. Wien, Falter Verlag 1995

1/18
„Wien ist zum Verteidigungsbereich erklärt worden. Frauen und Kindern wird empfohlen, die Stadt zu verlassen.", überschrieben mit „Wohin?", 2. April 1945
Plakat auf originaler gerahmter Plakattafel,
86 x 61,2 (103 x 71)
HM, Inv. Nr. 77.822

1/19
Gedenktafel am Haus Wien II, Förstergasse 7, zur Erinnerung an neun vor diesem Haus am 12. April 1945 von der SS ermordete Juden und Jüdinnen
Foto
HM

1/20
Übersicht der Städtischen Bestattung über die im 12. Bezirk notbeerdigten Zivilpersonen, 26. September 1945
Reproduktion
Karl Vocelka, Trümmerjahre. Wien 1945–1949. Wien – München o. J., S. 86

1/21
Seite aus dem Sterbebuch Wien I. mit der Eintragung „Gefallen. Tod durch Verbrennung, bei Fliegerangriff, (Verkohlung)" als Todesursache, 5. Jänner 1945
Reproduktion
Magistratsabteilung 61 – Staatsbürgerschafts- und Personenstandsangelegenheiten

1/22
Eine Frau transportiert mit Kinderwagen, Taschen und Rucksack die nach einem Bombenangriff geretteten Habseligkeiten, 1945
Foto
Museum des 20. Jahrhunderts – Stiftung Ludwig

Mein Gatte, unser Sohn, Schwiegersohn, Bruder u. Schwager
Gefr. Emil Dittel
Panzergrenadier
fand am 28. X. 1942 im 25. Lebensjahre in Afrika den Heldentod. Seine Ruhestätte befindet sich auf einem italien.-deutschen Friedhof in Afrika.
In tiefer Trauer: Magda Dittel, Gattin; Emil u. Anna Dittel, Eltern u. sämtl. Verwandten.
Atzgersdorf-Pinkafeld, im Sept. 1944.

1/27

1/23
Werbeschild „Das neue Waschverfahren/ Persil/Selbsttätiges Waschmittel", 1945, durch einen Granateinschlag beschädigt
Emailfarben auf Blech, 50 x 33
Firma Henkel Austria

1/24
Flüchtlinge vor einem Wiener Bahnhof, 1945
Foto von Franz Blaha
ÖIfZ

1/25
„FL-Ausweis für Umquartierung wegen Feindbedrohung und für Flüchtlinge", 11. April 1945
Matrizenabzug und Maschinschrift, 29,7 x 21
Privatbesitz Traudl Obendrauf

1/26
„Die erste Liste der Wiener Opfer des Naziterrors"
Seite 2 der Zeitung „Neues Oesterreich" vom 12. Juni 1945,
45,9 x 31,6
ÖIfZ

1/27
Todesanzeigen in der „Kleinen Wiener Kriegszeitung", 1944
Reproduktionen
Privatbesitz Gerhard Jagschitz

1/28
Vermißtenanzeigen in Zeitungen, 1945
Reproduktionen
ÖIfZ

1/34

Im zerstörten Wien

1/29
Das Totenweiberl, eine bekannte Wiener Erscheinung der Nachkriegsjahre, 1945
Foto von Otto R. Croy
Privatbesitz Peter Croy

1/30
Kinder begraben einen Elternteil, März 1945
Foto
DÖW, Sign. 1.553

1/31
„Entwarnung" nach einem Luftangriff auf die Mariahilfer Straße, Anfang 1945
Foto
Privatbesitz Curt N. Wagner

1/32
Leichenbestattung mit einem Handwägelchen, 1945
Foto von Otto R. Croy
Privatbesitz Peter Croy

1/33
Kind inmitten eines durch einen Bombentreffer zerstörten Holzhauses, Wien-Simmering, 1945
Foto
HM

1/34
Einrichtungsgegenstände von Ausgebombten vor der Wiener Oper, April 1945
Foto
ÖIfZ

1/35
Die Parole „Mit Adolf Hitler siegen!" wird plakatiert, 1944/45
Foto
DÖW, Sign. 2.422/3

1/36
Einzug sowjetischer Truppen am Kai in Wien, April 1945
Foto
ÖIfZ

1/36

1/37–46
Sowjetische Infanterie, Granatwerfer und Panzer im Einsatz am Maria Theresien-Platz, April 1945
10 Fotos von Simon Raskin
ÖNB, Bildarchiv, Sign. 422.566, 283.791–283.793, 283.795, 283.797, 283.798, 283.802–283.804

1/47
Kriegsschäden an der Hofburg, 1945
Foto
HM, Inv. Nr. 79.000/16.549

1/48
Kriegsschäden am Haus Wien I, Wipplingerstraße 7, 1945
Foto
HM, Inv. Nr. 79.000/17.452

1/49
Kriegsschäden am Dianabad, 1945
Foto
HM, Inv. Nr. 210.287

1/50
Kriegsschäden an der Staatsoper, 1945
Foto
HM, Inv. Nr. 79.000/17.060

1/51
Blick vom Stephansdom auf im Krieg zerstörte Häuser, 1945
Foto
HM, Inv. Nr. 79.000/16.425

1/52
Kriegsschäden auf der Freyung, 1945
Foto
HM, Inv. Nr. 79.000/16.634

1/37

1/53
Kriegsschäden am Platz Am Hof, 1945
Foto
HM, Inv. Nr. 79.000/16.472

1/54
Kriegsschäden am Universitätsgebäude, 1945
Foto
HM, Inv. Nr. 79.000/16.418

1/55
Kriegsschäden am Franz Josefs-Kai, 1945
Foto
HM, Inv. Nr. 79.000/16.608

1/56
Kriegsschäden an der Börse, 1945
Foto
HM, Inv. Nr. 79.000/16.543

Sowjetische, amerikanische, britische sowie französische Soldaten befreien Österreich vom Nationalsozialismus und halten es dann zehn Jahre lang besetzt, ermöglichen die Wiedergeburt der demokratischen Republik Österreich, beeinträchtigen aber deren Souveränitätsrechte. Sowjetische Soldaten befreien Wien vom Nationalsozialismus und kontrollieren die Stadt dann gemeinsam mit den drei anderen Alliierten.

Befreit fühlen sich alle, die vom NS-Regime verfolgt, unterdrückt und gequält worden sind, sowie alle, denen Österreichs Eigenstaatlichkeit ein Anliegen ist. AnhängerInnen des NS-Regimes fürchten Bestrafung und Racheakte, den Zusammenbruch ihrer Existenz. Kompromittierende Relikte des Nationalsozialismus, Beweise von NS-Zugehörigkeit, werden deshalb massenweise verbrannt oder auf Wiens Straßen geworfen.

Die Erwartungshaltung der WienerInnen reicht also von Freude und Erleichterungen bis hin zu Unsicherheit und panischer Angst, die zum Teil auf die nationalsozialistische Greuelpropaganda vom „russischen Untermenschen" zurückgeht. Aus Angst vor Vergewaltigungen bemühen sich Frauen, häßlich und alt auszusehen, um nicht als Objekt der Begierde mißbraucht zu werden.

So groß wie die Bandbreite der Vorstellungen ist dann auch die Palette der realen, persönlichen Erfahrungen mit den Befreiern/Besatzern: Sie reicht von Diebstahl, Vergewaltigung, Verschleppung und Mord bis hin zu Lebensrettung, Wirtschaftshilfe, Liebesdiensten und Heirat.

2/36

Relikte des Nationalsozialismus

2/1
Unter einem Hitlerbild versammelte Familie, um 1940
Foto
ÖIfZ

2/2
Flugblatt „Elend, Not und Jammer ohne Ende der Untergang auch für dich wäre es, wenn wir jetzt schwach werden, kapitulieren, aufgeben würden. (...) Sieg um jeden Preis", 1945
Druck (beidseitig), 10,3 x 7,6
Privatbesitz Gerhard Jagschitz

2/3
Adolf Hitler, 1938
nach einer Skizze von Wilhelm Dachauer
Lithographie, 30 x 23,5
HM, Inv. Nr. 70.538/1

2/4
Kennkarte des Deutschen Reiches, 1943
Druck, Handschrift, Foto, 14,9 x 10,6
Privatbesitz Edith Schiech

2/5
Kennkarte des Deutschen Reiches, 1945
Druck, Handschrift, Foto, 14,8 x 10,5
Privatbesitz Traudl Obendrauf

2/6
Kennkarte des Deutschen Reiches, 1942
Druck, Handschrift, Foto, 15,1 x 10,3
HM

2/7
Rote Fahne, auf der die Umrisse eines abgetrennten Hakenkreuzes sichtbar sind, 1945
Fahnenstoff, 84 x 65
Privatbesitz Gunther Dörfler

2/8
Mitgliedsbuch der NSDAP
Druck, Handschrift, Foto, 13,5 x 10,8
DÖW

2/9
Kriegsverdienstkreuz 2. Klasse mit Schwertern, 1939
Bronze, 4,8 x 4,8
HM

2/10
Eisernes Kreuz 2. Klasse, 1939
Eisen, Silber, 4,5 (mit Ordensband 13,9) x 4,5
HM

2/11
Wehrmachtsauszeichnung für vierjährigen Dienst, um 1943/44
Nickel, 3 (mit Band 8,5) x 3
HM

2/12
Dolch mit nationalsozialistischen Emblemen, um 1940
Metall, Elfenbeingriff, L: 43
HM

2/13
„Treudienst-Ehrenzeichen", um 1940
Zinn, versilbert, emailliert,
4,5 (mit Band 9,2) x 4,1
Beschr. auf der Rücks.: „Für treue Dienste"
HM

2/14
„Der Mythos des 20. Jahrhunderts", 167.–170. Auflage, 1941
Alfred Rosenberg
Buch, 712 Seiten, 19,2 x 13,2
Privatbesitz Peter Eppel

2/15
„Pompeji in Niederdonau", um 1940
Emil Gamber
Broschüre, illustr., 56 Seiten, 20,9 x 14,9
Privatbesitz Peter Eppel

2/16
„Führerbotschaft an Volk und Welt / Reichstagsrede vom 20. Februar 1938", 1938
Adolf Hitler
Broschüre, 62 Seiten, 21 x 14,7
Privatbesitz Peter Eppel

2/17
„Mein Kampf", Volksausgabe in einem Band, 696.–700. Auflage, 1942
Adolf Hitler
Buch, 782 Seiten, 19,3 x 13
Privatbesitz

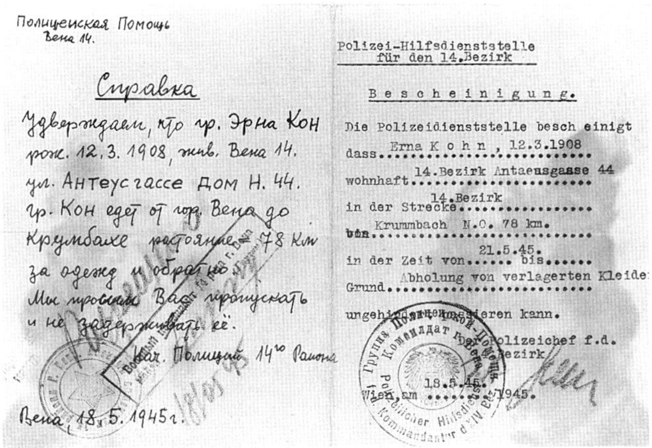
Полицейская Помощь
Вена 14.

Справка

Удверждаем, что гр. Эрна Кон
рож. 12.3.1908, жив. Вена 14.
ул. Антеусгассе дом Н. 44.
гр. Кон едет от гор. Вена до
Крумбахе растояние 78 Км
за одежд и обратно.
Мы просим Вас пропускать
и не задерживать её.
Нач. Полиций 14го Района

Вена, 18.5.1945г.

Polizei-Hilfsdienststelle
für den 14.Bezirk

Bescheinigung.

Die Polizeidienststelle besch einigt
dass Erna K o h n , 12.3.1908
wohnhaft 14.Bezirk Antaeusgasse 44
in der Strecke 14.Bezirk
bis Krummbach N.Ö. 78 km.
in der Zeit von 21.5.45. bis ......
Grund Abholung von verlagerten Kleide
ungehindert passieren kann.

Der Polizeichef f.d. 14. Bezirk

Wien, am 18.5.45. 1945.

2/24

2/18
„Wesen, Grundsätze und Ziele der N.S.D.A.P.", 1932
Alfred Rosenberg
Broschüre, 48 Seiten, 22,5 x 15,4
Privatbesitz

2/19
„So wurde Großdeutschland", 1939
Martin Bochow
Buch, illustr., 150 Seiten, 25,8 x 19,2
Privatbesitz

Besetzung

2/20
Frau in abwartend-skeptischer Haltung, April/Mai 1945
Foto von Franz Blaha
ÖIfZ

2/21
Beschriftung „Häuserblock überprüft“ in russischer Sprache am Haus Wien XVIII, Scheidlstraße 29, 1945
Farbfoto (1995)
HM

2/22
Während einer Sitzung des Alliierten Rates hängen die Uniformkappen der Besatzungsmächte einträchtig auf einem Kleiderständer im Vorraum, 1954
Foto von Erich Lessing
HM, Inv. Nr. 213.934/64

2/22

2/23
Freiheitszug der SPÖ vor dem Rathaus, 21. Mai 1947
Foto
Landesbildstelle Wien, Nr. 4.793/12

2/24
Passierschein (deutsch/russisch), 18. Mai 1945
Handschrift und Maschinschrift, 14,7 x 20,9 (aufgeschlagen)
Privatbesitz Brigitte Ungar-Klein

2/25
Grenze der Sowjetischen Zone an der Augartenbrücke, Februar 1949
Foto
Landesbildstelle Wien, Nr. 4.933/1

2/25

Magistratisches Bezirksamt für den 11. Bezirk
(Registrierungsbehörde für den 11. Bezirk)

Bescheinigung

Im Sinne des § 7, Abs. (4), des Verbotsgesetzes 1947 wird bescheinigt, daß
~~Herr~~ Frau ..., geb. am ..., seit 1946
wohnhaft in Wien, 11. Bezirk, ...
in der Registrierungsliste dieses Gemeindebezirkes nicht verzeichnet ist. Ein Einspruchsverfahren wegen Nichtverzeichnung ist nicht anhängig.

Die nach der Bundesverwaltungsabgabeverordnung entfallende Abgabe von 70 Groschen wurde erlegt und unter fortlaufender Zahl 12537 des Vormerkbuches für die Verwaltungsabgaben verrechnet.

Wien, am 23. Dez. 1948

FÜR DEN ~~Der~~ Bezirksamtsleiter:

Vordruck Nr. 99/1 (neu) - 108/48/9 - 25 - 47402 - 481259 Rabeck-Druck Wien 8.

2/33

2/26–27
2 Identitätsausweise (viersprachig), 1946
Druck und Handschrift,
14,7 x 20,2 bzw. 14,5 x 20 (aufgeschlagen)
HM

2/28
Alliierte Reiseerlaubnis, 1946
Druck und Handschrift, 14,8 x 10,5
Privatbesitz Traudl Obendrauf

2/29
„Oesterreichs Regierung anerkannt / Ausdehnung ihrer Autorität auf das ganze Bundesgebiet“
Seite 1 der Zeitung „Das kleine Volksblatt“ vom 21. Oktober 1945, 31,8 x 23,8
ÖIfZ

2/30
„Alliierte übernahmen ihre Wiener Zonen"
Seite 1 der Zeitung „Das kleine Volksblatt" vom 2. September 1945, 31,4 x 23,8
ÖIfZ

Entnazifizierung

2/31
Plakatentwurf für die Ausstellung „Niemals vergessen", 1945
Victor Theodor Slama
Kohlezeichnung, 47 x 36
WStLB, Nachlaß Slama

Befreiung

2/35
Rot-weiß-rote Fahne, auf deren roten Streifen die Umrisse eines abgetrennten Hakenkreuzes sichtbar sind, 1945
Fahnenstoff, 84 x 65
Privatsammlung Gunther Dörfler

2/36
TänzerInnen mit rot-weiß-roter Fahne vor dem Parlament, 29. April 1945
Foto
ÖIfZ

2/38

2/42

2/32
„Es wird bekanntgegeben, daß sämtliches Schriftgut von geflüchteten Nationalsozialisten (...) als beschlagnahmt gilt. (...) Der Bezirksvorsteher für den 3. Bezirk", Mai 1945
Plakat, 42 x 32
WStLB, Sign. P 45.400

2/33
Bescheinigung über das Nichtaufscheinen in der Registrierungsliste für ehemalige Nationalsozialisten des 11. Bezirks, 23. Dezember 1948
Druck, Handschrift, 14,8 x 21
HM

2/34
Eidesstattliche Erklärung über die Nichtmitgliedschaft in der NSDAP, 14. August 1945
Handschrift, 16,2 x 20,5
HM

2/37
Tanz mit sowjetischen Soldaten vor dem Parlament, 1946
Foto
ÖIfZ

2/38
Wienerinnen begrüßen das österreichische Freiheitsbataillon, 15. Mai 1945
Foto
ÖIfZ

2/39
„Das Volk von Wien begrüßt die Freiheitskämpfer"
Seite 3 der Zeitung „Neues Oesterreich" vom 16. Mai 1945, 45,9 x 31,2
ÖIfZ

2/40
„Die Rote Armee marschierte in Oesterreich ein nicht als Eroberungsarmee, sondern als Befreiungsarmee. (...)", April 1945
Plakat, 12 x 43
WStLB, Sign. P 45.646

2/41
„Kapitulation in Norditalien und Westösterreich"
Seite 1 der Zeitung „Neues Oesterreich" vom 4. Mai 1945, 45,7 x 31,4
ÖIfZ

2/45

2/42
„Es lebe die Rote Armee die Befreierin Wiens!", April 1945
Plakat, 67,7 x 82,3
Archiv der Bundespolizeidirektion Wien

2/43
Aufruf des provisorischen Bürgermeisters der Stadt Wien, Theodor Körner, April 1945
Druck, 31,2 x 22,7
Privatbesitz Gerhard Jagschitz

2/44
Tagebuch, 1. April bis 10. August 1945
Handschrift (Bleistift) in Notizbuch, 50 Bll. in Spiralheftung, 14,7 x 10,2
HM

Aquarelle von Karl Hornstein

2/45
Arbeitseinsatz ungarischer Juden, Februar 1945
Karl Hornstein
Aquarell auf Karton kaschiert, 20,3 x 24,8 (24,6 x 32)
Sign. u. dat. re. u.: „K. Hornstein / 1945 Febr."
HM, Inv. Nr. 77.890

2/46

2/46
Straßenkampf vor den zerstörten Naschmarktbuden, 7. April 1945
Karl Hornstein
Aquarell auf Karton, 31 x 41,5
Sign. u. dat. re. u.: „K. Hornstein / 1946"
HM, Inv. Nr. 72.608

2/47
Arbeitseinsatz der Nationalsozialisten beim Hietzinger Amtshaus, Juni 1945
Karl Hornstein
Aquarell, auf Karton kaschiert, 21,4 x 30,4 (30 x 38,9)
Sign. u. dat. re. u.: „K. Hornstein / Juni 1945"
Beschr. re. u.: „Arbeitseinsatz der Nazionalsozialisten / beim Hietzinger Amtshaus."
HM, Inv. Nr. 75.190

2/48
Holzplünderungen in Bombenruinen, 1945
Karl Hornstein
Aquarell auf Karton kaschiert, 19,5 x 25,1 (24,9 x 31,9)
Sign. u. dat. re. u.: „K. Hornstein / 1945"
HM, Inv. Nr. 77.889

2/49

Lebensmittel- und Holzhamsterer bei der Stadtbahnstation Hietzing, 1946
Karl Hornstein
Aquarell auf Karton, 30,2 x 40,2
Sign. u. dat. re. u.: „K. Hornstein / 1946"
HM, Inv. Nr. 72.445

2/48

2/47

2/50

2/49

2/50

Schwarzmarkt im Resselpark, 1945
Karl Hornstein
Aquarell auf Karton kaschiert,
21,1 x 28,8 (29,9 x 36,9)
Sign. u. dat. re. u.: „K. Hornstein / 1945"
HM, Inv. Nr. 75.189

Die Frauen stellen in der unmittelbaren Nachkriegszeit die große Mehrheit der Bevölkerung – am 23. September 1945 werden in Wien 905.475 Frauen und nur 511.823 Männer gezählt. Die Wiederaufbauarbeit der Frauen ist außerordentlich zeit- sowie arbeitsintensiv und findet weitgehend in öffentlichen Räumen statt. Frauen schaffen die zum Überleben ihrer Familien notwendigen Dinge herbei, leisten Gratisreproduktionsarbeit („Mutterpflichten“) sowie traditionelle, schlecht bezahlte Frauenerwerbsarbeit und vollbringen daneben auch noch harte, verantwortungsvolle Arbeiten fehlender Männer. Sie helfen beim Aufbau zerstörter Gebäude und tragen zur Wiedererrichtung politischer Organisationen wie Gewerkschaften und politischer Parteien bei.

3/6

Die Spitzenpositionen in Staat, Gesellschaft und Partei werden aber von den Männern eingenommen. Wenn auf Bildern von staatlichen, politischen oder parteipolitischen Führungsgremien neben den „Männern der ersten Stunde“ – den Parteien- und Republikgründern – gelegentlich auch Frauen ins Bild rutschen, entstehen die typischen Gruppenbilder mit Dame.

Am 25. November 1945 werden zum ersten Mal in der Zweiten Republik 165 Mitglieder des Nationalrates gewählt. Obwohl die Wählerschaft zu 64 Prozent aus Frauen besteht, ziehen nur neun weibliche Abgeordnete ins Parlament ein: sieben aus der SPÖ und zwei aus der ÖVP.

Frauen beim Wiederaufbau

3/1
Wiederaufbau, April/Mai 1946
Foto
ÖIfZ

3/2
Wiederaufbau, 1945/46
Foto
HM, Inv. Nr. 79.000/16.653

3/3
Frauen schaufeln Schutt in offene Schienenwägen, 1945
Foto
ÖNB, Bildarchiv, Sign. US 3.222

3/4
Frauen beim Schutträumen, Sommer 1945
Foto
ÖIfZ

3/5
Frauen mit Handwagen, April/Mai 1946
Foto von Franz Blaha
ÖIfZ

Politische Wiederaufbauakte – „Gruppenbilder mit Dame"

3/6
Erste ÖVP-Parlamentsfraktion, 1945
Foto
Vogelsang-Institut

3/7
Festsitzung der Bundesversammlung, 8. Mai 1946
Foto
HM, Inv. Nr. 93.945

3/1

3/8
Parteitag der SPÖ im Hotel Wimberger in Wien, 15. Dezember 1945
Foto von Franz Blaha
ÖIfZ

3/9
„Ministerrat unter Vorsitz des Staatskanzlers Dr. Renner bei der Abfassung der Verfassungsgesetze über das Verbot der NSDAP"
Seite 4 der Zeitung „Neues Oesterreich" vom 10. Mai 1945, 45,7 x 31,5
ÖIfZ

3/10
„Die erste Sitzung des Alliierten Rates für Österreich wurde gestern im Hotel Imperial abgehalten: (...)"
Seite 1 der Zeitung „Wiener Kurier" vom 12. September 1945, 45,7 x 31,6
ÖIfZ

3/2

3/7

3/11
Erste Nationalratswahl der Zweiten Republik: Eine Wählerin erhält ihr Stimmkuvert, 25. November 1945
ISB Staff Photo
ÖNB, Bildarchiv, Sign. US 874

3/12
Nationalrats- und Wiener Gemeinderats-wahlen: Renner bei der Wahlurne, 9. Oktober 1949
Foto
Landesbildstelle Wien, Nr. 49.301/11

3/13
„Oesterreichs Gesetzgeber treten zusammen", „Es gibt wieder ein österreichisches Parlament"
Seite 1 der Zeitung „Wiener Kurier" vom 18. Dezember 1945, 46,1 x 31,5
ÖIfZ

3/8

3/14

3/14
Vorstellung der Regierung Figl im Nationalrat, 19. Dezember 1945
Foto
ÖIfZ

3/15
„Der Alliierte Rat teilt Dr. Renner die Anerkennung der österreichischen Regierung mit (...)"
Seite 1 der Zeitung „Wiener Kurier" vom 22. Oktober 1945, 46 x 31,7
ÖIfZ

In Wien sind nach mehr als 50 Luftangriffen und den Straßenkämpfen vom April 1945 8000–9000 Tote und ein Verlust von 28 Prozent des Gebäudebestandes zu beklagen. Frauen leisten erste Trümmer- und Aufräumearbeiten. Sie handeln eigeninitiativ und übernehmen dort, wo Männer fehlen, schwere körperliche Arbeiten. Viele stellen mit großer Selbstverständlichkeit ihre Arbeitsleistung für den Wiederaufbau von privater Häuslichkeit und Gemeinwesen zur Verfügung. Diese Frauen, die freiwillig Bombenschutt beseitigen, freiwillig für den demokratischen Wiederbeginn arbeiten, verkörpern den positiven Typus der Trümmerfrau.

Daß es nicht genügend Freiwillige gibt, um den Kriegsverheerungen rasch beizukommen, lassen die verordneten Zwangsmaßnahmen erahnen. So wird die Zuteilung von Lebensmittel- und Bekleidungsscheinen an den Nachweis von Arbeitsleistungen gekoppelt.

Neben den positiv besetzten Bildern von kraftvoll zupackenden, vom Aufbauwillen durchdrungenen Trümmerfrauen stehen die Negativ-Erinnerungen an „Trümmerweiber“ – Nationalsozialistinnen, die zum Wegräumen des Nazi-Schutts und zur Beteiligung am Wiederaufbau gezwungen werden müssen.

4/2

Kriegszerstörungen

4/1
Kriegszerstörungen vor dem Riesenrad, 1945
Foto
HM

4/2
Ein Mädchen und ein Knabe auf einer Bombenruine, 1945/46
Foto von Josef Strof
HM, Inv. Nr. 194.514

4/3
Der Fußgängersteg auf der Floridsdorfer Brücke, 1945
Foto von Wilhelm Obransky
ÖIfZ

4/4
Kriegszerstörungen in der Kärntnerstraße, davor ein russisch/deutscher Wegweiser, 1945
Foto
HM, Inv. Nr. 79.000/16.853

4/5
Kriegszerstörungen am Hohen Markt, 1945
Foto
WStLA, Fotosammlung, Sign. C 372

Trümmerräumen als Zwangsprogramm für ehemalige NationalsozialistInnen

4/6
Ehemalige NS-Parteimitglieder im Strafarbeitseinsatz, 1945
Foto von Wilhelm Obransky
ÖIfZ

4/7
Ehemalige NS-Parteimitglieder bei Straßenarbeiten, 1945
Foto von Wilhelm Obransky
ÖIfZ

4/1

4/8
„Aufruf! Hernalser, lest obige Kundmachung mit Freude! Es handelt sich jetzt darum, jene Nazis zu packen, die im Dunkel bleiben wollen. (...) Heraus mit ihnen zur Arbeit u. Sühne! (...)", 1945
Plakat (Reproduktion)
WStLB, Sign. P 45.588

Freiwilliges Aufräumen

4/9
Kinder beim Wiederaufbau, 1945/46
Foto von Josef Strof
HM, Inv. Nr. 194.510

4/10
„Im September schauen wir Wiener nicht tatenlos in den Himmel!", 1945
Plakat (Reproduktion)
WStLB, Sign. P 5.100

4/11
Frauen räumen beim Palais Palffy Schutt, 1945/46
Foto
HM

AUFRUF!

Hernalser, lest obige Kundmachung mit Freude!

Es handelt sich jetzt darum, jene Nazis zu packen, die im Dunkel bleiben wollen. Es sind dies die Sturšten, die Unbelehrbaren, die Frechsten! Nun habt Ihr Gelegenheit.

Nutzet, was Ihr wißt!
Heraus mit ihnen ans Licht!
Heraus mit ihnen zur Arbeit u. Sühne!

Helft alle mit, daß sie entlarvt und gefaßt werden, Ihr helft damit Euch!

4/8

4/12
„Arbeitsschein über den Arbeitseinsatz nach dem Verfassungsgesetz über die Durchführung von Notstandsarbeiten im Gebiete der Stadt Wien", 21. September 1945
Druck und Handschrift (beidseitig), 15,2 x 20,9
Privatbesitz

4/13
Frauen bergen und reinigen Ziegel, 17. August 1945
ISB Staff Photo
ÖNB, Bildarchiv, Sign. US 145

4/14
Ruhepause einer „Trümmerfrau", 1945/46
Foto von Otto R. Croy
Privatbesitz Peter Croy

4/15
Von einem Mann gelenktes Raupenfahrzeug beim Schutträumen, 1945/46
Foto
ÖIfZ

4/16
Eine Frau beim Wiederaufbau am Dach des Pfarrhofes Schwechat, um 1946
Foto
HM

4/17
„Schauspieler schaufeln Schutt"
Reproduktion aus der Zeitung „Wiener Kurier" vom 11. Oktober 1945, Seite 2
ÖIfZ

4/21
„Gemeinschaftsarbeit aller Wiener im September"
Seite 3 der Zeitung „Neues Oesterreich" vom 15. August 1945, 46 x 31,6
ÖIfZ

4/22
Verfassungsgesetz vom 24. August 1945 über die Durchführung von Notstandsarbeiten im Gebiete der Stadt Wien
Aus: Staatsgesetzblatt für die Republik Österreich, 32. Stück, ausgegeben am 1. September 1945, Seite 177f.

4/13

4/16

4/18
„Beseitigung der Kriegsspuren aus Wien"
Seite 1 der „Arbeiter-Zeitung" vom 22. August 1945, 47,3 x 31,2
ÖIfZ

4/19
Bestätigung über die Befreiung von Aufräumungsarbeiten, 12. September 1945
Handschrift, 10,4 x 14,8
HM

4/20
„Jugend, wie sie sein muß"
Seite 3 der Zeitung „Neues Oesterreich" vom 5. August 1945, 45,9 x 31,4
ÖIfZ

Einzelpreis 20 Pfennig

Die „Arbeiter-Zeitung" erscheint täglich mit Ausnahme von Montag

Telephon: B 29-510 Serie

Arbeiter-Zeitung

Zentralorgan der Sozialistischen Partei Österreichs

Redaktion und Verwaltung, Druckerei, Versand u. alleinige Anzeigenannahme: „Vorwärts" Wien V, Rechte Wienzeile 97

Telephon: B 29-510 Serie

Nummer 14 | Wien, Mittwoch, 22. August 1945 | 47. Jahrgang

Beseitigung der Kriegsspuren aus Wien

Tagung des Wiener Stadtparlaments — Heranziehung der Nationalsozialisten für die Arbeiten im September

Montag nachmittag trat unter dem Vorsitz von Bürgermeister Körner im Gemeinderatssitzungssaal die beratende Körperschaft zusammen, die von der Gemeindeverwaltung einberufen wurde, um eine Generaldebatte über die vom Stadtsenat beschlossene Gemeinschaftsarbeit abzuführen. Die beteiligten Staatsämter waren durch Staatssekretär Böhm, Unterstaatssekretär Helmer und die zuständigen Ressortbeamten vertreten.

Der Mist muß unbedingt weg!

Der genaue Plan der großen Arbeitsaktion

1939 und 1945

Von Frieda Nödl

4/18

183

Bereits während des Krieges, verstärkt jedoch zu Kriegsende, erfährt die Haushalts- und Hausfrauenarbeit eine immense Ausweitung. Sie wird notwendigerweise zur Überlebensarbeit.

1945 sind von 100 Wiener Kindern 3 normal ernährt, 18 nicht gut ernährt, 52 unterernährt und 27 schwer unterernährt. Im Laufe des Jahres 1946 nimmt die Hungersnot unvorstellbare Ausmaße an. Erst ab 1. Juli 1953 sind alle Konsumgüter kartenfrei.

In der unmittelbaren Nachkriegszeit machen Frauen Ruinen notdürftig bewohnbar, holen aus den Wäldern Heizmaterial, improvisieren aus schlechten Zutaten Speisen und nähen aus Wegwerfmaterial Kleider. Ein schwarzer Strich, exakt auf weibliche Wadenmitte gemalt, ersetzt beispielsweise den Nylonstrumpf. Immer wieder gilt es, zu improvisieren, aus nichts etwas zu machen. Frauen nehmen stundenlanges Schlangestehen vor Geschäften in Kauf, Tausch- sowie Schleichhandel und Hamsterfahrten in die angrenzenden Landregionen ohne funktionierendes Verkehrsnetz.

5/74

Hamstern ist verboten, illegal und dennoch fixer Bestandteil des Alltags. In überfüllten Zügen fahren die Frauen aufs Land, sogar auf den Dächern der Waggons sitzen sie. Viele überwinden ihre Angst vor fremden Soldaten und lassen sich von Militärautos mitnehmen. Aus ehrbaren Frauen und Müttern sind in der Not Frauen geworden, die gelernt haben, sich durchzukämpfen, andere auszutricksen, die verbotenerweise gehamsterten Lebensmittel bei den Kontrollen durchzuschwindeln.

Wohnen

5/1
„Kundmachung / Es wird nachdrücklichst darauf aufmerksam gemacht, daß Wohnungsvergebungen und -beschlagnahmungen einzig und allein durch das Wohnungsamt der Stadt Wien (...) durchgeführt werden. (...) Der Bezirksvorsteher für den 3. Bezirk“, 12. Mai 1945
Plakat, 42 x 32
WStLB, Sign. P 45.399

5/2
Tischlampe aus Zündköpfen von Granaten, 1945
Eisen, Kupfer, Plastikschalter,
H: 35,5, Dm (Standfläche): 14
Privatbesitz

5/3
„Illegale und Nazifunktionäre verlieren die Wohnungen“
Seite 1 der Zeitung „Neues Oesterreich“ vom 6. Juli 1945, 45,9 x 31,4
ÖIfZ

5/4
Delogiert, 1945
Foto von Otto R. Croy
Privatbesitz Peter Croy

5/5
„Displaced Person", 1945
Foto von Otto R. Croy
Privatbesitz Peter Croy

5/6
Erhebungsblatt betreffend Nazi-Wohnungen, 1945
Maschinschrift und Handschrift, DIN A4
DÖW, Sign. E 22.060

5/4

5/10

5/7
Meldezettel für Untermieter und Mitbewohner mit dem Vermerk „Bombengeschädigt eingewiesen", 22. November 1947
Reproduktion, 14,5 x 20,5
HM

Heizen

5/8
Karikatur aus der Zeitschrift „Frau von heute", Oktober 1947
Reproduktion
ÖNB, Sign. 743.917-D.Per

5/9
„Hausfreund" (Kleiner Ofen, der auf die Herdplatte eines großen aufgesetzt wurde, da große Öfen aus Brennstoffmangel nicht beheizt werden konnten), um 1945
Eisen, H: 18,5, B: 24,1, T: 31,2
Bezirksmuseum Penzing

5/10
Holzsammlerinnen im Wienerwald, 1945
Foto von Fritz Zvacek
ÖIfZ

5/13

5/11
Frauen bei Holzarbeiten, 1945
Foto von Fritz Zvacek
ÖIfZ

5/12
„Wien wird im Winter nicht frieren, wenn arbeitsfähige Männer kräftig zupacken und das von der britischen Militärregierung zum Teil bereits herangeschaffte Brennholz von den Waggons abladen helfen. (...)", 15. Oktober 1945
Plakat, 41 x 30
WStLB, Sign. P 45.397

5/13
Kochen auf offenen Feuerstellen im Hinterhof, 1945
Foto von Otto R. Croy
Privatbesitz Peter Croy

Kleidung

5/14
Damenbluse, 1946
Bluse aus cremfarbener Fallschirmseide, lose geschnitten, vordere Mitte zum Knöpfen, eckiger Kragen, halblange Ärmel, verziert mit Biesen und Schlungstickerei. Am Sattel Smokenähte, im Rücken Quetschfalte.
Die Fallschirmseide stammt von einem englischen Flieger, der im Raum Wien 1944 abgeschossen wurde. Sie wurde im Schleichhandel erworben.
HM, Inv. Nr. M 16.561

5/14

5/15
Kinderschuhe, um 1945
Schwarzes Tuch, Nägel, mit handgenähtem kornblumenblauem Baumwollgewebe gefüttert, Holzabsatz und -sohle
HM, Inv. Nr. M 1.602/1

5/16
Plakat „Schöne Beine durch Palmers Strumpf-Zauber", 1944/45
Foto
Firma Palmers

5/17
„Schuhe für Frauen"
Reproduktion aus der Zeitung „Neues Oesterreich" vom 15. Juni 1945
ÖIfZ

5/18
Mädchen mit behelfsmäßiger Kleidung, 1945
Foto von Josef Strof
HM, Inv. Nr. 194.512

Essen

5/19
„Hausfrauen Währings / 100.000 Liter Milch / werden monatlich in Wien aus den so eifrig gesammelten Küchenabfällen produziert / (...) / jedes Kilogramm Küchenabfall in den Futtereimer (...)", 1945/46
Plakat, 60,7 x 42,5
Bezirksmuseum Währing

5/18

5/20
„Uje, Blumen? Ham's kein Salat?" Karikatur zur schlechten Lebensmittelversorgung, 1947/48
Foto
Privatbesitz Gerhard Jagschitz

5/21
Elektrokocher, um 1945
Eisen, Schamott, H: 8,7, T: 19, B: 15,5
Privatbesitz Johann Orth

5/22
Menschen sammeln am Rochusmarkt angefaulte Gurken, 1945
Foto von Otto R. Croy
Privatbesitz Peter Croy

5/23
Einweckglas, 1945
Glas, Stoff, eingetrocknete Reste des Inhalts, H: 12, Dm: 9
Beschr. auf Etikett: „Zwetschken-Röster 25. VIII. 1945"
Privatbesitz Familie Eichinger

5/22

5/24–25
„133 Kochrezepte für 1946 / Eine Sammlung von Rezepten aus schwerer Zeit"
Franz Ruhm
Broschüre, 79 Seiten, 20,8 x 15
WStLB, Sign. A 116.980 (aufgeschlagen)
Privatbesitz Andrea Jung (Titelblatt)

5/26
„Freie" (ohne Lebensmittelmarken erhältliche) Petersilie am Naschmarkt
Foto von Otto R. Croy
Privatbesitz Peter Croy

Lebensmittelrationierung

5/27
Warteschlange vor einem Lebensmittelgeschäft
Foto
ÖNB, Bildarchiv, Sign. US 10

5/28
„Lebensmittelkarten nur für Arbeitswillige"
Seite 1 der Zeitung „Neues Oesterreich" vom 12. Juli 1945, 45,8 x 31,4
ÖIfZ

5/29
Reichseierkarte, gültig vom 27. Juli bis 15. November 1942
Druck und Handschrift, einige Abschnitte abgetrennt, 14,8 x 17
HM, Inv. Nr. 164.259/1

5/26

5/30
Kleiderkarte für Personen über 12 Jahre, um 1945/50
Druck (beidseitig), einige Abschnitte abgetrennt, 14,6 x 20,5
HM, Inv. Nr. 158.408

5/31
Lebensmittelkarte für Normalverbraucher über 18 Jahre, gültig vom 27. Februar bis 26. März 1950
Druck und Handschrift, einige Abschnitte abgetrennt, 9,9 x 15
HM, Inv. Nr. 164.259/6

5/32
Lebensmittelkarte für Normalverbraucher über 18 Jahre, gültig vom 19. Juni bis 16. Juli 1950
Druck, einige Abschnitte abgetrennt, 10,5 x 9,9
HM, Inv. Nr. 164.259/9

5/33
Mappe für Lebensmittelmarken, 1945
Karton, Stoffbänder, Metallösen, Schnur, 12,7 (aufgeschlagen 33,2) x 16,1
HM

5/34
„Lebensmittelaufrufe für die Woche vom 16. bis 22. Juni 1947"
Seite 8 der Zeitung „Weltpresse" vom 14. Juni 1947, 47 x 31,8
ÖIfZ

Plünderungen

5/35
Plünderer in Wien, April 1945
Foto von Albert Hilscher
ÖIfZ

5/35

5/36
„Aufruf. Die Bevölkerung von Schwechat wird aufgefordert, alle Lebensmittel, Wohnungseinrichtungen sowie Wäsche und Kleider, die zu Unrecht aus den Häusern und Wohnungen sowie aus Geschäften entnommen wurden, bis 15. Mai 1945 bei Gewährung von Straffreiheit an die Polizeistelle von Schwechat abzugeben. (...)", 6. Mai 1945
Plakat, 30 x 20
WStLB, Sign. P 45.483

Schwarzmarkt

5/37
„Polizeidirektion Wien. Kundmachung. Die alliierte Militärpolizei wird den Schleichhandel und den Schwarzen Markt energisch bekämpfen. (...)", 1. Oktober 1945
Plakat, 42 x 29,6
Privatbesitz Gerhard Jagschitz

5/38
Schwarzhändler im Resselpark, 1945/48
Foto von Otto R. Croy
Privatbesitz Peter Croy

5/39
Großaktion gegen den Schleichhandel am Naschmarkt, Herbst 1945
Foto
ÖNB, Bildarchiv, Sign. 159.881

5/40
„Großrazzia im Resselpark"
Seite 3 der Zeitung „Neues Oesterreich" vom 29. Juni 1945, 46 x 31,5
ÖIfZ

5/41
Zwei Frauen werden von der alliierten Militärpolizei am Naschmarkt kontrolliert, 12. Jänner 1946
Foto
ÖNB, Bildarchiv, Sign. 214.421

5/46

Hamstern

5/42
Leiterwagen, vor 1945
Holz mit Eisenbeschlägen,
L: 97 (mit Deichsel 200), B: 61, H: 47,5
Bezirksmuseum Favoriten

5/43
Rucksack mit einem für eine Kinderverschickungsaktion aufgenähten Namensschild, um 1945
Stoff, Leder, Metallösen, ca. 55 x 45
Beschr. am Namensschild: „Altenburger Ingetraud 8, Stolzenthalergasse 22"
Bezirksmuseum Meidling

5/44
„Der Rucksackverkehr für Gemüse freigegeben“
Aus: „Neues Oesterreich“ vom 18. Juli 1945, Seite 3
ÖIfZ

5/45
Frauen mit gefüllten Rucksäcken am Franz Josefs-Kai, 20. August 1945
Foto
HM, Inv. Nr. 79.000/16.626

5/46
Eine Frau mit Rucksack zwischen Schutthalden vor der Urania, 25. August 1945
Foto
HM, Inv. Nr. 79.000/16.493

5/51–55

Fremde Hilfe

5/47
UNRRA-Zug am Ostbahnhof, April 1946
Foto
Landesbildstelle Wien, Nr. 4.606/19

5/48
„USIA / Zistersdorf / Was jeder darüber wissen muß“, 1953
anonym (Globus-Verlag)
Broschüre, 16 Seiten, 20,8 x 14,8
Privatbesitz Peter Eppel

5/49
„Ausgabe von Lebensmitteln / Die Maispende der Roten Armee macht eine Ausgabe von Lebensmitteln an die Bevölkerung möglich. (...)“
Seite 4 der Zeitung „Neues Oesterreich“ vom 2. Mai 1945, 46 x 31,5
ÖIfZ

5/50
„An die Bevölkerung Wiens! (...) sind ab 1. Juni 1945 von der Gemeindeverwaltung folgende ständige Normen der Lebensmittelabgabe pro Person täglich festgesetzt worden. (...)“, 26. Mai 1945
Plakat (Reproduktion)
WStLB, Sign. 45.675

5/51
Amerikanische Konserve, 1945
Blech, ungeöffnet, Inhalt 500 g Schmalz,
H: 14,1 Dm: 7,5
Beschr.: „A & B Pure Lard (...) Mfd. by Abrogast & Bastian Inc. Allentown, PA.“
HM

5/52
Amerikanische Konserve, 1945
Blech, ungeöffnet, Inhalt 2250 g Milchpulver,
H: 17,7, Dm: 15,8
Beschr.: „Nonfat Dry Milk / Donated by the People of the United States of America (...)“
HM, Inv. Nr. 196.059/2

5/61

5/53
Amerikanische Konserve, 1945
Blech, ungeöffnet, Inhalt 454 g Milchpulver,
H: 10,8, Dm: 10,9
Beschr.: „Powdered Whole Milk / Dean's / Dean Milk Co., Chicago, Ill., U.S.A.“
HM

5/54
Amerikanische Teedose, 1945
Blech, ungeöffnet, H: 2,3, Dm: 5,5
Beschr. am Deckel: „Tea ration“, Stempel am Boden: „W.U.D 3/45“
HM, Inv. Nr. 158.405

5/55
Amerikanische Kaffeedose, 1945
Blech, ungeöffnet, H: 12,3, Dm: 6,7
Beschr.: „Bordens's Pure Soluble"
Privatbesitz Peter Eppel

5/56
Schachtel „Heller Cacao-Schalen-Tee", um 1945
Karton, Reste des ursprünglichen Inhalts
Bezirksmuseum Hernals

5/57
Zigarettenpackung „Chesterfield", um 1945
Österreichisches Tabakmuseum

5/66

5/58
Zigarettenpackung „Lucky Strike", um 1945
Österreichisches Tabakmuseum

5/59
Zigarettenpackung „Philip Morris", um 1945
Österreichisches Tabakmuseum

5/60
CARE-Paket-Schachtel, 1946/50
Karton, 38 x 28 x 29,5
CARE Österreich, Verein für Entwicklungszusammenarbeit

5/61
Ausgabestelle für CARE-Pakete, Wien I., Schottenring, 3. April 1947
Foto
Landesbildstelle Wien

5/62
Österreichische Kinder mit einem CARE-Paket, 1948
Foto, einem Dankschreiben (Kat. Nr. 5/63) beigelegt
DÖW, Sign. 18.895/3

5/63
Dankschreiben österreichischer Kinder an Josef Buttinger für ein CARE-Paket aus den USA, 1. Juni 1948
Handschrift, 19,5 x 14,5
DÖW, Sign. 18.895/3

5/64
„Lebensmittel für Wien! Das britische Hauptquartier in Wien richtet folgende Botschaft an alle Wiener: (...)", September 1945
Plakat, 26 x 26
WStLB, Sign. P 3.586

5/65
Ankunft des ersten britischen Lebensmittelzuges am Matzleinsdorfer Frachtenbahnhof, 29. August 1945
Foto
ÖNB, Bildarchiv, Sign. 197.389

5/66
Eine Mutter verabschiedet sich von ihrem Sohn, der mit einem Kindertransport des Schweizer Roten Kreuzes fährt, März 1946
Foto von Franz Blaha
ÖIfZ

5/67
„Schweizerische Caritaszentrale (...) Inhalt des Liebesgaben-Paketes Type ‚Suisse' (...)", 1945/48
Druck, 10,4 x 15,1
HM, Inv. Nr. 158.407

Geld

5/68
Banknote zu 1 Schilling, 1944
Ausgegeben von der Alliierten Militärbehörde, 1945
Druck (beidseitig), 5,9 x 11,3
HM, Inv. Nr. 168.184

5/69
Banknote zu 5 Schilling, 1944
Ausgegeben von der Alliierten Militärbehörde, 1945
Druck (beidseitig), 7,2 x 11,4
HM, Inv. Nr. 168.183

5/68

Krankheiten – Hygiene

5/70
TBC-krankes Kind im Kinderspital Baumgartner Höhe, 1945/48
Foto von Otto R. Croy
Privatbesitz Peter Croy

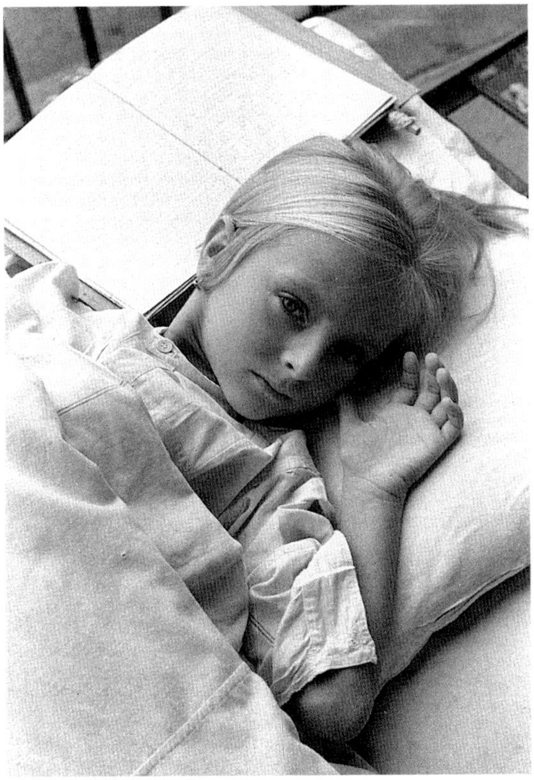

5/70

5/69

5/71
Ärztliche Untersuchung unterernährter Kinder, 1945/48
Foto von Otto R. Croy
Privatbesitz Peter Croy

5/72
Chininration, original verpackt, 1945
Papier, Chinin, H: 1,5, Dm: 1,2
Beschr.: „Chinin.hydrochl. 0,3 / Wehrkreissanitätspark VII."
HM, Inv. Nr. 158.406

5/73
„Flit-Spritze", 1945 zum Versprühen von DDT verwendet
Blech mit Holzgriff, L: 26, H: 11, B: 9,5
Bezirksmuseum Brgittenau

5/74
Wäschewaschen in einem Holztrog bei einem Hydranten, 1945
Foto von Otto R. Croy
Privatbesitz Peter Croy

5/75
Aus Schnüren selbstgedrehter Wäschestrick, selbstgeschnitzte Wäscheklammern
Schnüre, Holz
Bezirksmuseum Hernals

5/76–79
4 Seifenstücke aus der Zeit des Zweiten Weltkriegs, 1939/45
5–5,7 x 3,8–4,3
Beschr.: „0361"
HM, Inv. Nr. 158.404/1-4

Schon während des Krieges, verstärkt jedoch mit Ende der NS-Herrschaft, beginnt die „Vorherrschaft" der Frauen, entsteht ein Zwangsmatriarchat. Unzählige ledige, alleinstehende Frauen und Witwen müssen für die Familie sorgen – als Alleinerhalterinnen und Haupternährerinnen mitunter für Mutter und Kind.

6/16

Bei der Rückkehr der Männer herrscht in vielen Ehen, Familien und Partnerschaften eine krisenhafte, mißtrauische Stimmung. Kriegs- und Ferntrauungen, lange Trennungen, Entfremdung, unterschiedliche Erfahrungs- und Erlebnissphären, Not und Verzweiflung, außereheliche Beziehungen und Kinder, aber auch Vergewaltigungen von Frauen im Zuge der Befreiung, bilden Scheidungsgründe.

Es kommt auch deshalb in Zweierbeziehungen zu Krisen, weil die Frauen inzwischen gewöhnt sind, auf sich alleine gestellt ihre Entscheidungen zu treffen. Andererseits aber ermutigen in vielen Familien gerade Frauen die Männer zur Übernahme ihrer „angestammten" Rolle als Familienoberhäupter und tragen so zur Reetablierung traditioneller Geschlechterhierarchien bei.

Am nachhaltigsten brechen junge Frauen aus, die Beziehungen zu Besatzungssoldaten eingehen. Sie müssen insbesondere dann damit rechnen, als „Chocolate Girls", „War Brides" oder „Ami-Huren" stigmatisiert zu werden, wenn ihre Freunde/Ehemänner Farbige sind.

Frauenhaushalte – „Frauenüberschuß"

6/1
Frauen und ein Kriegsinvalide auf der Kärntner Straße, 1945
Foto von Otto R. Croy
Privatbesitz Peter Croy

6/2
Mädchen mit primitivem Spielzeug, 1945/46
Foto
ÖlfZ

6/3
Selbstgenähter Teddy aus Uniformstoff, 1945/46
Privatbesitz Franz S. Berger

6/4
Kinderwagen, um 1945
Holz, Metall, H: 88, L: 106, B: 51
Privatbesitz Gunther Dörfler

6/5
Eine Wohnung ohne Küche, 1945/48
Foto
Privatbesitz Kurt Apfel

6/10
„Heimkehrer aus Rußland! Wer kann mir Nachricht geben über meinen Mann (...)", 1945/50
Plakat, 31 x 40
WStLB, Sign. P 3.416

6/1

6/6

6/6
Frauen mit Kindern in einer Notunterkunft, um 1945
Foto
HM, Inv. Nr. 194.514

6/7
„(...) und werfen sich wahllos jedem in die Arme." Leserbrief aus der Zeitschrift „Die Frau", Nr. 9, 29. Dezember 1945, S. 7
ÖNB, Sign. 740.761 – D.Per

6/8
„250.000 Fraun' zuviel ? / (...)" Karikatur aus der Zeitschrift „Frau von heute", September 1947
Reproduktion
ÖNB, Sign. 743.917-D.Per

Warten auf die Männer

6/9
„Welcher Heimkehrer kann Auskunft geben über: (...)", 1945/50
Plakat, 31 x 40
WStLB, Sign. P 3.433

6/8

6/11
„Achtung! Heimkehrer / Wer kann mir Nachricht geben über meinen Mann (...)", 1945/50
Plakat, 31 x 40
WStLB, Sign. P 3.413

6/12
„Achtung Heimkehrer! Kann (...) oder ein unbekannter Kamerad nähere Nachricht geben über (...)", 1945/50
Plakat, 31 x 40
WStLB, Sign. P 3.421

6/13
„Achtung Heimkehrer aus Italien! Wer kann mir Nachricht geben über meinen Sohn (...)", 1945/50
Plakat, 31 x 40
WStLB, Sign. P 3.409

6/14

6/14
„K.Z.ler! Wer kann Auskunft geben über (...)", 1945/50
Plakat, 31 x 40
WStLB, Sign. P 3.408

6/15
Eine Frau präsentiert heimkehrenden Kriegsgefangenen ein Suchplakat, 1949
Foto von Albert Hilscher
ÖIfZ

6/16
Paketaktion für die österreichischen Kriegsgefangenen in der Sowjetunion, 24. März 1949
Foto
Landesbildstelle Wien, Nr. 4.966/12

6/17
„Kriegsgefangene Wiener"
Seite 3 der Zeitung „Wiener Kurier" vom 3. Mai 1946, 45,9 x 31,4
ÖIfZ

6/18
Messer eines Kriegsgefangenen, 1945
Aluminium, L: 18,5
Beschr. am Griff: „U. S."
Privatbesitz Peter Eppel

6/19
Postkarte eines Kriegsgefangenen, 7. Dezember 1946
Druck (einseitig), Handschrift (beidseitig), 9,7 x 14,7
Privatbesitz Edith Schiech

6/15

6/20
Postkarte eines Kriegsgefangenen, 25. Dezember 1946
Druck (einseitig), Handschrift (beidseitig), 20,3 x 14,6
Privatbesitz Edith Schiech

Heimkehr

6/21
Kriegsversehrter, 1946
Foto von Fritz Zvacek
ÖIfZ

6/22
„Kriegsgefangene aus Frankreich kehren heim"
Reproduktion aus der Zeitung „Wiener Kurier" vom 27. November 1945, Seite 3
ÖIfZ

6/23
Erster Heimkehrertransport aus der Sowjetunion, 12. September 1947
Foto
Landesbildstelle Wien, Nr. 47.180/3

6/24
43. Heimkehrertransport aus der Sowjetunion, 1. Juni 1949
Foto
Landesbildstelle Wien, Nr. 49.146 B/1

6/25
Bescheinigung über die Entlassung aus jugoslawischer Kriegsgefangenschaft, 15. Jänner 1949
Druck, Handschrift, 14,8 x 21,3
HM

6/28
Für Briten beschlagnahmtes Bad in Schönbrunn, 1945/55
Foto von Franz Blaha
ÖIfZ

6/23

6/29

6/26
Der Liquidator der Einrichtungen des Deutschen Reiches in der Republik Österreich bescheinigt den Dienst in der Deutschen Wehrmacht und die Entlassung aus der Kriegsgefangenschaft, 20. September 1951
Druck, Maschinschrift, Handschrift, 41,8 x 21,1
HM

Beziehungen zu Soldaten der Besatzungsmächte

6/27
Schild „Achtung Britischer Klub / Der Aufenthalt im Garten und bei den Stiegenaufgängen ist für Österreicher streng verboten" vor dem Restaurant Weigl in Wien XII., Dreherpark, September 1946
Foto
Landesbildstelle Wien, Nr. 4.698/1

6/29
Sowjetische Soldaten in ihrer Unterkunft bei Lektüre und Schachspiel, 1945/48
Foto von Otto R. Croy
Privatbesitz Peter Croy

6/30
Sowjetsoldat am Eislaufplatz am Heumarkt, 1945/55
Foto von Otto R. Croy
Privatbesitz Peter Croy

6/31
Sowjetische Verkehrspolizistin, 1945/48
Foto
ÖIfZ

6/32
Sowjetischer Informationsoffizier beim Tanz, 1945/46
Foto
ÖIfZ

6/33
Amerikanische Soldaten und Wienerinnen in einem Jeep vor dem Burgtheater, 1945/48
Foto von Otto R. Croy
Privatbesitz Peter Croy

6/34
Ein amerikanischer Offizier heiratet eine Wienerin, 1945/48
Foto von Otto R. Croy
Privatbesitz Peter Croy

6/38
„Swing... einmal anders", Karikatur aus „Wiener Revue", Oktober 1945, Seite 30
Reproduktion
WStLB, Sign. B 113.595

6/39
„Soldier! know your ABC's", 1945/55
Broschüre, illustr., 28 Seiten, 22,3 x 16,3
HM

6/30

6/33

6/35
Amerikanische Soldaten werden von ihren Familien besucht, 7. Mai 1946
Foto
HM

6/36
Amerikanische Soldaten und Wienerinnen in einer Snack-Bar in Döbling, 1945/48
Foto von Otto R. Croy
Privatbesitz Peter Croy

6/37
Amerikanische Soldaten mit einer Wienerin in einem Tanzcafé, 17. August 1945
ISB Staff Photo
ÖNB, Bildarchiv, Sign. US 170

6/40
„American Military Police", 1945/55
Broschüre, illustr., 16 Seiten, 21,7 x 16,4
HM

6/41
„Fünfhaus – französisch"
Seite 3 der „Arbeiter-Zeitung" vom 8. September 1945, 47 x 32
ÖlfZ

Vergewaltigungen

6/42
Wahrscheinlich von fünf russischen Soldaten in den Wiener Praterauen vergewaltigtes und ermordetes 16jähriges Mädchen, 3. Jänner 1946
Foto
Archiv der Bundespolizeidirektion Wien

6/43
„Moralischer Zusammenbruch?", Seite 14 der Zeitschrift „Der Seelsorger" vom Juli/August 1946
Diözesanarchiv Wien

6/36

Selbstverständlich wird im Chaos von Kriegsende und Wiederaufbau auf Frauen als vielseitig verwendbare Arbeitskräfte zurückgegriffen. Sie erfüllen unter den schlechtesten Anfangsbedingungen ihre Funktion als Reservearmee und leisten „Männerarbeiten", die teilweise attraktiv, aber infolge der Mehrfachbelastungen sehr schwer zu bewältigen sind. Die Arbeitsschutzbestimmungen und -beschränkungen, die im Interesse von Kriegsproduktion und Kriegsführung ab 1939 weitgehend ausgesetzt wurden, bleiben in der ersten Nachkriegszeit außer Kraft. Solange man Frauen noch als (Ersatz-)Arbeitskräfte, als Lückenbüßerinnen benötigt, sind Fragen nach der physischen Eignung zweitrangig.

7/1

Erst mit der aus der Rückkehr der Männer resultierenden Arbeitsplatzverknappung werden auf der Basis von sozial- und arbeitsrechtlichen Schutzbestimmungen – und mit entsprechender ideologischer Untermauerung – Frauen in ihre traditionellen Berufe und „Räume" (zurück)verwiesen. So müssen beispielsweise Frauen als Briefträgerinnen, als Straßenbahnschaffnerinnen, im Eisenbahndienst, als Schulleiterinnen und in zahlreichen Büroberufen den heimkehrenden Männern Platz machen.

Die 1945 von Frauen geleistete öffentliche und private Arbeit hat einen entscheidenden Anteil am relativ raschen wirtschaftlichen Wiederaufbau. Der Konsumverzicht der österreichischen ArbeitnehmerInnen, die Gratisreproduktionsarbeit der Frauen, die sparsame Haushaltsführung und die billige Frauenerwerbsarbeit bilden hiefür wichtige Voraussetzungen.

Frauen als „Reservearmee" bis zur Rückkehr der Männer

7/1
Frau bei Bauarbeiten, 1945/48
Foto
Privatbesitz Kurt Apfel

7/2
„Auch wir Österreicherinnen sind aufbauwillig!"
Reproduktion aus der Zeitung „Neues Oesterreich" vom 5. Mai 1945, Seite 2
ÖIfZ

7/3
Alte Frau als Maurer, 1945/48
Foto von Otto R. Croy
Privatbesitz Peter Croy

7/4
Bestätigung über die Übertragung einer für einen Mann ausgestellten Fahrgenehmigung an eine Frau, 8. August 1945
Druck, Maschinschrift, 14,5 x 30,5
WStLA, Kleine Sammlung zu 1945, Nr. 303

Frauen in „Frauenberufen“

7/5
Frauen nehmen das Wiener Fernamt wieder in Betrieb, 15. März 1946
ISB Staff Photo
HM

7/6
Unterricht in der Hausgehilfinnenschule, 27. Mai 1947
Foto
Landesbildstelle Wien, Nr. 4.794/17

7/5

7/7
Frauen montieren Bestandteile elektrischer Geräte, 16. März 1946
ISB Staff Photo
HM

7/8
Beschäftigungsausweis, 3. November 1946
Arbeitsamt Bekleidung – Textil – Leder
Druck, Handschrift, 15,2 x 11
Privatbesitz Edith Schiech

7/9
Beschäftigungsausweis, 29. Mai 1946
Staatliches Mädchen-Realgymnasium Wien XVIII.
Druck, Handschrift, 15,3 x 10,7
Privatbesitz Traudl Obendrauf

7/10
Hausmeisterinnen, 1945/48
Foto von Otto R. Croy
Privatbesitz Peter Croy

7/11
Eine Arbeiterin an einer Strickmaschine, 16. März 1946
ISB Staff Photo
HM

7/12
„Das Leben nimmt seinen gewohnten Gang / Unsere Bilder zeigen links: Die Postmädels schwärmen aus (...)“
Seite 3 der „Österreichischen Zeitung“ vom 12. Mai 1945, 45,7 x 31,2
ÖIfZ

7/7

7/14

7/13
Auszug aus der Heimatrolle mit der Berufsangabe „Haushalt“, 22. August 1946
Magistrat der Stadt Wien
Druck, Handschrift, 29,7 x 21
Privatbesitz Traudl Obendrauf

7/14
Berufsberatung in einem Wiener Arbeitsamt, Mai 1947
Foto
ÖIfZ

8/51

Zu den Trümmerfrauen gehören auch diejenigen Mädchen und Frauen, die nach Beendigung des nationalsozialistischen Terrors ihre eigenen Vorstellungen von der Zukunft verwirklichen wollen. Ihnen geht es nicht nur ums Sattwerden, die Kinder, die Beziehungen, die Liebe, sondern es geht ihnen auch um Unterhaltung, Musik und Mode. Ob ihnen 1945 als Freizeitvergnügen eher ein Sonnenbad zwischen den Trümmern oder die Teilnahme an einer Modeschau beziehungsweise ein nunmehr „Party" genannter Hausball dient, ist schicht- und milieuspezifisch bedingt. Ansonsten haben sie die Wahl zwischen einem selbst gestalteten Freizeiterleben oder einem, das von Parteien, Besatzungsmächten oder der Kirche organisiert wird.

In vielen Theatern, Konzerthäusern, Kinos und Kabaretts kann mit Unterstützung der Besatzungsmächte trotz der Zerstörungen schon bald wieder gespielt, gesungen und musiziert werden. Die Aufführungen werden auf den frühen Nachmittag verlegt, da Verkehrsmittel und Straßenbeleuchtung nicht funktionieren, und haben anfangs eher provisorischen Charakter. Sie tragen jedoch entscheidend zur Verbesserung der allgemeinen Stimmung im ausgebluteten Land bei.

8/1

Improvisiertes Freizeitleben

8/1
Kinder spielen bei einem zerstörten Panzer am Pratereingang, 1945
Foto von Otto R. Croy
Privatbesitz Peter Croy

8/2
Modeschau des Modellhauses Stone & Blyth, 29. März 1946
ISB Staff Photo
HM

8/3
Tageskleid, um 1945
Kleid aus grauem Wollstoff mit tailliertem Oberteil, eckigem, tiefem gerafftem Dekolleté, langen engen Ärmeln und schmalem Rock mit zwei eingearbeiteten Taschen. Verziert mit alter schwarzer Posamenterie, Samt und Jettperlen
HM, Inv. Nr. M 11.125

8/4
Damenschuhe, um 1945
Bedruckte Baumwolle, wasserabweisend beschichtet, rote Baumwolle, Maschinstepp
HM, Inv. Nr. 17.246/2

8/5
Tüllkopfputz „Wolke" – ein „eleganter Nachmittagshut aus vielen Lagen meergrünen Tülls" von Adele List
Foto
HM

8/6
Frauen im Stadtpark, vor provisorischen Gräbern, 25. August 1945
Foto
HM, Inv. Nr. 79.000/17.037

8/2

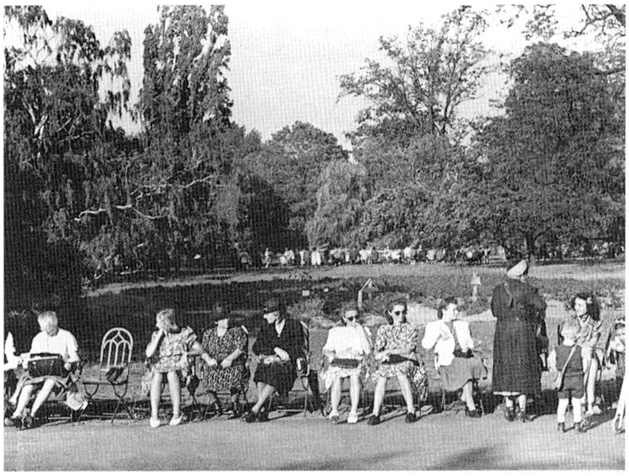

8/6

8/5

8/7
Gräber im Stadtpark, 1945
Foto
HM, Inv. Nr. 79.000/17.038

8/8
Sonnenbaden im Bikini, um 1946/50
Foto von Walter Henisch
ÖIfZ

8/9
Tagebuch, 3. November 1945 bis 9. April 1946
Handschrift (Bleistift), 1 kol. Zeichnung (Feder und Pinsel), eingeklebte Zeitungsausschnitte, getrocknete Blumen in Notizbuch, 42 Bll. in Spiralheftung, 14,7 x 10,2
HM

8/10
Die Wiener Eisrevue probt
Foto von Otto R. Croy
Privatbesitz Peter Croy

8/10

Kirche

8/11
Kriegsschäden im Stephansdom, 1945
Foto von Otto R. Croy
Privatbesitz Peter Croy

8/12
Anmeldung zur Wiederaufnahme in die römisch-katholische Kirche, 25. Jänner 1946
Hermine Dont
Druck und Handschrift, 29,7 x 21
HM

8/13
Hermine Dont (siehe Kat. Nr. 8/12), 1947
Foto
Beschr. Mi. u.: „Hermine Dont“
Dat. li. u.: „24./III.1947“
HM

8/14
„Perlen der Gnade. Vollständiges Gebetbuch für katholische Christen.“ (Aus dem Besitz von Frau Eugenie Neidl, gestorben am 23. August 1945)
Franz Proschwitzer
Druck, Plastikeinband, Messingverschluß, Goldschnitt, 448 Seiten, 11,5 x 8 x 2,5
Privatbesitz Peter Eppel

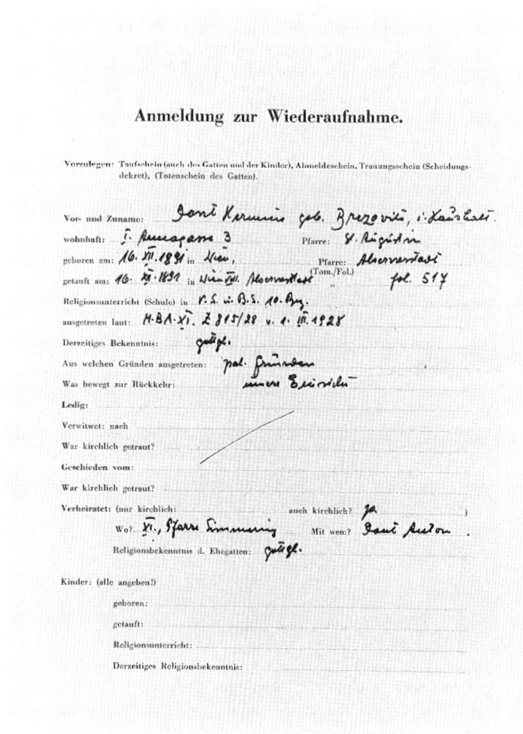

Anmeldung zur Wiederaufnahme.

Vorzulegen: Taufschein (auch des Gatten und der Kinder), Abmeldeschein, Trauungsschein (Scheidungsdekret), (Totenschein des Gatten).

Vor- und Zuname: Dont Hermine geb. Brezovits, i. Haushalt.
wohnhaft: I. Annagasse 3 Pfarre: St. Augustin
geboren am: 16. XII. 1891 in Wien, Pfarre: Alservorstadt
getauft am: 16. XII. 1891 in Wien VIII. Alservorstadt (Tom./Fol.) fol. 517
Religionsunterricht (Schule) in V. S. u. B. S. 10. Bez.
ausgetreten laut: M.BA. XI. Z 815/28 v. 1. III. 1928
Derzeitiges Bekenntnis: gottgl.
Aus welchen Gründen ausgetreten: pol. Gründen
Was bewegt zur Rückkehr: innere Einsicht
Ledig:
Verwitwet: nach
War kirchlich getraut?
Geschieden vom:
War kirchlich getraut?
Verheiratet: (nur kirchlich: auch kirchlich? ja)
Wo? XI., Pfarre Simmering Mit wem? Dont Anton.
Religionsbekenntnis d. Ehegatten: gottgl.

Kinder: (alle angeben!)
geboren:
getauft:
Religionsunterricht:
Derzeitiges Religionsbekenntnis:

8/12

Österreichische Volkspartei
Bezirksleitung „OBERFÜNFHAUS“
Wien XV., Kardinal Rauscherplatz 4.

Donnerstag, den 19. Juli 1945 um Punkt 6 Uhr abends in Kochmanns „Stefaniesäle“ Wien XV., Hütteldorferstraße 73

Das geht ins G'müat

Ein „SCHRAMMELABEND“ wie ihn sich jeder wünscht.

Es wirken mit:

Ludwig Markovitsch (Vortragskünstler, Ronacher) — **Ernst Track** (Humorist, Ravag) — **Berta Schmid** (Koloratursopran, Konzerthaus) **Othmar Glatt** (Zither-Virtuose, Stadttheater, Salzburg) — **Elfi Kellner, Erna Gaisbigler** (Wiener Lieder-Duett, Konzerthaus) **Rudi Wasserbauer, Franz Urban-Krecje** (Wiener Stimmungsduett, Konzerthaus).

Das Schrammelquartett **„Hans Eiles“** (ehem. Wien-Film Schrammeln)

Conferencier: **Ernst Track** Spielleitung: **Rudi Wasserbauer**
Zusammenstellung und musikalische Leitung: **Hans Eiles**

Eintritt: RM 6.50, 4.50 und 3.— Bierausschank
Saaleinlaß: 17 Uhr Beginn: 18 Uhr

Karten im Vorverkauf in der Bezirksleitung der Österreichischen Volkspartei, Wien XV., Kardinal Rauscherplatz 4, in den Zweigstellen Wien XV., Penkgasse 1 und XV., Hackengasse 5, ferner an der Kasse in Kochmanns „Stefaniesäle“ Wien XV., Hütteldorferstraße 73 und im Gloriette-Kino, Wien XV., Linzerstraße 2.

8/15

Von den Parteien organisiertes Freizeitleben

8/15
„Das geht ins G'müat / Ein ‚Schrammelabend' wie ihn sich jeder wünscht. (...)", 19. Juli 1945
ÖVP
Plakat, 42 x 29,6
Privatbesitz Erni Bieler

8/16
Eintrittskarte für eine Veranstaltung der ÖVP unter dem Motto „Hinein in die Wiener Gemütlichkeit", 3. Juni 1945
Druck, 6,9 x 10,9
HM

8/17
„Kommt zu den ‚Roten Falken'!", nach 1945
Werbezettel, 16 x 11,5

8/18

8/18
Kindererholungsaktion der SPÖ: Abschied am Westbahnhof, Juli 1945
Foto von Franz Blaha
ÖIfZ

8/19
Am SPÖ-Faschingsball im Konzerthaus, 1948
Foto
Privatbesitz Ela Hornung

8/20
Aktion „Jugend bringt Brot": Jugendliche, die auf einem Wagen der „Freien Österreichischen Jugend" zur Erntearbeit fahren, werden am Burgplatz verabschiedet, 1. Juli 1945
Postkarte, 8,4 x 13,8
WStLA, Kommission Wien 1945, Nr. 20a

Musik

8/21
„Wien – wieder Wien! / Ein klingender Wiener Bilderbogen mit / Rudolf Carl / Fritz Imhoff/ (...)", 10. Juni 1945
Plakat, 95 x 63
HM, Inv. Nr.72.820/3

8/22
„Klingende Parade am Vormittag", 16. September 1945, Wiener Bürgertheater
Plakat, auf Holztafel kaschiert, 35,3 x 50
Privatbesitz Günther Schifter

8/21

8/23
„Festkonzert der Militärkapelle des französischen Infanterieregiments 159", 4. November 1945
Plakat, 62 x 44
WStLB, Sign. 7.268

8/24

„Mariandl“, Lied aus dem Tonfilm „Der Hofrat Geiger“, Musik von Hans Lang, Text von Kurt Nachmann;
„Du bist die Rose vom Wörthersee“, Lied aus dem Tonfilm „Der alte Herr Kanzleirat“, Musik von Hans Lang, Text von E. Meder; Interpreten: Maria Andergast, Hans Lang, 1947
Schallplatte der Firma Elite Special, Austrophon-Serie Nr. 8131, Schellack, Dm: 24,8
Österreichische Phonothek

8/31

„FF-Programm-Dienst 14. bis 20. Dezember Radio Wien“
Seite 14 der Zeitschrift „Funk und Film“ vom 14. Dezember 1945, 31,1 x 21,5
ÖlfZ

8/32

Radio, vor 1945
Gehäuse: Holz, Leinen, Plastik,
H: 31, B: 27, T: 18
HM

8/22

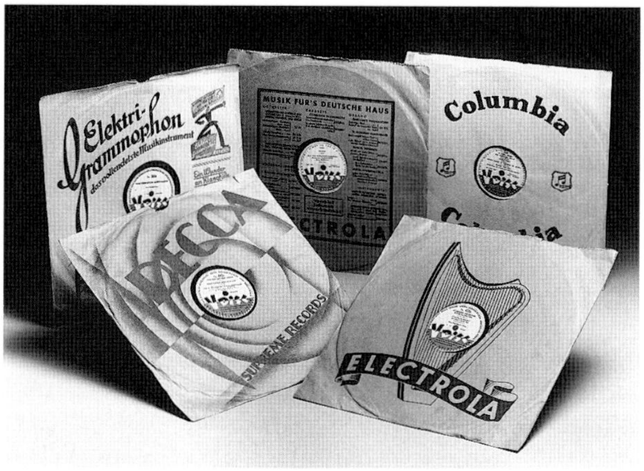

8/25–29

8/30

8/25–29

5 „V-Discs“ (Schallplatten, produziert vom „War Department, Music Section, Entertainment & Recreation Branch, Special Services Division“ für die amerikanischen Streitkräfte), um 1945
Schellack, Dm: 30
Privatbesitz Günther Schifter

8/30

Werbezettel für Schallplatten, 1945/50
Druck (beidseitig), 19,8 x 39,8
Privatbesitz Günther Schifter

8/32

8/33
Sender Rot-Weiß-Rot, Regieraum Studio C, 1946/55
Fritz Lugner (Tonmeister), Polly Kügler (Regisseurin), Hans Lazarowitsch (Sprecher)
Foto von F. W. Scheidl
Privatbesitz Polly Kügler-Leistner

8/34
Erni Bieler (Geihsbigler), Toni Winkler und Ina Winkler singen im Triumph, Wien I., Annagasse, um 1945
Foto von Lucca Chmel
Privatbesitz Erni Bieler

8/33

MIDNIGHT CABARET

VIENNESE SWING SISTERS
(3 IN HARMONY)
INGE RENCHER
(A DANCER STEPPING OUT)
JACQUINTO
(FIDDLES A BIT)
CHARLOTTE HOLTOFF
(AUTRIA'S VERA LYNN)
CARINTHIAN BOYS
AUSTRIA'N NATIONAL DANCERS

0155 HRS
GOD SAVE THE KING

8/35

8/35
„Viennese Swing Sisters (3 in Harmony)“
Seite 3 des Programms „A Grand Carnival Dance on Friday September 6 1946 at the British Church Klagenfurt“
Druck (beidseitig), 23 x 16,3
Privatbesitz Erni Bieler

Kino

8/36
„Der weite Weg“, Premiere: 23. August 1946
Filmplakat, 84 x 58
WStLB, Sign. P 20.685

8/36

8/37
„Ein Szenenbild aus dem in Wien laufenden russischen Film ‚Im Namen des Lebens‘“
Seite 2 der Zeitschrift „Funk und Film“ vom 7. November 1947, 29,2 x 21,6
Privatbesitz Günther Schifter

8/38
„Die Frau meiner Träume"
Filmprogramm aus der Reihe „Illustrierter Film-Kurier"
Druck, 4 Seiten, 21,2 x 15,1
Privatbesitz Günther Schifter

8/39–44
6 Filmprogramme aus der Reihe „Illustrierter Film-Kurier", 1945/48
Druck, jeweils 4 Seiten, ca. 17 x 12
Privatbesitz Günther Schifter

8/45
Titelblatt der Zeitschrift „Funk und Film" vom 21. Dezember 1945
31,1 x 21,5
ÖIfZ

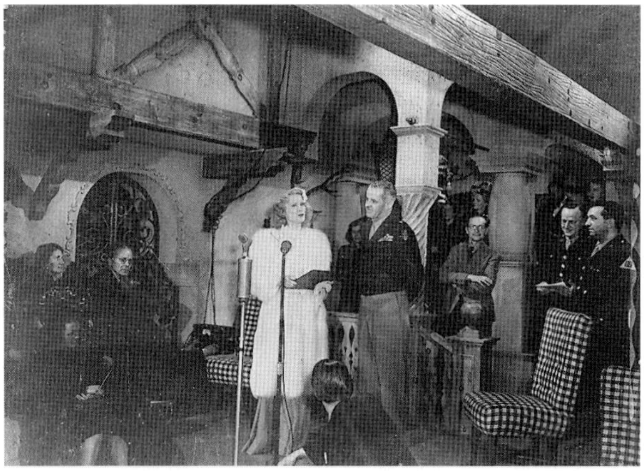

8/50

8/46
Titelblatt der Zeitschrift „Funk und Film" vom 28. Dezember 1945
31,1 x 21,5
ÖIfZ

8/47
Titelblatt der Zeitschrift „Funk und Film" vom 24. Oktober 1947
31,1 x 21,5
Privatbesitz Günther Schifter

8/48
Titelblatt der Zeitschrift „Funk und Film" vom 28. November 1947
31,1 x 21,5
Privatbesitz Günther Schifter

8/49
„Festliche Uraufführung des Vindobona-Films ‚Praterbuben' am 16. Dezember 1946 um 18.30 Uhr in der Scala Wien IV, Favoritenstraße 8 (...)"
Seite 23 der Zeitschrift „Funk und Film" vom 13. Dezember 1946, 31,1 x 21,5
ÖIfZ

8/50
Dreharbeiten für den Film „Glaube an mich" im Filmatelier Sievering: General A. J. McChrystal überreicht Marte Harell die Produktionslizenz, 25. März 1946
ISB Staff Photo
ÖNB, Bildarchiv, Sign. US 1643 A

8/51
Tafel „Wiederaufbau Staatsoper" vor der Oper, darunter ein Filmplakat „Der Leidensweg Österreichs", 1945/48
Foto von Otto R. Croy
Privatbesitz Peter Croy

8/54

8/52
„Das Kinoprogramm"
Seite 4 der „Arbeiter-Zeitung" vom 12. August 1945, 47,1 x 31,6
ÖIfZ

Theater

8/53
Else Wohlgemuth als „Hedda" in „Die andere Mutter" von Klara Bihary, Akademietheater, 14. Dezember 1945
Foto von Bruno Völkel
HM, Inv. Nr. 151.684

8/54
Elfriede Ott als „Recha" in „Nathan der Weise" von G. E. Lessing, Burgtheater (im Ronacher), 20. Dezember 1945
Foto von Bruno Völkel
HM, Inv. Nr. 153.231

8/55
Rosa Albach-Retty als „Anne Marie" in „Leuchtfeuer" von Robert Ardrey, Akademietheater, 5. September 1945
Foto von Bruno Völkel
HM, Inv. Nr. 145.319

8/56
Maria Eis als „Buhlschaft" in „Jedermann" von Hugo von Hofmannsthal, Burgtheater (im Ronacher), 13. Juni 1945
Foto von Hans Dietrich
HM, Inv. Nr. 141.425

8/57
Elfi König als „Mi" in „Das Land des Lächelns" von Franz Lehár, Raimundtheater, 26. Mai 1945
Foto von Bruno Völkel
HM, Inv. Nr. 153.315/1

8/58
Dorothea Neff als „Hebamme Kepes" in „Haben" von Julius Hay, Volkstheater, 24. August 1945
Foto von Bruno Völkel
HM, Inv. Nr. 150.685

8/59
Aglaja Schmid als „Carol" in „Die Conways und die Zeit" von J. B. Priestley, Theater in der Josefstadt, 29. Juni 1945
Foto von Bruno Völkel
HM, Inv. Nr. 149.938

8/60
Helly Servi als „Natalie" in „Ein Heiratsantrag" von Tschechow, Theater in der Josefstadt, 8. Juni 1945
Foto von Bruno Völkel
HM, Inv. Nr. 150.774

8/61
Gusti Wolf als „Madeleine Hochepot" und Fritz Schmiedel als „Jojo" in „Im sechsten Stock" von Alfred Gehri, Bürgertheater, 13. September 1945
Foto von Bruno Völkel
HM, Inv. Nr. 155.688

8/62
Eva Zilcher als „Margot" in „Das Leben ist schön" von Bruno Frank, Theater „Die Insel" in der Komödie, 19. Dezember 1945
Foto von Bruno Völkel
HM, Inv. Nr. 151.082

8/63
Anni Konetzni und Max Lorenz proben Othello, 1945/48
Foto von Otto R. Croy
Privatbesitz Peter Croy

8/64
Die Kassen der Staatstheater in der Stallburg, 1945
Foto
HM, Inv. Nr. 210.369

8/65
Wochenspielplan der Wiener Theater
Seite 11 der Zeitung „Die Woche" vom 7. April 1946, 47 x 31,5
ÖIfZ

8/62

8/66
„Die Heimkehrer der ‚Heimkehr'"
Seite 3 der „Arbeiter-Zeitung" vom 6. Oktober 1945, 47,4 x 31,5
ÖIfZ

Eine die traditionellen Lager- und Milieugrenzen sprengende, weibliche Not-, Opfer- und Solidargemeinschaft scheitert schon an der unterschiedlichen Haltung zum Nationalsozialismus. Fanatische Nationalsozialistinnen, Mitläuferinnen, Regimegegnerinnen oder Verfolgte formieren sich nicht ohne weiteres zu einer homogenen Frauenfront.

Aus den Verstecken „auftauchen", tief durchatmen, Angehörige suchen, die warmen Sonnenstrahlen der Frühlingssonne genießen, das sind die ersten natürlichen Reaktionen der U-Boote nach Kriegsende. Dann beginnen mühsame Behördenwege. Neue Papiere müssen beschafft, eine offizielle Unterkunft gefunden werden. Für Frauen aus dem Konzentrationslager, die dort nicht nur ihrer menschlichen Würde, sondern auch ihres Frau-Seins beraubt wurden, ist es nach der Heimkehr wichtig, rasch Kinder zu bekommen. Frauen im Exil wären schon froh, wenn man sie zur Rückkehr auffordern würde.

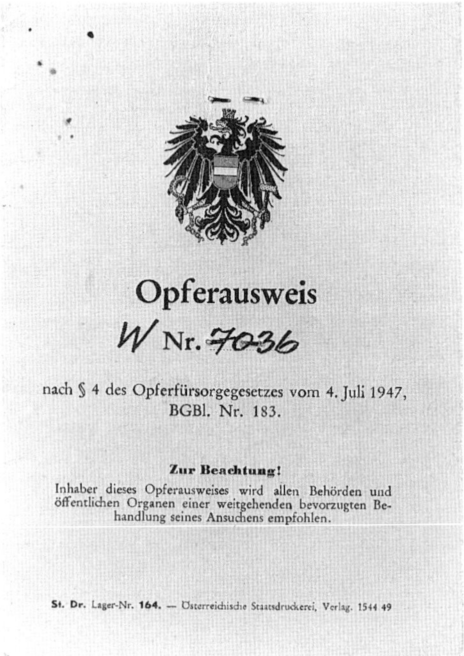

Opferausweis

W Nr. 7036

nach § 4 des Opferfürsorgegesetzes vom 4. Juli 1947, BGBl. Nr. 183.

Zur Beachtung!
Inhaber dieses Opferausweises wird allen Behörden und öffentlichen Organen einer weitgehenden bevorzugten Behandlung seines Ansuchens empfohlen.

St. Dr. Lager-Nr. 164. — Österreichische Staatsdruckerei, Verlag. 1544 49

9/8

Alle NS-Opfer, die ab 1945 um eine „Entschädigung" ansuchen, müssen sich einem mühevollen Prozeß der Beweisführung unterwerfen.

Die Entnazifizierung bleibt in Österreich vor allem der Rechtsprechung und den Gerichten überlassen und wird nicht durch einen tiefgreifenden Prozeß gesellschaftlichen Umdenkens ergänzt. Die ehemaligen Nationalsozialisten werden zum Teil kriminalisiert, aber dadurch allein noch nicht veranlaßt, über die eigene Mitverantwortung nachzudenken. Mit belasteten Nationalsozialistinnen wird teilweise härter verfahren als mit ihren männlichen Gesinnungsgenossen.

Remigrantinnen

9/1
Ankunft von Remigranten aus Shanghai am Aspanger Bahnhof, 12. April 1949
Foto
Landesbildstelle Wien, Nr. 4.989/4

9/2
Elisabeth Freundlich
Foto
DÖW, Sign. 3.871

9/3
Adrienne Gessner mit Mady Christian (links) in „I remember Mama" am Broadway, 1944/45
Foto
DÖW

9/3

9/4
Irene Harand
Foto
Privatbesitz Peter Eppel

„Wiedergutmachung"

9/5
„Renner und Figl: Säuberung Oesterreichs, Hilfe für alle Opfer!"
Seite 1 der Zeitung „Wiener Kurier" vom 14. Jänner 1946, 45,9 x 31,6
ÖIfZ

9/6
„Die Schadloshaltung der Opfer des Nazismus"
Seite 2 der Zeitung „Neues Oesterreich" vom 13. Juli 1945, 45,9 x 31,6
ÖIfZ

9/7
Mitgliedsbuch des Kriegsopferverbandes für Wien, Niederösterreich und Burgenland, ausgestellt für eine Kriegerwitwe, 22. November 1949
Druck, Handschrift, 13 x 9,1
Privatbesitz Edith Schiech

9/8
Opferausweis nach § 4 des Opferfürsorgegesetzes vom 4. Juli 1947, 22. Juni 1950
Druck, Handschrift, Foto, 15 x 10,4
Privatbesitz Fritz Rubin-Bittmann

WIENER KURIER

PREIS 20 gr

HERAUSGEGEBEN VON DEN AMERIKANISCHEN STREITKRAFTEN FUR DIE WIENER BEVOLKERUNG

Renner und Figl:

Säuberung Oesterreichs, Hilfe für alle Opfer!

Spezialbericht des „Wiener Kurier"

9/5

9/4

209

9/9
„Tag der Volkssolidarität"
Seite 1 der Zeitung „Neues Oesterreich" vom 17. Juni 1945, 46 x 32,2
ÖIfZ

9/10
Ceija Stojka, 1946
Foto
Privatbesitz Ceija Stojka

9/10

Täterinnen

9/11
„Kundmachung über die Registrierung der Nationalsozialisten", 31. Mai 1945
Bezirksvorstehung Wien V.
Plakat, 60 x 42
WStLB, Sign. P 45.415

9/12
Theresia Horatschek, Pflegerin in Steinhof, Abteilung „Asoziale Frauen" (siehe Kat. Nr. 9/13), um 1940
Foto
DÖW, Sign. 6.013

9/13
Haftbefehl gegen Theresia Horatschek, (siehe Kat. Nr. 9/12) „weil Sie verdächtig sind, (...) dass Sie im Arbeitslager für Asoziale als Strafmassnahme Injektionen an Häftlingen verabreicht und diese menschenunwürdig behandelt haben (...)",
8. Dezember 1945
Landesgericht für Strafsachen Wien
Maschinschrift, DIN A4
DÖW, Sign. 19.107/1-9

9/14
„In Nürnberg und anderswo / ‚Er hat mir's doch befohlen!'"
Reproduktion aus der Zeitung „Neues Oesterreich" vom 20. Juli 1946
ÖIfZ

9/15
Marie Schneider, 1930
Foto (aus dem Parlamentsausweis)
Parlamentsarchiv Wien

9/16
„Nazifunktionärin verurteilt"
Seite 3 der „Arbeiter-Zeitung" vom 22. September 1945, 47,1 x 31,2
ÖIfZ

9/17
Else Muhr-Jordan, Gaufrauenschaftsleiterin von Wien, um 1940
Foto
DÖW, Sign. 7.881

9/18
Urteil „(...) Die Angeklagte Leopoldine Berger ist schuldig (...) eine Handlung aus besonders verwerflicher Gesinnung begangen zu haben, indem sie im Herbst 1944, somit zur Zeit der nat. soz. Gewaltherrschaft in Ausnützung der durch sie geschaffenen Lage zur Unterstützung dieser Gewaltherrschaft die Christine Dedic durch Denunziation bewusst geschädigt hat. (...)", 18. April 1947
Landesgericht für Strafsachen Wien als Volksgericht
Maschinschrift (Reproduktion)
DÖW

Frauen in Gefangenschaft

9/19
Kriegsgefangene in der Sowjetunion, 1948
Foto
Ludwig Boltzmann-Institut für Kriegsfolgen-Forschung

9/20
„Laßt endlich die kriegsgefangenen Frauen heim!“
Reproduktion aus der Zeitschrift „Die Frau“, Nr. 32, 1948
ÖNB, Sign. 740.761-D.Per

9/19

9/21
Margarete Ottillinger, Leiterin der Planungssektion im Ministerium für Vermögenssicherung und Wirtschaftsplanung, vor ihrer Verhaftung, 1948
Foto
Privatbesitz Stefan Karner

9/22
Eine Eingabe Margarete Ottillingers, ihren Strafrechtsfall zu revidieren, wird durch das Ministerium für Staatssicherheit der UdSSR abgelehnt, 23. Februar 1952
Reproduktion
Privatbesitz Stefan Karner

Als „U-Boot“ überlebt

9/23
Sidonie Rubin mit ihrem im Versteck geborenen Kind, nach 1945
Foto
Privatbesitz Fritz Rubin-Bittmann

9/24
Bestätigung eines Arztes über eine am 5. September 1944 an einer als „U-Boot“ lebenden Frau vorgenommenen Entbindung, 28. November 1962
Maschinschrift, Handschrift, 14,7 x 21
Privatbesitz Fritz Rubin-Bittmann

„U-Boot“-Verband
Verein zur Wahrung der Interessen durch Verfolgung Geschädigter
1938–1945
Wien IX., Universitätsstr. 8/3

Mitgliedskarte
Mitglieds-Nr. 437

9/27

9/25
Medaille von Yad Vashem für Edeltrud Posiles, 18. Juni 1979
Silber, Dm: 6
Privatbesitz Edeltrud Posiles

9/26
Eidesstattliche Erklärung über die Beherbergung eines „U-Boots", 18. Juli 1946
Maschinschrift, Handschrift, 29,7 x 21,1
Privatbesitz Brigitte Ungar-Klein

9/27
Mitgliedskarte des „U-Boot"-Verbandes (Verein zur Wahrung der Interessen durch Verfolgung Geschädigter 1938–1945), 6. November 1946
Druck, Handschrift, Foto, 14,5 x 20,2 (aufgeschlagen)
Privatbesitz Fritz Rubin-Bittmann

9/28
Die Schriftstellerin Elfriede Gerstl, die ihre Kindheit als „U-Boot" verbrachte, als Kind, um 1945
Foto
Privatbesitz Elfriede Gerstl

9/30

9/29
„Sammlung Deutscher Märchen" (Kinderbuch von Elfriede Gerstl aus ihrer Zeit als „U-Boot"), um 1940/45
Druck, illustr., Kartonumschlag, 24 Seiten, 27 x 19,5
Privatbesitz Elfriede Gerstl

Im Konzentrationslager überlebt

9/30
Ex-Libris von Helene Potetz für Rosa Jochmann mit den Stationen der Heimkehr aus dem KZ Ravensbrück, Juli 1945
Vergrößerte Reproduktion
Beschr. am li. Rand: „Exlibris", am re. Rand: „Rosl Jochmann"
Dat. u.: „Juli 1945"
Privatbesitz Peter Eppel

9/31
Gestapo-Foto von Antonia Bruha, Oktober 1941
Foto
Privatbesitz Antonia Bruha

9/32
Rosa Jochmann und Rudolfine Muhr bei der Gründung der Österreichischen Lagergemeinschaft Ravensbrück, 24. Mai 1947
Foto
DÖW

Die Frauen, die mit den existenziellen Problemen des Jahres 1945 fertig werden, erleben einen Zuwachs an Selbständigkeit und Selbstbewußtsein. Auch die drei Parlamentsparteien des Jahres 1945 – ÖVP, SPÖ und KPÖ – verfügen über couragierte Politikerinnen, zum Beispiel Nadine Paunovic, Rosa Jochmann und Hella Postranecky. Dennoch bleibt die Akzeptanz männlich dominierter Machtstrukturen in Öffentlichkeit, Politik und in der Arbeitswelt außer Zweifel.

Manche Frauen benachteiligende Maßnahmen wie die Verweigerung von Zusatz- und Schwerarbeiterkarten für berufstätige Hausfrauen oder der Versuch, Frauen mit der halben Zigarettenration abzuspeisen, führen bei den Frauen zu Unmut und lauter Kritik, aber zu öffentlichen, gemeinsamen Frauenprotestaktionen kommt es nicht. Männliche Autoritätseinbußen zugunsten weiblicher Kompetenzausweitungen schlagen sich maximal im privaten Geschlechterkampf der. Existenzkampf, Wiederaufbau, Konkurrenzsituationen in den verschiedensten Lebensbereichen und Beständigkeit verinnerlichter Rollenstellungen sowie nicht zuletzt der Wunsch nach ein bißchen Ruhe, – in Verbindung mit den äußeren menbedingungen – emanzipatori- Entwicklungen entgegen und mün- das restaurative Klima der fünfziger

Manche Frauenforderungen von sind bis heute aktuell.

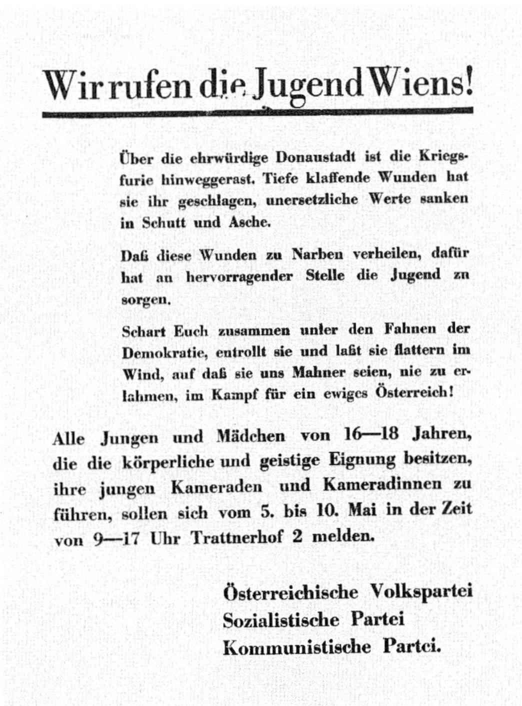

Wir rufen die Jugend Wiens!

Über die ehrwürdige Donaustadt ist die Kriegsfurie hinweggerast. Tiefe klaffende Wunden hat sie ihr geschlagen, unersetzliche Werte sanken in Schutt und Asche.

Daß diese Wunden zu Narben verheilen, dafür hat an hervorragender Stelle die Jugend zu sorgen.

Schart Euch zusammen unter den Fahnen der Demokratie, entrollt sie und laßt sie flattern im Wind, auf daß sie uns Mahner seien, nie zu erlahmen, im Kampf für ein ewiges Österreich!

Alle Jungen und Mädchen von 16—18 Jahren, die die körperliche und geistige Eignung besitzen, ihre jungen Kameraden und Kameradinnen zu führen, sollen sich vom 5. bis 10. Mai in der Zeit von 9—17 Uhr Trattnerhof 2 melden.

Österreichische Volkspartei
Sozialistische Partei
Kommunistische Partei.

10/1

10/1
„Wir rufen die Jugend Wiens" (Gemeinsamer Aufruf der ÖVP, SPÖ und KPÖ), 1945
Plakat, 29,4 x 20,8
Privatbesitz Gerhard Jagschitz

10/2
„Der Weg der österreichischen Frau zur Demokratie"
Seite 2 der Zeitung „Neues Oesterreich" vom 18. Mai 1945, 45,8 x 31,8
ÖIfZ

10/3
„Oesterreichs Volk hat gesprochen"
Seite 1 der Zeitung „Weltpresse" vom 26. November 1945, 47 x 32,
Reproduktion der Seite 2
ÖIfZ

ÖVP

10/4
Nadine Paunovic, Präsidentin des Österreichischen Frauenbundes, Nationalratsabgeordnete der ÖVP, um 1945
Foto aus „Die Österreichische Volkspartei und ihre Mandatare", hrsg. vom Hauptreferat für Presse und Publizistik (der ÖVP)
ÖNB, Sign. 744.975-B.

10/6

10/5
„Zeitgemäße Forderungen der Frauen"
Seite 3 der Zeitung „Neues Oesterreich" vom 8. August 1945, 46 x 31,5
ÖIfZ

10/6
„Frauen / eure Aufgaben / Familie / Erziehung / Fürsorge / Heimatpflege / Mütterlichkeit / Erfüllt Sie mit uns für Österreich / Österreichischer Frauenbund in der Österreichischen Volkspartei", 1945/48
Plakat, 63 x 44
WStLB, Sign. P 5.075

10/7
„Frauen Österreichs! Die Heimat ruft Euch zur eifrigen Mitarbeit am Aufbau unseres Vaterlandes! (...)", 1945
Flugblatt, 20,5 x 13
DÖW, Sign. 4.070/127

10/8
„Frauen! Ihr könnt das verhindern! wählt ÖVP", 1945
Plakat, 60 x 44
ÖNB, Plakatsammlung, Flugschriftensammlung

10/9
„Frauen! Wir müssen unsere Würde als Lebensträgerinnen und Lebenshüterinnen zurückerobern (...)", 1945
Plakat, 71 x 50
WStLB, Sign. P 752

10/13

SPÖ

10/10
„Arbeitsfrau in Stadt und Land / nimm dein Schicksal in die Hand – wähl sozialistisch!", 1945
Plakat, 90 x 60
WStLB, Sign. P 629

10/11
„Frauenzentralkomitee der SPÖ", Oktober 1947
Flugblatt, 29,5 x 22,6
DÖW

10/12
„Wir Mütter bitten Euch! (...) wählt sozialistisch!", 1945
Flugblatt, 20 x 12
DÖW, Sign. 4.070

10/13
„Familien zerrissen – Speisekammern leer – Heimstätten kalt / Ueberall die bange Frage: Kommt ein besseres Jahr?"
Titelblatt der Zeitschrift „Die Frau" vom 29. Dezember 1945, 29,5 x 22,6
Verein für Geschichte der Arbeiterbewegung

10/15
Schreibmaschine aus dem Besitz Rosa Jochmanns, um 1945
Metall, H: 21, B: 43, T: 34
Privatbesitz Sybille Benczak

10/16
Konzept für die erste Rede Rosa Jochmanns nach der Befreiung, gehalten im Simmeringer Brauhaus am 5. August 1945
Maschinschrift, 3 Bll., 21,2 x 15,2
Privatbesitz Sybille Benczak

10/17
Rosa Jochmann bei ihrer ersten Parlamentsrede nach der Befreiung, 1945
Foto
Privatbesitz Sybille Benczak

10/17

10/23

10/14
„Frauen! Helfen und heilen wollen wir wo Krieg und Vernichtung getobt! Wählt sozialistisch!", 1945
Plakat, 90 x 45
WStLB, Sign. P 691

KPÖ

10/18
„Frau, die Nazi haben ihn von Deiner Seite gerissen, stimme für ihn – wähle kommunistisch!", 1945
Plakat, 100 x 85
WStLB, Sign. P 447

10/19
„Frauenversammlung / Genossin Dr. Cermak spricht zum Thema: ‚Was fordern wir Frauen vom Neuen Österreich?' (...)"
Flugblatt, 18,5 x 12
DÖW, Sign. 4.070

10/20
„Sportler! Sportlerinnen! (...)“, 1945
Flugblatt, 18,5 x 12
DÖW, Sign. 4.070

10/21
Hella Postranecky, als Unterstaatssekretärin für Ernährung die erste Frau in der österreichischen Regierung, 1945
Fotoreproduktion aus „Stimme der Frau“ vom 27. Oktober 1945, Seite 3
ÖNB, Sign. 740.572-C.D.Per

10/21

10/22
„Frauen fordern: Aus dem Programm des Zentralen Frauenkomitees der Kommunistischen Partei Österreichs. (...)“
Fotoreproduktion aus „Stimme der Frau“ vom 17. November 1945, Seite 6
ÖNB, Sign. 740.572-C.D.Per

10/23
„Hilfe für die überbürdete Frau fordert die Kommunistische Partei – wählt kommunistisch!“, 1945
Plakat, 31 x 40
WStLB, Sign. P 497

Epilog

„Diese Forderungen sind noch immer aktuell!“
(Collage aus Flugblättern zum Internationalen Frauentag 1978, 1986 und 1987), März 1992
Flugblatt des Vereins zur Förderung feministischer Projekte (Diaprojektion)
STICHWORT. Archiv der Frauen- und Lesbenbewegung

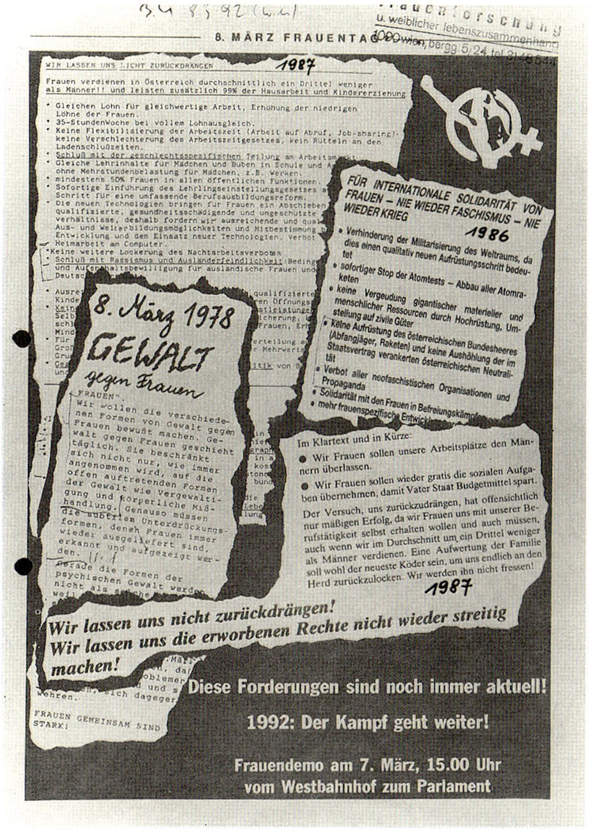

Audiovisuelle Dokumente

Videoprojektion historischer Filmaufnahmen von Nachkriegsszenen aus Wien im Jahr 1945 (Chronos Film GmbH, Kleinmachnow)

Videofilm „Zur Freude zu müde. Frauen im Krieg“ von Elisabeth Holzinger (Medienwerkstatt, Wien)

Töne aus dem Radio:
Schlagermusik um 1945 (Archiv Günther Schifter, Österreichische Phonothek)
Suchrufe nach Vermißten (nachgesprochen)

Hörnischen:
Interviews von Irene Bandhauer-Schöffmann und Ela Hornung mit Zeitzeuginnen (Privatbesitz der Interviewerinnen)
Interviews mit Barbara Walzek und Marianne Rapf (ORF, Wien)

Großprojektion von Frauenbildern:

„Entwarnunq“, 1945
Foto von Otto R. Croy
Privatbesitz Peter Croy

Frauen schaufeln Schutt in offene Schienenwägen, 1945
Foto ÖNB, Bildarchiv, Sign. US 3.222

Ehemalige NS-Parteimitglieder im Strafarbeitseinsatz, 1945
Foto von Wilhelm Obransky
ÖIfZ

Mädchen mit behelfsmäßiger Kleidung, 1945
Foto von Josef Strof
HM, Inv. Nr. 194.512

Frauen mit gefüllten Rucksäcken am Franz-Josefs-Kai, 20. August 1945
HM, Inv. Nr. 79.000/16.626

Erster Heimkehrertransport aus der Sowjetunion, 12. September 1947
Landesbildstelle Wien, Nr. 47.180/3

Frau bei Bauarbeiten, 1945/48
Foto
Privatbesitz Kurt Apfel

Modeschau des Modellhauses Stone & Blyth, 29. März 1946
ISB Staff Photo
HM

Amerikanischer Soldat und Wienerin tanzen Jitterbug im Hietzinger Rainbow Club, 1945
Foto von Otto R. Croy
Privatbesitz Peter Croy

Film-, Ton- und Fotomaterial stellten zwecks Reproduktion zur Verfügung

Prof. Kurt Apfel
Archiv der Bundespolizeidirektion Wien
Mag. Marianne Baumgartner
Dr. Irene Bandhauer-Schöffmann
Dr. Sybille Benczak
Erni Bieler
Mag. Eva Blimlinger
Antonia Bruha
Chronos Film GmbH
Peter Severin Croy
Dokumentationsarchiv des österreichischen Widerstandes
Firma Palmers
Christiane Holler
Dr. Elisabeth Holzinger
Mag. Ela Hornung
Univ.-Prof. Dr. Gerhard Jagschitz
Univ.-Prof. Dr. Stefan Karner
Prof. Polly Kügler-Leistner
Landesbildstelle Wien
Österreichische Nationalbibliothek – Bildarchiv
Österreichische Phonothek
Österreichischer Rundfunk
Österreichisches Institut für Zeitgeschichte – Bildarchiv
Parlamentsarchiv
Günther Schifter
Ceija Stojka
Mag. Brigitte Ungar-Klein
Verein für Geschichte der Arbeiterbewegung
Vogelsang-Institut
Curt N. Wagner
Wiener Stadt- und Landesarchiv
Wiener Stadt- und Landesbibliothek

Erika Thurner
Dr. phil.; Univ.-Doz. für Neuere Geschichte und Zeitgeschichte an der Universität Linz; Lektorin bzw. Gastprofessorin an den Universitäten Innsbruck, Salzburg und Wien. Arbeitsschwerpunkte: Minderheiten- und Migrationsforschung, historische Frauenforschung, Forschungen zur Arbeiterbewegung, zur Regional- und Parteiengeschichte.

Christiane Holler
Geboren 1955 in Wien, Ausbildung an der Pädagogischen Akademie, bis 1980 im Lehrberuf tätig. Seither freiberufliche Autorin und Journalistin für Zeitschriften und Hörfunk (Kultur und Wissenschaft, Sendegestaltung im Junior Radio). Veröffentlichung von Sach- und Kinderbüchern. Publikation zum Thema: Trümmerfrauen – Alltag zwischen Hamstern und Hoffen (gemeinsam mit Franz Severin Berger). Wien 1994.

Franz Severin Berger
Geboren 1945 in Wien. Zuerst Ausbildung zum Fachingenieur, später Studium der Ethnologie in Wien. Seit 1980 freier Autor für Bühne und Hörfunk (Kultur, Wissenschaft, Erwachsenenbildung), Schauspieler und Regisseur. Veröffentlichungen von Sach- und Kinderbüchern. Publikation zum Thema: Trümmerfrauen – Alltag zwischen Hamstern und Hoffen (gemeinsam mit Christiane Holler). Wien 1994.

Irene Bandhauer-Schöffmann
Dr. phil.; geboren 1958, Studium der Geschichte, Germanistik und Publizistik in Wien, zur Zeit Vertragsassistentin am Institut für Sozial- und Wirtschaftsgeschichte an der Universität Linz. Publikationen zur Geschichte der österreichischen Frauenbewegung, Frauen im „Austrofaschismus", Frauen in der Nachkriegszeit, arbeitet derzeit zu Unternehmerinnen in Österreich.

Marianne Baumgartner
Mag. phil.; geboren 1948 in OÖ, Studium der Geschichte, Abschluß 1993, Diplomarbeit (Prof. Dr. Gernot Heiß): Das Kriegsende und die unmittelbare Nachkriegszeit in den lebensgeschichtlichen Erzählungen von Frauen aus dem Mostviertel.
Projektarbeiten:
Wissenschaftliche Mitarbeit an der Landesausstellung OÖ 1986 (Frauenarbeit im Mittelalter), 1987–1991: Mitbegründerin und Mitarbeit im Leitungsteam des Oral-History-Projekts: „Erzählte Lebensgeschichte – Frauen in Niederösterreich". Seit Mai 1994: Forschungsprojekt (gemeinsam mit Prof. Dr. Gernot Heiß) Zwischen Mythos und Realität. Die Nachkriegsvergewaltigungen im sowjetisch besetzten Niederösterreich (im Auftrag des BM für Wissenschaft und Kunst, unter Mitfinanzierung des Fonds für Wissenschaft und Forschung der Landesregierung NÖ). Wissenschaftliche Mitarbeit an der NÖ Landesausstellung 1995.

Ingrid Bauer
Mag. phil., Dr. phil.; wissenschaftliche Leiterin des Boltzmann-Instituts für Gesellschafts- und Kulturgeschichte – Forschungsstelle Salzburg. Universitätslektorin für Frauen- und Geschlechtergeschichte in Salzburg, Linz, Innsbruck, Wien und Klagenfurt. Forschungsschwerpunkte: Sozialgeschichte im 19. und 20. Jahrhundert, Zeitgeschichte, Geschlechtergeschichte, feministische Wissenschaftsgeschichte, historisch-anthropologische und Oral-History-Studien zu Frauenarbeit, Frauen und Politik, Frauenbewegung(en), Frauenerfahrungen im Nationalsozialismus, Krieg/Militarismus und Geschlecht. Laufendes Forschungsprojekt: Leben mit den BeFreiern – Geschlechtergeschichte der Besatzungszeit.

Brigitte Ungar-Klein
Mag. phil.; geboren 13. Juli 1953, Wien, Studium der Geschichte und Germanistik – Lehramt an der Universität Wien, mehrjährige Lehrtätigkeit an Wiener Schulen, Mitarbeit an einigen Publikationen hrsg. v. Dokumentationsarchiv des österreichischen Widerstandes.
Forschungsschwerpunkte: österreichische Zeitgeschichte, Geschichte der Juden, Holocaust.

Helga Embacher

Dr. phil.; geboren 1959 in Bischofshofen, Studium der Geschichte, Germanistik, Philosophie/Psychologie/Pädagogik in Salzburg und Wien. Längere Forschungsaufenthalte in den USA und in Israel. Vertragsassistentin am Institut für Geschichte an der Universität Salzburg.
Publikationen zur Frauenforschung/feministischen Geschichtswissenschaft, Exilgeschichte, Antisemitismus und jüdischen Geschichte. Derzeit gemeinsam mit Margit Reiter Arbeit an einem Forschungsprojekt über die Beziehungen zwischen Israel und Österreich.

Johanna Gehmacher

Mag. phil., Dr. phil.; geboren 1962, Studium der Geschichte in Wien, Universitätslektorin in Wien und Salzburg. Forschungsschwerpunkte und Publikationen im Bereich der Sozialgeschichte der Geschlechterbeziehungen und der österreichischen Zeitgeschichte, u. a.: Familialisierungsdiskurse der Arbeiterbewegung, Geschlechtergeschichte des Nationalsozialismus, Jugendorganisierung in der Ersten Republik. Derzeit Arbeit an einem Forschungsprojekt zu „Deutschnationalismus österreichischer Frauen (1918–1938)". Buchpublikation: Jugend ohne Zukunft. Hitler-Jugend und Bund Deutscher Mädel in Österreich vor 1938. Wien 1994.

Gabriella Hauch

Mag. phil., Dr. phil.; geboren 1959, Studium der Germanistik und Geschichte, wissenschaftliche Mitarbeiterin am Ludwig-Boltzmann-Institut für Gesellschafts- und Kulturgeschichte in Linz, Universitätslektorin in Linz, Wien und Innsbruck. Publikationen und Forschungsschwerpunkte: Arbeiterbewegung, -organisation, -kulturgeschichte, Frauen- und Geschlechtergeschichte Österreichs im 19. und 20. Jahrhundert, derzeit: Arbeit zu politischen Eliten, Parlamentarismus, politisches System. Buchpublikationen: „Frau Biedermeier auf den Barrikaden". Frauen in der Wiener Revolution 1848. Wien 1990; Vom Frauenstandpunkt aus. Frauen im Parlament 1919–1933. Wien 1995.

Ela Hornung

Mag. phil.; geboren 1959, Studium der Geschichte und Germanistik in Wien, Universitätslektorin, seit 1995 wissenschaftliche Mitarbeiterin des Ludwig-Boltzmann-Instituts für Kriegsfolgenforschung/Wien, in diesem Rahmen Durchführung des Forschungsprojektes: „Frauen österreichischer Kriegsgefangener in der Sowjetunion".
Forschungsschwerpunkte: Bürgerliche Hauswirtschaftsratgeber, Oral History, Frauen im Wien der Nachkriegszeit, Ernährungssicherung im Nachkriegsösterreich 1945–1955, Einflüsse des Zweiten Weltkriegs auf Lebensgeschichten von Frauen und Männern.

Eva Blimlinger

Mag. phil.; Studium der Geschichte und Germanistik, Lektorin der Universität Wien, Mitarbeiterin des Bezirksmuseums Neubau, Forschungs- und Bildungsprojekte, zuletzt gemeinsam mit Heinz Blaumeister: „Weihnachten als soziale Zeit – Gesellschaftsdynamik und Festkultur"; zahlreiche Veröffentlichungen zur Alltags- und Frauengeschichte sowie Biographieforschung.

Fotonachweis

Seite 29... HM
Seite 32... ÖNB, Bildarchiv
Seite 39... HM
Seite 46... ÖIfZ
Seite 60... aus: Museumsverein der Stadt Pottenbrunn und Magistrat der Stadt St. Pölten (Hg.), Das Jahr 1945 in Österreich. St. Pölten 1945, Nr. 1010
Seite 68... Bezirkshauptmannschaft Scheibbs
Seite 99... ÖNB, Bildarchiv
Seite 117... DÖW
Seite 133, 138, 139, 140, 146, 147... Privatbesitz Ela Hornung, Wien
Seite 154... aus: Norbert Schausberger/Erich Oberländer/Heinz Strotzka, Wie? Woher? warum? Wien 1993, S. 70
Seite 157... aus: Maria Grossbies, Haushaltungskunde. Wien 1950, S. 76
Seite 158... aus: Unser Österreich 1945–1955. Wien 1955, S. 35
Seite 159... aus: Unser Österreich 1945–1955. Wien 1955, S. 51

Abkürzungen

DÖW: Dokumentationsarchiv des österreichischen Widerstandes
HM: Historisches Museum der Stadt Wien
ÖIfZ: Österreichisches Institut für Zeitgeschichte – Bildarchiv
ÖNB: Österreichische Nationalbibliothek
WStLA: Wiener Stadt- und Landesarchiv
WStLB: Wiener Stadt- und Landesbibliothek

Eigenverlag der Museen der Stadt Wien
ISBN 3-85202-121[redacted]
Herstellung: Agens-Werk Geyer + Reisser, Wien